撥雲見日

仁安羌故事考

何世同——著

前憲兵司令 王詣典將軍序

　　本書作者何世同將軍/博士/教授，是我陸軍官校37期同期同學，我砲兵，他步兵；我與他同年、同月、同日出生，我早上生，他晚上生，僅相差一個時辰，所以特別有緣，自然視為兄弟，結為相知相惜的摯友。

　　有軍人背景的博士甚多，但集將軍、博士、正教授於一身的人，則是鳳毛麟角，少之又少。尤其，何教授出身戰鬥兵科，在營期間大部分時間擔任「指揮職」，一直忙碌於部隊訓練與戰備，根本沒有時間讀書，功課早已荒廢；退役之後，卻能迅速重拾書本，透過「考試」入學，並「自費」進修，在與年輕世代激烈競爭的狀況下，有此成就，可謂國軍建軍史上僅見。

　　何教授曾是一名傑出的職業軍人，膽大心細，敢於冒險；當過「突擊兵」，跳過「高空」(即神龍小組)。1972年在空降部隊當連長時，率領1個排，於「無導航」狀況下，空降澎湖狹小的西嶼島，接受參謀總長賴名湯上將現場親校；直到現在，他是唯一帶部隊在此離島實施過「戰鬥跳傘」的人。又在他當連長時，於一次「實兵對抗演習」中，率領所部，翻越數座山頭，深入「敵陣」，伏擊殲滅「敵軍」1個加強連，開國軍「實兵演習」當場獲頒獎章之先河，他還以此當選了1974年的「國軍英雄」。

　　1979年6月，何教授在歷練空降營長職務2年之後，以第1名成績考

進三軍大學戰爭學院 1980 年班深造，並以第 1 名成績畢業。1988 年 4 月，何教授調任獨立空降特戰旅長，佔少將缺，更連續兩年獲得被視為各級部隊長最高「訓練績效」的「國軍體能戰技競賽大會」師（含獨立旅）級總冠軍。何教授之優秀，大抵如此；可惜的是，他也因光芒太露，又不懂藏拙，成了「出頭鳥」，雖「允文允武」，但最後竟於 47 青壯之齡，被迫早早退役。國軍各級長官之不識人才，亦大抵如此。

個人認為，何教授最了不起的地方是，1994 年 4 月退役後，勇敢選擇了一條與傳統退伍軍人不同的路去走。他拋棄一切身外雜念，謝絕任何應酬活動，有計畫地閉門苦讀；以 7 年時間，修得碩、博士學位，皆榜首考入，第一個畢業。取得博士學位後，受聘到大學任教，又以 7 年時間，由助理教授、副教授，升到了教授，在在都創造了空前記錄。回顧他「當兵當到將軍、讀書讀到博士、教書教到教授」的完美、傳奇人生，直令人佩服與動容。他樹立了退伍軍人奮鬥的典範，也帶動了在職軍人的讀書風氣；誠如他對我說過的一句話：「不要給自己設限，人生一切都有可能，只要努力。」

何教授退役後，在一次偶然的機會裡，為已卸任公職的前行政院長郝柏村先生賞識，著其追隨左右；他在台北攻讀碩士期間，就住於郝先生位於敦化南路金星大廈二樓的「王陽明基金會」辦公室內。其後，他雖南下嘉義中正大學攻讀博士學位，接著又到台南崑山科技大學任教，但必會定期北上向郝先生請安，並報告生活狀況與讀書心得，也就此與郝先生結下了「不解緣」。2011 年 7 月，何教授自教職屆齡退休，開始全力投入郝院

長「還原抗戰歷史真相」的行列，包括了 2014 年展開的「重返抗日戰場」旅次，與一系列抗戰戰史專書的撰寫。

2013 年 1 月 13 日，個人有幸，與官校同期同學、前戰爭學院院長張鑄勳將軍，一同受創造「仁安羌大捷」的劉放吾將軍哲嗣劉偉民先生之邀，遠赴緬甸，參加冠蓋雲集的「仁安羌大捷紀念碑」落成典禮。由於劉先生不認識何教授，後者又鮮少與外界交流，故無人推薦，所以未在受邀之列。

2014 年 9 月，何教授約我餐聚，詳細詢問我參訪仁安羌戰場時的觀察所見與所獲心得；他告訴我，他正著手研究「仁安羌之戰」，已辦妥緬甸簽證，準備 10 月上旬也要到仁安羌，實地了解一下「仁安羌之戰」作戰地區的「地形特性」與「兵要地誌」。何教授說，他仔細研究了中、英、日交戰三方的資料，發現各有人說謊與杜撰，致使這段歷史的真相不見了；現在我們看到的「仁安羌之戰」紀事，只是「故事」而已，裡面暗藏了許多「各取所需」的「虛構情節」，有「撥雲見日」，恢復歷史原本面貌的必要。

2015 年 5 月，張鑄勳將軍發表了一篇名為〈仁安羌大捷戰場巡禮—國軍第一一三團揚譽國際的作戰〉的專文，明確指出「指揮」創造「仁安羌大捷」者，是劉放吾團長，不是孫立人師長；後者的角色，頂多是「指導」，引起研究抗戰史學界的廣泛重視，包括何教授在內。

2017 年 6 月，何教授在國防大學出版的《國防雜誌》中，發表了一篇 5 萬多字的〈1942 年「仁安羌之戰」始末〉論文，首次表達了他對「仁安羌之戰」的看法；但這篇論文，顯然只是何教授對此戰研究開始的淺論，

撥雲見日 仁安羌故事考

而不是結束。這些年來，何教授雖然陸續出版了9本專書，其中7本與抗戰有關；但他在忙碌之中，並未忘記對「仁安羌之戰」資料的蒐集與整理。

今年10月23日，是他新書《扭轉乾坤─石牌要塞保衛戰》發表的前一天，他約我晚上在劍潭青年活動中心餐會，同時交給我歷時7年多才完成，初步訂名為《真相被掩蓋的「仁安羌大捷」》(後來改成現名)的厚厚一疊書稿，並囑我為此書作序；對於他不忘初衷，對研究「仁安羌之戰」的鍥而不捨精神，驚訝、感佩之餘，也欣然同意。

之後，我花了近兩個月的時間，認真拜讀，努力消化，收穫甚大。當讀到中、英、日三方扭曲、杜撰、掩蓋真相時處，不禁數度掩卷嘆息；讀到劉放吾團長立功疆場的表現，與戰功被掠奪後的屈身守分，及不爭功的淡泊名利修養，崇敬之外，更感動不已。

拜讀本書之後，才讓我真正見識到，我這位兄弟同學的讀書用功，治學嚴謹，思維細密，長於分析，精於論述。以新編第38師所編〈燕南羌戰鬥詳報〉中的4張「作戰要圖」為例，他居然能找出一般人發現不了的「杜撰情節」。也在英緬軍長史林姆的回憶錄《反敗為勝》中，找到了他將英軍為「國軍所救脫困」，說成「自行脫困，與國軍無關」謊言的證據。在在展現了他研究戰史的真實工夫，令人佩服。

本書使用方法，完全不同於傳統戰史撰寫模式；是何教授軍事背景、史學功力、戰略修養、戰術底蘊、及論述邏輯，尤其是繪製「作戰要圖」技術的綜合呈現。全書公正客觀，深入淺出，活潑流暢，次序分明，易看易懂，讀來有如行雲流水，即使對一般無軍事素養者而言，亦能一看就懂，

故可作一般大眾讀物。復因考證仔細，注釋詳實，具極高學術價值，又能成研究此領域的必讀書目。

　　雖如何教授所說，此書是冷門書籍，他不在乎「銷路」如何？只求為歷史「留真相」，總有一天，會成修正現行史書的根據。惟個人認為，本書之問世，必能引起震撼，一如書名所曰「撥雲見日」一樣，不但對「仁安羌之戰」的真相，收到「一鎚定音」的效果，更能引起所有炎黃世冑，打破西方列強以「霸權史觀」，壟斷二戰「話語權」的共鳴；相信所有人讀過本書後，對於抗戰戰史，一定會有一番新的體認；我願在此強力推薦。

 謹識

2024 年 12 月 28 日

自序

本書，是筆者繼《郝柏村重返抗日戰場》、《血淚與榮耀—郝柏村還原全面抗戰真相》、《堅苦卓絕—國民革命軍抗日戰史》、《間不容髮—黃河花園口決堤》、《瞄準平型關》、及《扭轉乾坤—石牌要塞保衛戰》後，撰寫的第 7 部關於抗日戰史專書。連同《運籌帷幄‧因敵制勝—大軍統帥學教室》、《以史為鑑話領導》兩本「兵學」與「領導」領域的著作，總計 10 年以來，出版了 9 本書，都 2 百 30 餘萬字，差堪告慰「週休七日」的軍旅與教職退休後生活。

仁安羌位於緬甸中西部，伊洛瓦底江與賓河會流處東南畔 (位置見圖 3-8)，東北距曼德勒直線 283 公里，東南距仰光直線 550 公里，因盛產石油，在日軍計畫攻略緬甸之時，即設定其為攻所必克的「戰略目標」。

1942 年 4 月中旬，一路敗退之英軍，為追擊之日軍「攔截」於賓河南岸，就在難逃被殲滅命運的絕望關頭，為劉放吾所率領的「中國遠征軍」新編第 38 師第 113 團所救，是謂「仁安羌之戰」，亦即國軍戰史所稱的「仁安羌大捷」。而整個作戰的緣起、經過、結果、影響，與其所衍生的各種「有真有假」的不同版本、不同說法，堆積出來，就是本書所說的「仁安羌故事」。

西諺有云：「Stories can be fictional」(故事可以虛構)；由此看來，「故

事」與「虛構」,在西方人的概念上本是同義詞。本書之所以冠以「故事」標題,就是因為交戰的中、英、日三方,事後各有人撒謊、杜撰與隱匿,製造出了許多「虛構情節」的原因。其中,軍隊被拯救的英方,為了「面子」,與對中國人的歧視與傲慢,選擇了「說謊」,將英軍出圍,「虛構」成「自行脫困」,並「醜化」中國軍隊「沒有軍紀」觀念。打了敗仗的日方,也為了「面子」而「輕輕帶過」,故意忽略中國軍隊在此役中的角色。至於打勝仗的中國軍隊,則有長官為了「搶奪部下戰功」,竟「掩蓋真相」、「演義故事」,而「虛構」了其「親自指揮」的情節;這裡的「長官」,指的就是新編第38師師長,孫立人將軍。

再從另一方面看,由於抗戰勝利後不久,國民政府就因內戰失敗而退到台灣,不但喪失二次大戰的「話語權」,更忽略了緬戰戰史的整理。又因受到一些前述中、英、日三方人物對該戰真相的刻意掩蓋與扭曲,及1955年「孫立人案」的影響,致使這段中國在抗戰期間揚威「國際戰場」的光榮事蹟,變得晦暗不明,甚至被人遺忘。更有甚者,我方所有「官版」抗戰史,居然也「統一口徑」,將一些「虛構」的「仁安羌故事」,當成了事情的「真相」來載述。

影響所及,現在一般人刻板印象中對「仁安羌之戰」的認知,已經很難見到原本的面貌。雖如西諺所云:「Truth is only one」(真相只有一個),但「真相」也往往容易被「虛構」的「假相」所掩蓋、甚至替代;就像大家熟知明人羅貫中的「章回小說」《三國演義》,卻少有人知道晉人陳壽的「正史」《三國志》一樣。為了不使青史成灰,筆者遂決定本「中立客觀」

立場，對「仁安羌故事」作仔細研究與嚴謹考證，在「有一分證據說一分話」的原則下，以「去偽存真」，期能「撥雲見日」，還原這段歷史的真相，於是有了相關論文與本書的撰寫與發表。

先是，2014 年 4 月，前行政院長 郝柏村伯伯，自費帶著我們這群退役將校及抗戰戰史研究者，從抗戰「司令台」重慶為起點的「華中行」開始，作了六次名為「重返抗日戰場」的「參謀旅行」。走訪中國大陸一些代表抗戰精神，兼顧地方均衡，具有特殊意義，並涵蓋 22 場「大會戰」與「滇西作戰」主戰場的地方；以緬懷先烈，憑弔死難，並找回抗戰歷史的真相。筆者有幸追隨 郝伯伯左右，在他老人家醍醐灌頂、親考親教下，由是茅塞頓開，思路泉湧；又傳承自他老人家「還原抗戰歷史真相」的「使命感」，遂孜孜不倦於抗戰戰史耙梳，一刻不敢懈怠，才累積出了以上的研究成果。

在「重返抗日戰場」過程中， 郝伯伯多次語重心長地叮囑筆者：研究抗戰戰史，不能閉門造車，一定要先實地瞭解戰場地形後，才能動筆去寫。筆者謹遵訓勉，所撰寫成書的抗戰戰史，都先到現地仔細查看研究過：花園口、平型關、石牌要塞如此，本書的「仁安羌故事」亦復如此。

2014 年 7 月，當第 2 次「重返抗日戰場」的「華北行」結束後， 郝伯伯原計畫是年 12 月作第 3 次的「重返抗日戰場」旅行時，除了造訪廣西南寧崑崙關、雲南昆明及滇西地區的「華南行」外，並擬進入緬甸，實地考察當年「中國遠征軍」入緬作戰的幾個重要戰場。但後來因 郝伯伯「身分敏感」，且又考慮「安全問題」而作罷。不過，筆者基於研究「仁安羌之戰」的熱情，遂向 郝伯伯報告，利用「華南行」之前的空檔時間，於 10 月 7

日至 13 日，自行安排了一趟為期 2 週的「緬甸行」；由仰光、同古、曼德勒、蒲甘，來到仁安羌，作了一次深度的仁安羌古戰場巡禮。

「仁安羌之戰」，是中國軍隊於第二次世界大戰中，除了「正面戰場」與「敵後戰場」之外，在「國際戰場」上的一場勝仗；也是中國軍隊自「甲午戰爭」挫敗以來，第一次「境外作戰」的奏捷，歷史意義格外重大。

在這場戰鬥中，「中國遠征軍」以一個不滿千人的小型步兵團，擊潰數倍兵力之優勢日軍，不但成功營救了所有緬甸英軍的「有生戰力」，創造了無法用「兵學理論」詮釋的「奇蹟」；更阻斷了日軍以此為跳板，攻略印度，甚至西進與納粹德國會師的企圖，直接關係整個二戰「同盟國」的戰略佈局，與此下的世界歷史之發展，其影響不可謂不大。遺憾的是，掌握二戰「話語權」的西方列強，在其戰史中，卻刻意不提此事，令人遺憾，更令人憤怒。

2014 年 12 月 19 日，「重返抗日戰場」的「華南行」結束後，筆者立即彙整三次「重返抗日戰場」觀察所見，及 郝伯伯沿途口述講評資料，編撰成《郝柏村重返抗日戰場》一書，由「遠見天下文化公司」於 2015 年 6 月出版。其後，筆者就開始全心投入「仁安羌之戰」的研究，先完成了一篇名為〈1942 年「仁安羌之戰」始末〉、約 5 萬 4 千字的專文，獲登載於 2017 年 6 月國防大學出刊的《國防雜誌》第 32 卷第 2 期，共 48 頁（見圖 7-6）。但因受該期刊規格、篇幅與字數限制，覺得未能暢所欲言，加上後來發現尚有許多證據薄弱與論述不足之處，故對此篇論文不能滿意；遂又不斷蒐集整理更多資料，歷 7 年 6 個月的陸續增刪修補，終於完成了本書之撰寫。

本書共 7 章，約 20 萬字，附圖 66 張，包括自繪「作戰要圖」35 張；並於適當位置插入相關地形、地物、文件、以及人物與衛星、航拍照片 24 張，期能對各種狀況作最清晰完整的表達與論述。各章內容，概要如下：

第一章〈導讀〉，區分「緒言」、「要圖之調製與說明」、「凡例」等 3 節。旨對本書作一般性之說明，俾便閱讀。

第二章〈日軍攻略緬甸的緣起〉，區分「日軍南方作戰原無進攻緬甸計畫」、「泰國問題的解決」、「南方作戰順利的鼓勵」、「摩爾門的臨門一腳」等 4 節。旨在論述日軍發動「南方作戰」，從原本沒有進攻緬甸的計畫，到立即以第 15 軍負責攻略緬甸的決策過程與行動轉折。

第三章〈英軍「棄緬保印」一路不戰而退〉，區分「英軍西唐河的慘敗」、「英軍不戰而放棄仰光」、「國軍成了英國棄緬保印的犧牲品」、「日軍的曼德勒會戰構想」等 4 節。旨在論述面對日軍進攻，英緬軍在「棄緬保印」構想指導下，不戰而放棄摩爾門及仰光，全面向西退卻；並誘使「中國遠征軍」投入，負責「仰曼鐵路」（仰光至曼德勒）以東地區之作戰，實則掩護其退卻。日軍則於越過泰緬邊境大山，沿濱海地區一路追擊，於不戰而進入仰光後，立即以海運增兵，並策定以「中央壓迫」與「兩翼包抄」為指導概念的「曼德勒會戰計畫」，展開攻略整個緬甸之作戰。

第四章〈日軍向伊洛瓦底江方面的追擊〉，區分「英軍退入伊洛瓦底江流域」、「日軍一路尾隨追擊英軍」、「日軍攔截英軍於仁安羌」、「英軍難逃被日軍包圍殲滅的命運」等 4 節。旨在說明英緬軍在伊洛瓦底江東岸之退卻狀況，及日軍第 33 師團「縱隊追擊」之部署與行動，最後攔截英

緬第1師及裝甲的7旅一部於仁安羌,造成全殲所有英緬軍、包括在東敦枝之英印第17師和裝甲第7旅另部的有利態勢,也為接下來的「仁安羌之戰」揭開了序幕。

第五章〈劉放吾團長創造了「仁安羌大捷」〉,包括「劉放吾團奉命前往應援英軍」、「賓河北岸的戰鬥」、「賓河南岸的戰鬥」、「仁安羌大捷改寫了二戰歷史」等4節。旨在鋪陳新編第38師第113團奉「中國遠征軍」羅卓英司令長官命令,應援英軍作戰,暫歸英緬軍長史林姆指揮,分別在賓河南北兩岸擊退日軍,解救英軍,創造「仁安羌大捷」的全過程;特別注意對新編第38師師長孫立人,與第113團團長劉放吾,在這場作戰中「角色」的釐清。

第六章〈掩蓋「仁安羌之戰」真相的幾個源頭〉,包括「燕南羌戰鬥詳報開掩蓋真相之端」、「扣上師帽子的團作戰要圖」、「《緬甸蕩寇志》等同源資料接力扯謊」、「英緬軍長史林姆的謊言」等4節。本章是本書論述的重心,旨在抽絲剝繭,耙梳〈燕南羌戰鬥詳報〉及《緬甸蕩寇志》兩件由孫立人師長之侄孫克剛主導、主編的資料,對照實際狀況,佐以史料影本,列出其變造、掩蓋與扭曲真相,為其叔孫立人師長型塑「仁安羌大捷」指揮角色,刻意塗抹真正指揮戰鬥的劉放吾團長、甚至連名字都不讓留的證據。另外,本章亦就英緬軍長史林姆,為了英國人的「面子」,不惜以「不實謊言」,重重「醜化」營救其部隊脫困的國軍第113團,詳述其「不講道義」、「恩將仇報」的一面。

第七章〈青史不會盡成灰〉，包括「被遺忘的英雄」、「遲來半個世紀的公道」、「劉偉民為爭取父親歷史榮耀的努力」、「劉放吾將軍樹立了黃埔永遠的典型」等4節。旨在闡述締造「仁安羌大捷」的英雄人物劉放吾將軍，在孫氏叔侄刻意掩蓋隱瞞下，本已消失在歷史長河，無人知曉。但歷經1963年香港爆發的「真假將軍案」，及1992年英國前首相柴契爾夫人到美國親訪劉放吾將軍，與美國老布希總統親函劉放吾將軍，對其營救英軍和美國記者、傳教士一事致謝，劉放吾將軍之名才重現青天白日的過程。也彙整了劉將軍次子劉偉民先生，為爭取應屬其父之榮耀，及紀念第113團在仁安羌犧牲的官兵英魂，鍥而不捨做出的努力。最後，筆者也表達了對劉放吾將軍高風亮節的無盡佩服與追念，因為他樹立了「黃埔精神」的永恆典範。

不過，柴契爾夫人的親訪，與老布希總統的親函，只在感謝劉放吾將軍及第113團全體官兵，解救英軍、美國新聞記者與傳教士之恩情，並沒有提到「仁安羌之捷」對二戰「同盟陣營」的重大貢獻與影響。因此，本書除了還原「仁安羌故事」的歷史真相，將「仁安羌大捷」應得的榮耀歸還給劉放吾團長外；更積極的目的，就是要喚起兩岸的中國人團結起來，攜手努力爭取二戰「話語權」，鏟除西方殖民列強「唯我獨尊」的「霸權史觀」，莫讓其繼續抹煞中國在二戰中的犧牲與貢獻，甚至將中國的抗戰排除在二戰之外的不公、不義行為。

在本書付梓之際,特別感謝前台北市長郝龍斌先生、陸軍官校37期同期同學前國防部長高華柱將軍的鼓勵與支持、感謝同期同學前憲兵司令王詣典將軍的一路相伴與賜序,感謝台南一中六載同窗留美教授歐紹源先生與「中華民族抗日戰爭紀念協會」理事于鳳嬌小姐、祕書長奚國華博士的試讀與校對,感謝黎明出版社總編輯楊中興先生等好友們的情義出版。最後,謹將此書獻給 劉放吾將軍,及在「仁安羌之戰」中英勇犧牲的第113團202位官兵在天之靈,祈能佑我國家民族安泰,人民生活幸福。

何世同

謹識於台北市劍潭青年活動中心志清樓中華民族抗日戰爭紀念協會
2025年1月1日

目錄 Contents

前憲兵司令　王詣典將軍序 …………………………………………… 003
自序 …………………………………………………………………… 008

第一章　導讀 ………………………………………………………… 025
　　第一節　緒言 …………………………………………………… 028
　　第二節　要圖之調製與說明 …………………………………… 034
　　第三節　凡例 …………………………………………………… 037

第二章　日軍攻略緬甸的緣起 ……………………………………… 039
　　第一節　日軍「南方作戰」原無進攻緬甸計畫 ……………… 042
　　第二節　泰國問題的解決 ……………………………………… 054
　　第三節　「南方作戰」順利的鼓勵 …………………………… 063
　　第四節　摩爾門的臨門一腳 …………………………………… 078

第三章　英軍「棄緬保印」一路不戰而退 ………………………… 097
　　第一節　英軍西唐河的慘敗 …………………………………… 099
　　第二節　英軍不戰而放棄仰光 ………………………………… 108
　　第三節　國軍成了英國「棄緬保印」的犧牲品 ……………… 126
　　第四節　日軍的「曼德勒會戰」構想 ………………………… 143

第四章　日軍向伊洛瓦底江方面的追擊 …………………………… 151
　　第一節　英軍退入伊洛瓦底江流域 …………………………… 153
　　第二節　日軍一路尾隨追擊英軍 ……………………………… 160
　　第三節　日軍攔截英軍於仁安羌 ……………………………… 166

| 第四節 | 英軍難逃被日軍「包圍殲滅」命運 | 180 |

第五章　劉放吾團長創造了「仁安羌大捷」　187
第一節	劉放吾團奉命應援英軍	189
第二節	賓河北岸的戰鬥	209
第三節	賓河南岸的戰鬥	229
第四節	「仁安羌大捷」改寫了二戰歷史	240

第六章　掩蓋「仁安羌之戰」真相的幾個源頭　245
第一節	〈燕南羌戰鬥詳報〉開掩蓋真相之端	248
第二節	扣上「師帽子」的「團作戰要圖」	266
第三節	《緬甸蕩寇志》等同源資料接力扯謊	287
第四節	英緬軍長史林姆的謊言	298

第七章　青史不會盡成灰　311
第一節	被遺忘的英雄	313
第二節	遲來半個世紀的公道	331
第三節	劉偉民為爭取父親歷史榮耀的努力	342
第四節	劉放吾將軍樹立了黃埔永遠的典型	355

後記　366
附錄一　相關軍語釋義　370
附錄二　作戰地區地名中、英文對照表　387
徵引資料　392

附圖目錄

圖 1 ／本書使用之中、日兩軍「軍隊符號」識別 …………………………036

圖 2-1 ／ 1941 年 12 月上旬，日軍進入馬來半島與泰國，海、陸機動路線及登陸地點示意 …………………………050

圖 2-2 ／ 1941 年 12 月 8 日至 19 日，宇野支隊進攻緬南坦沙里地區狀況示意 …………………………060

圖 2-3 ／ 1941 年 12 月 8 日至 25 日，日軍攻占香港之戰經過狀況示意 ……067

圖 2-4 ／ 1941 年 12 月 8 日至 1942 年 5 月 6 日，日軍進攻菲律賓之戰經過示意 …………………………071

圖 2-5 ／ 1941 年 12 月 8 日至 1942 年 1 月 31 日，日軍進攻馬來半島作戰狀況示意 …………………………073

圖 2-6 ／ 1942 年 2 月 8 日至 15 日，日軍進攻新加坡之戰經過狀況示意 ……076

圖 2-7 ／ 1941 年 12 月 20 日，日軍第 15 軍兵力位置及進攻摩爾門命令示意 …………………………080

圖 2-8 ／泰緬邊境夜速至考克萊克間地形與交通狀況衛星空照圖 …………082

圖 2-9 ／ 1941 年 5 月，中、英兩方對日軍一旦進攻緬甸，攻勢方向判斷示意 …………………………085

圖 2-10 ／ 1941 年 12 月，日軍發動「南方作戰」直前，英緬軍兵力配置狀況示意 …………………………087

| 圖 2-11 ／ 1942 年 1 至 3 月，英軍增援緬甸兵力狀況示意 ⋯⋯⋯⋯⋯⋯ 090
| 圖 2-12 ／ 1942 年 1 月 31 日，日軍第 15 軍進攻摩爾門兵力部署示意 ⋯⋯ 094
| 圖 3-1 ／ 1942 年 2 月 17 日，第 15 軍向西唐河之攻擊計畫示意 ⋯⋯⋯⋯ 101
| 圖 3-2 ／ 1942 年 2 月 22 至 23 日，日軍第 33 師團進攻西唐河戰鬥狀況示意
⋯⋯⋯⋯⋯⋯⋯⋯⋯⋯⋯⋯⋯⋯⋯⋯⋯⋯⋯⋯⋯⋯⋯⋯⋯⋯⋯⋯⋯⋯⋯⋯ 105
| 圖 3-3 ／ 1942 年 3 月 2 日至 4 日，日軍第 15 軍攻略仰光兵力運用計畫示意
⋯⋯⋯⋯⋯⋯⋯⋯⋯⋯⋯⋯⋯⋯⋯⋯⋯⋯⋯⋯⋯⋯⋯⋯⋯⋯⋯⋯⋯⋯⋯⋯ 110
| 圖 3-4 ／ 1942 年 3 月 4 日至 9 日，英軍棄守仰光過程示意 ⋯⋯⋯⋯⋯⋯ 116
| 圖 3-5 ／英軍在西唐河西岸反擊日軍假想狀況示意 ⋯⋯⋯⋯⋯⋯⋯⋯⋯⋯ 124
| 圖 3-6 ／ 1941 年 11 至 12 月，國軍在滇緬邊境「戰略集中」狀況示意 ⋯ 129
| 圖 3-7 ／英印軍總司令魏菲爾、英緬軍司令亞歷山大、英緬第 1 軍軍長史林姆及其回憶錄《反敗為勝》 ⋯⋯⋯⋯⋯⋯ 134
| 圖 3-8 ／ 1942 年 3 月中旬，中國遠征軍在緬甸兵力位置示意 ⋯⋯⋯⋯⋯ 140
| 圖 3-9 ／ 1942 年 4 月 3 日，日軍第 15 軍「曼德勒會戰計畫」示意 ⋯⋯⋯ 147
| 圖 4-1 ／ 1942 年 3 月 24 至 26 日，日軍第 33 師團與當面英軍行動示意 ⋯ 159
| 圖 4-2 ／ 1942 年 3 月 25 日至 4 月 2 日，日軍第 33 師團進攻瑞同及勃郎狀況示意 ⋯⋯⋯⋯⋯⋯⋯⋯⋯⋯⋯⋯⋯⋯⋯⋯⋯⋯⋯⋯⋯⋯⋯⋯⋯⋯ 165
| 圖 4-3 ／ 1942 年 4 月 7 日至 15 日，日軍第 33 師團追擊狀況示意 ⋯⋯⋯ 174

圖 4-4 ／ 1942 年 4 月 17 日夜，日軍作間部隊在賓河南北兵力部署示意	179
圖 4-5 ／ 1942 年 4 月 18 日，中、英軍在仁安羌附近戰鬥狀況示意	183
圖 4-6 ／ 1942 年 4 月 18 日以後，日軍第 33 師團陸續到達仁安羌附近兵力示意	185
圖 4-7 ／若無國軍第 113 團救援，緬甸英軍被日軍殲滅之假想狀況示意	186
圖 5-1 ／孫克剛所著《緬甸蕩寇志》及其重刊《中國軍魂・孫立人將軍緬甸作戰實錄》	192
圖 5-2 ／孫立人將軍清華學校初中部「成績單」與維吉尼亞軍校親填之「學籍表」	196
圖 5-3 ／ 1942 年 4 月 15 日，林蔚電蔣委員長報告調派新 38 師兩個團支援英軍作戰原件影本	201
圖 5-4 ／ 1942 年 4 月 17 日，史林姆面交劉放吾團長之「手令」原件影本	204
圖 5-5 ／ 1942 年 4 月 17 日晝間，賓河北岸態勢及各地距離	205
圖 5-6 ／ 1942 年 4 月 19 日，國軍第 113 團解救英軍狀況示意	233
圖 6-1 ／〈燕南羌戰鬥詳報〉文字部分之 (一)	252
圖 6-2 ／〈燕南羌戰鬥詳報〉文字部分之 (二)	252
圖 6-3 ／〈燕南羌戰鬥詳報〉文字部分之 (三)	253
圖 6-4 ／〈燕南羌戰鬥詳報〉文字部分之 (四)	253

圖 6-5 ／〈燕南羌戰鬥詳報〉文字部分之 (五) 254

圖 6-6 ／〈燕南羌戰鬥詳報〉文字部分之 (六) 254

圖 6-7 ／〈燕南羌戰鬥詳報〉中的 4 月 17 日「燕南羌附近敵我態度要圖」..268

圖 6-8 ／〈燕南羌戰鬥詳報〉中的 4 月 18 日「拼牆河北岸戰鬥經過要圖」..270

圖 6-9 ／〈燕南羌戰鬥詳報〉中的 4 月 19 日「拼牆河南岸戰鬥經過要圖」..272

圖 6-10 ／〈燕南羌戰鬥詳報〉中的 4 月 20 日「燕南羌以南攻擊展開計劃要圖」........282

圖 6-11 ／孫立人將軍批註《緬甸蕩寇志》原書之影本 (一) 291

圖 6-12 ／孫立人將軍批註《緬甸蕩寇志》原書之影本 (二) 291

圖 6-13 ／孫立人將軍批註《緬甸蕩寇志》原書之影本 (三) 292

圖 6-14 ／《一代戰神—孫立人》及《孫立人傳》........294

圖 6-15 ／1813 年 10 月 30 日「法蘭克福會戰」直前態勢示意........299

圖 6-16 ／英緬第 1 軍軍長史林姆「反擊」日軍第 33 師團構想示意........301

圖 6-17 ／瓢背至賓河北岸 113 團攻擊準備位置路線距離示意........306

圖 6-18 ／英國老兵費茲派垂克所著《中國人在緬甸救了英國人》首頁...308

圖 7-1 ／《被遺忘的戰士》書封面，及所載〈英勇中國遠征軍—孫立人陣地三得三失〉文........314

圖 7-2	4月20日羅卓英致電蔣委員長，報告第113團創造「仁安羌大捷」原件影本	317
圖 7-3	1942年4月21日，蔣委員長嘉勉劉團長之手令，及據此所發之電報	319
圖 7-4	美國總統老布希及英國國防部長瑞佛金德致劉放吾將軍的感謝函	336
圖 7-5	2013年3月27日，馬英九總統接見英國老兵費茲派翠克上尉	339
圖 7-6	《國防雜誌》第32卷第2期封面及〈1942年「仁安羌之戰」始末〉首頁	341
圖 7-7	劉放吾將軍及劉偉民所著《劉放吾將軍與緬甸仁安羌大捷》	344
圖 7-8	公元前207年12月「鉅鹿之戰」經過狀況示意	356
圖 7-9	公元前207年(漢高帝三年)「井陘之戰」經過示意	357
圖 7-10	1976年11月17日午後3時，法、奧兩軍在亞哥拉附近態勢示意	359
圖 7-11	劉放吾將軍見報載「仁安羌大捷」事，眉批「杜撰」兩字	362

照片目錄

照片 1／1942 年 2 月 15 日，英國駐馬來亞陸軍司令普爾昔伐扛著英國國旗，去向日軍投降 ················· 075

照片 2／日軍徵用大象組成山地運輸隊，擔任輜重、輕火砲、彈藥、糧秣的運輸 ················· 083

照片 3／1942 年 2 月，英印軍在西唐河畔部署陣地狀況 ················· 104

照片 4／1942 年 2 月下旬，在仰光街頭之英軍裝甲第 7 旅裝甲車輛 ······ 115

照片 5／1942 年 3 月 7 日，英軍在仰光實施爆破，港口油庫起火冒出衝天濃煙 ················· 120

照片 6／501 高地附近到處都是天然「反戰車壕」 ················· 167

照片 7／從 501 高地向南眺望仁安羌附近地形 ················· 168

照片 8／1942 年 4 月 16 日，英軍爆破仁安羌油田景況 ················· 173

照片 9／原溝通賓河兩岸交通之鐵橋（遠方為北岸，2014 年已拆除）······ 175

照片 10／由賓河北岸舊鐵橋東端眺望南岸，油田清晰可見 ················· 175

照片 11／2014 年賓河新橋建成、舊橋拆除後，兩岸航拍景況 ················· 176

照片 12／賓河北岸至蒲甘間地形地貌狀況（筆者攝於 2014 年 10 月 10 日）· 181

照片 13／在公路橋上向西所拍「非雨季」之賓河流水及河床狀況（左為南岸）················· 211

照片 14／由賓河北岸眺望南岸，右邊突出部為 501 高地 ················· 211

照片 15 ／賓河河床上的軟泥，使英軍支援之戰車無法靠近 (遠方為南岸) ⋯⋯ 220

照片 16 ／仁安羌、501 高地、敦貢、及 4 月 19 日英軍脫困路線航拍 ⋯⋯ 234

照片 17 ／國軍第 113 團官兵在賓河南岸油田區與英軍戰車士兵交談 ⋯⋯ 238

照片 18 ／1992 年 4 月 21 日，英國前首相柴契爾夫人在芝加哥會晤劉放吾將軍 (一) ⋯⋯ 335

照片 19 ／1992 年 4 月 21 日，英國前首相柴契爾夫人在芝加哥會晤劉放吾將軍 (二) ⋯⋯ 335

照片 20 ／英國在緬甸仰光北郊濤建 (Taukkyan) 的「戰爭紀念公墓」⋯⋯ 346

照片 21 ／2013 年 7 月 7 日，劉偉民扶著「仁安羌之戰」陣亡官兵靈位入祀「南嶽忠烈祠」⋯⋯ 348

照片 22 ／在賓河沙洲上，遠眺「仁安羌大捷紀念碑」⋯⋯ 349

照片 23 ／「仁安羌大捷紀念碑」正面 ⋯⋯ 350

照片 24 ／重慶「黃山抗戰遺址博物館」雲岫樓展示孫立人在仁安羌營救英軍資料 ⋯⋯ 354

第一章

導讀

第一節｜緒言

第二節｜要圖之調製與說明

第三節｜凡例

撥雲見日 仁安羌故事考

　　書名的「仁安羌 (葉南陽、燕南羌，彥南揚，Yenangyung) 故事」[1]，就是 1942 年 4 月「中國遠征軍」在緬甸創造「仁安羌大捷」的經緯始末，及其影響與後續狀況的述事。由於「故事」中，當事的中、英、日三方，各有人撒謊、杜撰與隱匿，致「故事」的原本面貌受到不同程度的扭曲與掩蓋，而渾濁不明。本文將予詳「考」，以還原歷史的真相，故名「仁安羌故事考」，期能達到「撥雲見日」的效果。

　　1942 年「中國遠征軍」在緬甸的作戰，雖然折戟沉沙，歸於失敗，但也有兩次卓越的戰場表現；一次是戴安瀾第 200 師堅守同古 (東吁、東瓜，Taungoo) 13 天的「防禦戰鬥」，另一次是劉放吾新編第 38 師第 113 團在仁安羌奮勇解救英軍的「攻擊戰鬥」。尤其後者，儘管參戰兵力只是 1 個小型步兵團，然而卻能一舉擊潰日軍 1 個加強聯隊，解救英緬軍 7 千餘人，加上順勢脫逃的英印軍及邊防軍、警察，共計約 7 萬人 (見後文)，成為守住印度的「有生戰力」，不但是中國自「甲午戰爭」以降，首次在「境外戰場」的勝仗，也影響了爾後第二次世界大戰的發展，歷史意義重大。

　　遺憾的是，由於抗戰勝利後不久，國民政府就因內戰失敗而退到台灣，忽略了緬戰戰史的整理，又因受到一些中、外人物對真相的刻意掩蓋與扭曲，及 1955 年「孫立人案」的影響，致使這段歷史變得各說各話，而晦暗不明。為完整呈現本戰的全過程與結果，本書論述之範圍，開始於日軍「南

---

[1] 有關緬甸、印度、馬來亞、泰國與菲律賓之地名，均以標示中文譯音為主；於該地名第一次出現時，在其後 ( ) 內，亦列常見之其他中文與英文譯音。

方作戰」，結束於國軍解救仁安羌英軍脫困，並置重點於4月18、19兩日，在賓河兩岸戰鬥資料之耙梳，及相關史料檢視與考證。期能釐清事實，還原這段歷史的本來面貌，並論述「仁安羌大捷」在二戰中應有的歷史定位。

第一節

緒言

　　目前中國大陸對「抗日戰爭」最普遍的說法是，區分「正面戰場」與「敵後戰場」兩大部分。前者屬於「正規戰」，由國軍擔任；後者屬於「游擊戰」，歸共軍主導。但是這種劃分方法，只是「國內作戰」部分，不但忽略了屬於「聯盟作戰」性質，完全由國軍負責的「國際戰場」作戰，而且也抹煞了 1940 年「黃橋事件」發生前，國軍在「敵後戰場」上的流血犧牲。[2]更不用說 1942 年 1 月 2 日，國民政府軍事委員會蔣介石委員長應美國總統羅斯福之請，就任包括泰國、越南在內的「中國戰區」盟軍最高統帥；[3]中

---

[2]　有關國、共兩軍在八年抗戰中的「敵後作戰」狀況，可參：郝柏村口述・何世同編校，《血淚與榮耀—郝柏村還原全面抗戰真相（一九三七―一九四五）》（以下簡稱《血淚與榮耀》）（台北：天下文化事業，2019 年 11 月 28 日），頁 368~384 之彙整。其中「黃橋事件」始末，載於同書，頁 379~380。

[3]　1941 年 12 月 31 日，「羅斯福總統致蔣委員長電」，請成立「中國戰區」，並建議蔣介石出任戰區最高統帥；及蔣介石於 1942 年 1 月 2 日，致羅斯福「允任中泰越區統帥職電」。見：郭榮趙，《蔣委員長與羅斯福總統戰時通訊》（台北：中國研究中心，1978 年 4 月），頁 57。亦見載於：抗戰歷史文獻研究會編，《蔣中正日記・民國三十一年 (1942)》（台北：2015 年 10 月 31 日，未出版），頁 6，1 月 2 日條。

國的抗戰,實質上已經進入與同盟國家「聯盟作戰」的階段,及至1942年2月「中國遠征軍」入緬作戰,乃正式邁向「國際戰場」領域。

仁安羌位於緬甸中西部,伊洛瓦底江 (Irrawaddy River) 與賓河 (拼墙河、平河,Pin River、Pinchong) 會流處東南,東北距曼德勒 (瓦城,Mandalay)283公里,南距仰光 (Yagon)550公里。[4] 因該地盛產石油,故從日軍決心攻略緬甸開始,就是其亟欲奪取的主要戰略目標之一。[5] 1942年4月中旬,敗退之英軍,被追擊之日軍「攔截」於此,為「中國遠征軍」所救,是謂「仁安羌之戰」,也就是國軍戰史所說的「仁安羌大捷」;其緣起、經過、結果、影響,以及其真相如何被掩蓋、隱瞞與扭曲?亦即本書所鋪陳的「仁安羌故事」。

第二次世界大戰期間,中國曾兩度派遣軍隊赴緬甸作戰。第一次,是1942年2月至5月,當時派出的軍隊稱為「中國遠征軍」,但是受美國人史迪威 (Joseph Warren Stilwell) 指揮;而緬甸是英國殖民地,故史迪威又要受「英國駐緬甸陸軍」(以下稱「英緬軍」) 司令胡敦 (Thomas J. Hutton,先)、亞歷山大 (Harold Alexander,後) 節制。

但在作戰中,英國不顧「聯盟作戰」協議,一味「棄緬保印」(見後

---

[4] 本書所示距離,均為使用google「衛星空照地圖」測量之數據;有道路測道路,無道路取直線。

[5] 日本防衛廳防衛研修所戰史室編撰・曾清貴譯,日軍對華作戰紀要叢書44,《緬甸攻略作戰》(台北:國防部史政編譯局〔以下簡稱史編局〕,1997年6月),頁106、136。以下凡史編局所譯「日軍對華作戰紀要叢書」,第二次出現時,均予簡化,僅列書名。

文論述)，不戰而退，造成「中國遠征軍」左翼暴露；而史迪威既無作戰經驗，復又剛愎自用，更不聽戰區統帥蔣介石委員長指導，當戰況不利時，竟拋棄職責，先行落跑印度。[6] 致「中國遠征軍」群龍無首，指揮系統瓦解，加上日軍占領臘戍 (Lashio)，國軍「補給線」被截斷，致十多萬中國最精銳的 3 個軍 (第 5、6、66)，遭受重大損失；[7] 日軍不但席捲整個緬甸，還占領了怒江以西的中國土地；「中國遠征軍」主力退到怒江以東地區，一部則經密支那 (Myitkyina) 以北的「野人山」(克欽山，Kachin Mt) 進入印度。退卻過程中，這支部隊在遍佈瘴氣、毒蟲的惡劣環境下，翻山涉水，饑病交迫，死難盈野，呈現一幅幅煉獄場景；[8] 到了印度後，幾經整補，成為「中國駐印軍」，惟此非本書所論範圍。

第二次，是 1943 年 10 月至 1945 年 3 月，「中國遠征軍」與「中國駐

---

[6] 1942 年 5 月 5 日，史迪威在戰況緊急時，置所指揮的中國部隊於不顧，帶著幕僚、護士、英國難民與挑夫等，約 80 餘人，先行逃向印度。見：Romanus, Charles F. & Riley Sunderland, "*Stilwell's Mission to China*"(Washington, D.C.: Government Printing Office,1953), pp.138~139. 另，芭芭拉 (Barbara W. Tuchman) 著‧萬里斯譯，《史迪威與美國在中國的經驗》(北京：新星出版社，2007 年 9 月) (以下凡翻譯書籍第二次出現時，均省略譯者)，頁 297，載「約一百人」，略異。又，有關史迪威不聽戰區統帥蔣介石指導，缺乏作戰經驗，又一意孤行狀況；可參：梁敬錞，《史迪威事件》(台北：台灣商務印書館，1971 年 7 月)，有詳述。

[7] 中國遠征軍「補給線」被截斷，係指日軍於 4 月 29 日攻占「滇緬公路」終點臘戍而言。相關作戰狀況，見：《緬甸攻略作戰》，頁 539~540。

[8] 此部以第 5 軍為主，在軍長杜聿明將軍 (1957 年諾貝爾物理獎得主楊振寧原配岳父) 率領下，進入「野人山」；入山時約 2 萬多人，抵達印度者僅 4 千 5 百餘人，其餘皆死於途中。見：高興恩、邱中岳、苗中英、崔介民、李敬業編纂，《國民革命軍第五軍軍史》(以下第二次出現，僅列第一作者) (台北：國防部史編處，2002 年 12 月 31 日)，頁 288。按，第 5 軍是當時中國唯一的機械化軍，曾於 1939 年 12 月，在「桂南會戰」中，創造「崑崙關大捷」。筆註：當時史編局已裁簡為史編處，又劃歸軍務局。

印軍」東西夾擊，擊滅地區日軍，大獲全勝，不但收復滇西，攻克緬北，並且還與美軍「戰略會師」於緬甸芒友(木姐，Muse)；惟也非本書所述範圍。本書所述，是由日軍攻略緬甸起論，以日、英兩軍在伊洛瓦底江方面的作戰為背景，聚焦於1942年4月18、19兩日，國軍第113團投入解救英軍的「仁安羌之戰」，以及這段歷史真相被掩蓋、扭曲與篡改的經過，和對相關史料的考證。

是戰，後者儘管劉放吾所率參戰兵力，只是1個不足千人的小型步兵團，戰鬥時間不過兩日，戰場範圍僅只十數平方公里，但卻是一場中國自「甲午戰爭」以降，首次在「境外」擊敗日本侵略主義者軍隊，並解救出英軍，保住英國防衛印度及日後反攻緬甸「有生戰力」的一場「國際戰場」勝仗，對二次大戰東南亞、乃至盟國之全球戰略佈局，產生關鍵影響。

設若沒有國軍第113團的投入救援，緬甸英軍也必然會於「太平洋戰爭」一開始的時候，就像西方列強軍隊在香港、馬來亞、新加坡、荷屬東印度群島(即今印尼)、以及菲律賓作戰的不堪一擊，整個部隊不是投降，就是被俘一樣，難逃被日軍「包圍殲滅」的命運。果如此，日軍即可順勢占領印度，再揮軍西進，與納粹德國會師於西亞或中東，將可牢牢掌握住歐亞陸權，甚至英國連本土都不保，世界歷史發展將是另外一回事。

遺憾的是，由於抗戰勝利後不久，國民政府就因內戰失敗而退到台灣，不但失去二戰「話語權」，也忽略了緬戰戰史的整理；又因受到一些中、外人物對「仁安羌之戰」真相的刻意掩蓋與扭曲，及1955年「孫立人案」的影響，致使這段中國在抗戰期間揚威異域的光榮事蹟，與對二次大戰發

展產生巨大影響的英勇表現,變得晦暗不明,甚至被人遺忘。尤其令人錯愕的是,創造「仁安羌大捷」的英雄人物,竟然遭到「掠奪戰功」與「冒名頂替」,完全不見了。

本書論述範圍,始於日軍決心攻略緬甸,及英軍從日軍一入緬開始,就無心保緬,不戰而退的過程,以完整呈現「仁安羌之戰」發生的背景。另外,此部分所述,日軍以兩個「減裝」、「減編」師團,通過泰、緬國境大山後,一路「摧枯拉朽」,直取仰光的「所向無敵」進攻,對照英軍不堪一擊的潰敗場景;剛好對照出劉放吾團長臨危受命,孤軍深入、以寡擊眾、以劣擊強之傑出表現,也適足反映國軍第113團創造「仁安羌大捷」的艱辛不易與難能可貴。

1942年4月18日與19日兩天之「仁安羌之戰」,及對相關史料與人物之評析和考證,是本書論述的重心;旨在釐清一些長久以來各說各話,存有爭議的問題。諸如:在「仁安羌之戰」中,英、日兩軍究竟何時進入仁安羌?英軍到底是被日軍「包圍」、還是被日軍「攔截」於仁安羌?英軍「被困」後,是自行脫困,還是因為國軍馳援而「脫困」?目的在重建戰場,揭穿英軍軍長史林姆(William Joseph Slim)[9]回憶錄中相關不實之言,與其對中國軍隊的醜化。

此外,在這場戰鬥中,指揮國軍第113團作戰的人,明明是該團團長

---

9 所引資料,對 Slim 之譯名不一,概有史林姆、士林姆、斯林姆、斯萊姆⋯等;本文以史林姆為主。

劉放吾，怎麼成了「擅離職守」、「輕車簡從」而來，對該團暫無「指揮權」的新編第 38 師師長孫立人？旨在還原這段歷史的真相，期能「撥雲見日」，將「英雄」的光輝，還給真正的「英雄」；同時也讓世人重新認識，「仁安羌大捷」對第二次世界大戰的巨大影響。

相關重要資料，除引以原文、原圖外，並附以現地或原件照片佐證。筆者又以 google「衛星空照地圖」為底本，對照當年與現今地圖，「自行繪製」附有「比例尺」之「作戰要圖」；地形狀況，係以「深色」疊壓「淺色」方式，顯示「等高線」。而凡文中所見地名，要圖上均能尋得，俾利閱者參照。

第二節

要圖之調製與說明

「要圖」調製，應是研究「戰爭」（或「作戰」）最基本之步驟與方法，其目的有二：一是「圖示地形」或「圖解狀況」，以補文字敘述之可能不足；另一是使作戰相關之力、空、時因素與作戰地區地形（地理）相結合，明示交戰雙方之「戰爭指導」、「戰略判斷」、「戰略構想」、「兵力部署」、「行動概要」與（或）「戰略態勢」，以作瞭解戰爭與進一步分析「戰爭」（或「作戰」）之依據。

調製之要領，係針對狀況，就兵力、兵力位置，及其他相關動、靜態資料，結合地形，製作「示意要圖」，俾使作戰態勢一目瞭然，以利對相關課題之分析與評論。在調製程序上，為求精準，先以衛星空拍圖為主，再參照相關地圖，繪成「作戰地區」地形與地物要圖；地物包括：城鎮、村落、鐵路、公路及其他人為建物。然後再在圖上加注「軍隊符號」與「說明文字」，以呈現所望之作戰狀況與相關命題。

「地形」，在戰略上又稱「地障」，《孫子兵法・地形第十》曰：「夫

地形者，兵之助也」;[10] 又曰:「知此而用戰者必勝,不知此而用戰者必敗」;[11] 現代兵家亦視其為「第四軍種」。因此,本書所調製之要圖,或依需要下載衛星空照圖,直接顯示地形狀況;或在自繪之要圖中,使用深色疊壓淺色方式,以顯示地形,顏色愈深,高度愈大。

　　本書「作戰要圖」中的「軍隊符號」,使用國際通用的軍事地圖規格,以「藍色」示「我軍」,以「紅色」示「敵軍」;部隊行動,通常以「實線箭頭」示前進,「虛線箭頭」示後退。書中所有附圖,除另有註記者外,上方一律朝正北。敵我雙方之兵力與兵力位置,視需要使用文字、代號或符號標記;交戰之敵我兩軍,以「面敵方向」為準,區分左右。因此,甲軍之右翼,即為乙軍之左翼;甲軍之左翼,即為乙軍之右翼。本書使用之「軍隊符號」識別,見圖 1 示意。

10　(春秋)孫武撰‧(明)王陽明手批,《孫子兵法》;收入:《武經七書》(台北:中華戰略學會景印,1988 年 10 月 20 日,3 版),卷之 1,〈地形第十〉,頁 125。本書第 2 次出現時,省略手批者。
11　同上註。

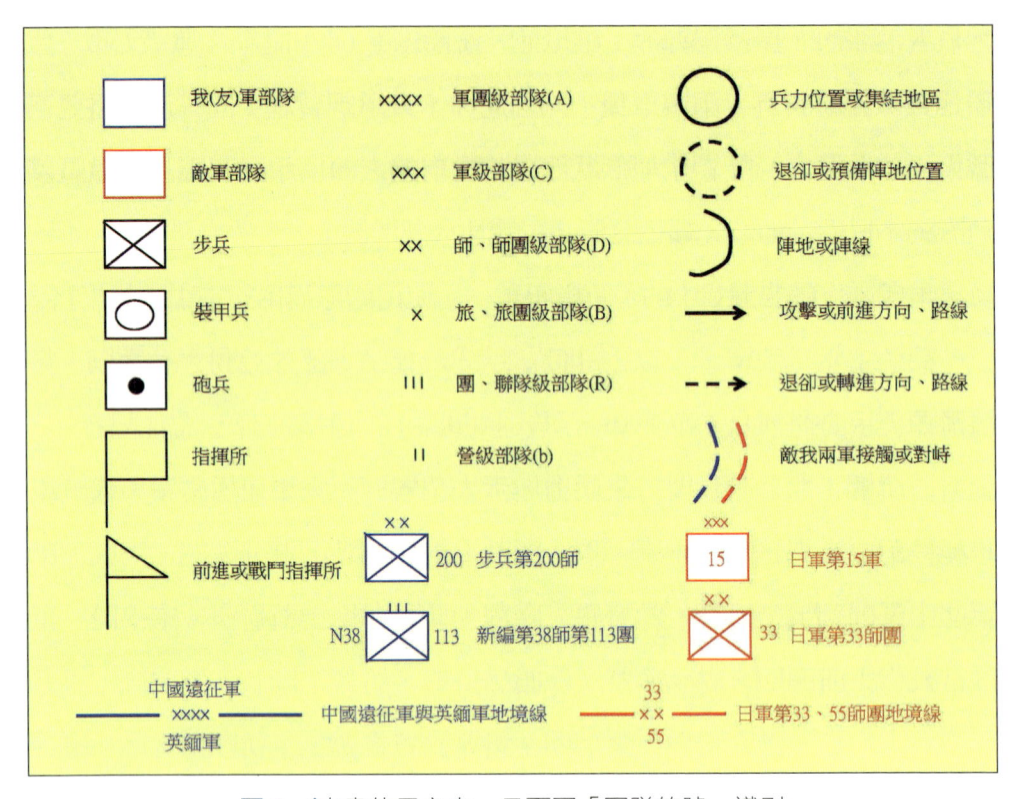

符號	意義	符號	意義	符號	意義
☐	我(友)軍部隊	xxxx	軍團級部隊(A)	○	兵力位置或集結地區
☐	敵軍部隊	xxx	軍級部隊(C)	⟜	退卻或預備陣地位置
⊠	步兵	xx	師、師團級部隊(D)	⌒	陣地或陣線
⊙	裝甲兵	x	旅、旅團級部隊(B)	→	攻擊或前進方向、路線
⦿	砲兵	III	團、聯隊級部隊(R)	--→	退卻或轉進方向、路線
⚑	指揮所	II	營級部隊(b)	⟩⟩	敵我兩軍接觸或對峙
⚐	前進或戰鬥指揮所	⊠ 200	步兵第200師	15	日軍第15軍
		N38 ⊠ 113	新編第38師第113團	⊠ 33	日軍第33師團

中國遠征軍
──xxxx── 中國遠征軍與英緬軍地境線
英緬軍

33
── xx ── 日軍第33、55師團地境線
55

圖1／本書使用之中、日兩軍「軍隊符號」識別

第三節

凡例

　　本文所引之專書，若標題過長，僅於第一次出現時列其全部，第二次出現時，僅列作者及簡化之書名；簡化後的書名，見載於第一次出現書名後之（）內，以避其冗。英文著作，於第二次出現時，則列作者與 op.cit. 及頁數。

　　本書引用甚多「日本防衛廳防衛研修所戰史室」編撰之「日軍對華作戰紀要」系列翻譯叢書；因編者、譯者、書名，加上出版資料，文字太長，故於第二次出現時，僅列書名。另外，凡翻譯書籍第二次出現時，均省略譯者，以免其贅。

　　本書中之紀年、軍隊番號、兵力數量，除引文內數字照錄「原文」外，餘均使用阿拉伯數字。各章之附圖，依章次編號；例如：第二章為圖2-1、2-2⋯，第三章為圖3-1、3-2⋯，餘此類推，以便檢閱。

　　「括號」示以（），其內之「括號」，示以〔〕；例如：第55師團步兵第143聯隊（宇野支隊）主力（欠登陸於巴蜀〔班武里，Prachuap〕之第2大隊）於8日0300時進入泊地。又，引文中，〔〕內文字，為原文；（）

內文字,為筆者所加。

此外,本書基本上屬於「戰爭」與「戰史」研究,使用甚多「軍語」;其定義,以引1973年三軍大學戰爭學院「野戰戰略教官組」所撰印之《大軍指揮要則》為主,[12] 此亦當時該校校長余伯泉上將所創見;此外,並參考《國軍軍語辭典》[13],及筆者研習戰略之心得,綜合而成。為統一說法,並使讀者方便閱讀,茲列相關「軍語」及其「釋義」,按筆劃順序彙整條列如〈附錄一〉;除必要者外,不另注出處。

又,二次大戰時期,日軍「南方作戰」(見後文)所及地名,中、英、日文各有譯音,比對搜尋不易,是研究緬甸戰史最感困難的地方。故在本書之本文與注腳中,凡作戰地區地名第一次出現時,除列中文譯名外,亦注其他常見中文譯名與英文譯音於其後( )內,並彙整成〈附錄二〉。

---

[12] 三軍大學戰爭學院野戰戰略教官組編,《大軍指揮要則》(台北大直:三軍大學戰爭學院,1973年3月22日)。
[13] 國軍軍語辭典編輯委員會編輯,《國軍軍語辭典》(台北:國防部,1973年9月)。

第二章

日軍攻略緬甸
的緣起

第一節｜日軍「南方作戰」原無進攻緬甸計畫

第二節｜泰國問題的解決

第三節｜「南方作戰」順利的鼓勵

第四節｜摩爾門的臨門一腳

日本自 1893 年以來，即陸、海軍分立，越過內閣，直屬其「天皇」。[1] 東京時間 1941 年 12 月 8 日、夏威夷時間 12 月 7 日，當日本海軍「聯合艦隊」偷襲珍珠港美國太平洋艦隊基地之時，其陸軍「南方軍」亦「同步」發動攻略菲律賓、泰國、馬來半島、東印度群島等地之作戰；[2] 是謂「南方作戰」。[3] 其中，除了泰國為獨立國家之外，其他均為西方帝國主義在遠東地區之殖民地。至於對英屬香港之攻略，則不屬「南方軍」任務，係交由在中國廣東省境內的第 23 軍 (司令官酒井隆中將) 第 58 師團 (師團長佐野忠義中將) 負責。[4]

　　由於當時日本爭取目標太多，兵力不夠分配，以及日軍大本營對緬甸「兵要地誌軍情」尚未能十分掌握，也無用兵上之判斷，所以在陸軍「南方作戰」一開始的時候，並沒有「攻略緬甸」的作戰計畫。[5] 但緬甸是中國

---

1. 1893 年 5 月 19 日，日本海軍軍令部獨立，與陸軍具有對等地位；見：日本防衛廳防衛研修所戰史室編撰・曾清貴譯，日軍對華作戰紀要叢書—19，《從日俄戰爭到盧溝橋事變》(台北：史編局，1989 年 6 月)，頁 54、136。
2. 李德哈特 (Liddell Hart) 原著・鈕先鍾譯，《第二次世界大戰戰史》，冊 1(全 3 冊)(台北：軍事譯粹社，1992 年 4 月)，頁 317。以下翻譯著作第 2 次出現時，省略譯者。按，日本東京時間比美國夏威夷快 19 小時；例如：後者 D 日 0700 時，後者為 D+1 日 0200 時。
3. 按，日皇裕仁於 1941 年 11 月 5 日，批可日本陸軍「南方作戰」計畫，作戰目的在「摧毀美國、英國和荷蘭的主要根據地，並占領確保南方要域。」見：日本防衛廳防衛研修所戰史室編撰・曾清貴譯，日軍對華作戰紀要叢書—21，《開戰前期陸戰指導》(台北：史編局，1989 年 6 月)，頁 44。
4. 1941 年 11 月 25 日，日軍大本營先以「秘密指示」方式，向「中國派遣軍」總司令官畑俊六大將，下達攻占香港之預備命令。12 月 1 日，再頒「大陸命第 572 號令」，要旨為：「帝國決定對美國、英國、荷蘭開戰，中國派遣軍應聯合海軍，以第 23 軍第 38 師團為骨幹之部隊，攻占香港；作戰開始應在確認南方軍在馬來亞登陸或空襲後實施。」見：同上注，頁 83。
5. 同上注，頁 305。

失去沿海港口後,唯一的連外窗口,又是日本欲通向英屬印度的跳板,戰略地位重要;故合理判斷,日本應該存著對緬甸伺機下手的念頭。

果然,這種不「攻略緬甸」的狀況,只維持了1個半月;1942年1月22日,日軍大本營就突然以「大陸令第590號」及「大陸指第1081號」,對「南方軍」與海軍頒布「緬甸要域之攻略」指令。[6]「南方軍」基此指令,亦於2月9日,以「南總作命甲第55號令」,對第15軍下達「繼現行任務之後,盡可能擊滅敵軍而進入仰光地區,並儘量在北方遠處獲得地盤,以準備向曼德勒及仁安羌附近之作戰」命令;[7]日軍「攻略緬甸」之作戰,於是正式展開。

然而,在這短短1個半月的時間中,日軍大本營之「決心」為何會有如此一百八十度的轉變?將原本連「支戰場」角色都稱不上的緬甸,一下子當成了「主戰場」去處理;而有了日軍「攻略緬甸」的決心,才有接下來以「仁安羌之戰」為核心的「仁安羌故事」出現,兩者實具有因果關係。為完整呈現「仁安羌故事」的緣起,本章先述日本陸軍的「南方作戰」,再論日軍決心攻略緬甸的原因,以鋪陳「仁安羌故事」的背景。

---

6 《緬甸攻略作戰》,頁110~112。
7 同上注,頁136~137。按,當時第15軍甫攻克摩爾門(毛淡棉,Moulmein)。

第一節

日軍「南方作戰」原無進攻緬甸計畫

　　日本陸軍為準備「南方作戰」，先於1939年2月占領海南島，與台灣共同作為南進之基地。[8] 再於1940年9月，進入法國殖民地的北越海防港，截斷中國連外的「滇越鐵路」(昆明經河內至海防，見圖3-6)。[9] 又於1941年8月30日，與納粹德國扶植之法國維琪政府(Vichy Government)，經過「相當困難」的「日法東京會談」後，得到允許，開始對越南進行所謂的「和平進駐」行動，為其南進形塑有利態勢。[10]

　　本來在日軍「南方作戰」的初始計畫中，並未將緬甸列為「攻略目標」。

8　1939年2月8日，日軍台灣旅團(以步兵聯隊2、山砲聯隊2為基幹)在海軍第5艦隊護航下，由泊地出發，10日登陸並占領海口；海軍第4基地部隊，亦於14日登陸三亞；至5月9日，完成全島之攻占。見：日本防衛廳防衛研修所戰史室編撰、廖運潘譯，日軍對華作戰紀要叢書—3，《歐戰爆發前後對華和戰—初期陸軍作戰(三)》(台北：史編局，1986年7月)，頁537~538；及史政編譯局編印，《國民革命軍戰役史第四部・抗日》，冊3(台北：國防部史政編譯局，1995年1月30日)，〈中期戰役・海南島作戰〉，頁262~265。
9　《緬甸攻略作戰》，頁6。
10　《歐戰爆發前後對華和戰—初期陸軍作戰(三)》，頁390~391。又，李德哈特著，《第二次世界大戰戰史》，冊1，頁324，亦載：7月24日，在法國維琪政的「勉強同意」下，日軍進占法屬印度支那。

| **第二章** | 日軍攻略緬甸的緣起　　　　　　　　**第一節** | 日軍「南方作戰」原無進攻緬甸計畫

要之,也只想利用緬甸「反殖民」的「民族主義路線」,「自然達成」切斷「滇緬路」之目的而已;[11] 弔詭的是,最後緬甸卻變成其「南方作戰」的主戰場。《孫子兵法・虛實第六》曰「兵無常勢,水無常形」[12],故用兵者,當因應情勢之改變,而採取不同之「行動方案」;故日軍從「不攻緬」到「攻緬」之「決心」轉變,其實也是常理,將詳論其因於後。

先是,中國被日本侵略那麼久,西方國家並不關心,也不重視;筆者認為,其最大原因,或許是「黃種人」打「黃種人」,與「白種人」不相干的緣故吧?但是,當1941年7月24日,日軍「和平」進占了「法屬印度支那」,卻引起了以美國為首的西方國家強烈反應;7月26日,美國總統羅斯福立即宣佈凍結所有日本人在美國的資產,英國與已投降納粹德國、僅剩流亡政府的荷蘭,也迅速跟進,採取了同樣的制裁行動。[13] 筆者認為,這大概就是「黃種人」打到「白種人」地盤的關係吧?

由於羅斯福總統發起的經濟制裁,使得這些西方資本主義國家與日本間的貿易於是中斷;此對資源缺乏的島國日本而言,即刻產生了嚴重衝擊,尤其是對石油的獲得。日本石油消耗量的80%,仰賴荷屬東印度群島(即

11　《緬甸攻略作戰》,頁12。
12　孫武撰・《孫子兵法》;收入:《武經七書》,卷之1,〈虛實第六〉,頁105。
13　李德哈特著,《第二次世界大戰戰史》,冊1,頁324。按,1940年5月10日,德軍入侵荷蘭與比利時,5月15日荷蘭投降;荷蘭女王Queen Wilhelmina 在英國成立流亡政府;見A.J.P. Taylor , "English History 1914~1945"(Penguin Books, Harmondsworth,Middlesex, 1981), p.594。因此,仍領有東印度群島殖民地之荷蘭流亡政府,乃採取與英國相同的行動。又,所謂「法屬印度支那」,即日人所稱、原為清朝藩屬的越南、寮國(老撾)與高棉(柬埔寨)三邦。

今印尼）的爪哇、蘇門答臘進口，而且平時的儲存量只夠 3 年使用，戰時還得減半。[14] 缺少了石油，日本的「擴張戰爭」勢將無法持續進行；西方國家的經濟封鎖與石油禁運，馬上為日本帶來了巨大危機，迫使日本在「國策要綱」中作出「自求生存與自衛」的決定。[15] 這也迫使日本原本還只默默進行的「南進行動」，乃正式浮上檯面。

當時日本已在中國打了 4 年的仗，有 1 百多萬軍隊正陷於中國廣大戰場的泥淖中；根據日本陸軍省的研究，想結束在中國的戰爭，還要 3 年，但以日本全面戰爭的石油消耗量來計算，其現存量僅能維持一年半的需求。[16] 以這樣的存量，連征服中國都不夠，遑論對其他目標之攻取。

因此，日本當局在無法說服美國解除石油禁運的狀況下，只有兩條路可供選擇：一是放棄其征服野心，二是南進奪取石油。[17] 前者對日本軍國主義者而言，是一種殘酷無情的選擇；因為，如果日本放棄征服野心，將會導致國內主戰軍人政變，而且其達成「大東亞共榮圈」的迷夢也將落空。但是如果「南進」，或許可奪取東印度群島的石油，也可同時獲得馬來半島一些戰爭需求的錫（全世界產量 3 分之 2）和橡膠（全世界產量 4 分之 3）等原料；[18] 惟此地區屬於荷蘭與英國的殖民地，美國連日本占領納粹傀儡的法國維琪政府「印度支那」領地，都要插手去管，若日本要去攻擊與美國

14　李德哈特著，《第二次世界大戰戰史》，冊 1，頁 324。
15　《開戰前期陸戰指導》，頁 23。
16　李德哈特著，《第二次世界大戰戰史》，冊 1，頁 324~325。
17　同上注，頁 325。
18　同上注。

關係最親密的英國領地，美國當然更不會袖手。如此一來，日本就必須與以美國為首的西方國家開戰。

而假如日本人仍繼續其在中國之作戰，但卻撤出法屬「印度支那」，並停止「南進」，則對美國的「禁運問題」雖可得到某種程度的緩和，但日本在西方國家眼中會變得軟弱，以後對於美國的要求，就難有抵抗能力了。[19]

日本要作這樣孤注一擲的選擇，自然很困難，所以猶豫不決的拖了4個月，最後才做成「偷襲珍珠港」與「南方作戰」同時進行的軍事冒險決定。當時日本的盟友德國與義大利，已席捲了整個歐陸、北非與東非一部分，英倫三島岌岌可危，蘇聯也正陷於德軍猛烈攻擊的險惡狀況中，西方國家根本無力過問東方事務；此一情勢發展，間接鼓勵了日本人對西方國家冒險挑戰的信心。[20] 此外，東南亞各民族，長期飽受西方殖民列強「白人優越主義」下的欺壓與剝削，也使得日本深信，透過「反殖民」宣傳，可以讓彼等看清楚西方人的「懦弱」與「自私」一面，而獲得東南亞人民與日本的合作，有利其南進作戰。[21]

日本決策者認為，美國雖是一個「戰爭潛力」遠遠超過日本的國家，但只要能一舉癱瘓美國太平洋艦隊的兵力，使其在若干時間內喪失跨越太

---

19 同上注。
20 同上注，頁 329~330。
21 吉拉德・霍恩 (Gerald Horne) 著，梁東屏譯，《種族戰爭：白人至上主義與日本對大英帝國的攻擊》(Race War！：White Supremacy and Japanese Attack on the British Empire)(新北市：遠足文化，2017 年 8 月 30 日)，頁 352~353。

平洋作戰的能力，日本就可以在這段沒有美國阻力的時間內，完成其北起阿留申群島 (Aleutian Islands)，南達中南半島、東印度群島，包括中國在內所謂「大東亞共榮圈」征服與建構的迷夢。日本人樂觀的認為，將來美國一旦反攻西太平洋，欲突破此防衛圈卻勞而無功之後，就會被迫承認這個既成的事實。[22]

基於這樣的思考，其天皇裕仁乃在 1941 年 9 月 6 日的「御前會議」中決定：「…帝國為完成自求生存和自衛，在不惜一戰之決心下，概以十月下旬為目標，完成戰備。」[23] 11 月 5 日的「御前會議」又進一步宣示：「帝國為打開現下之危局，為建設大東亞新秩序，完成自求生存與自衛，此時決心對美、英、荷蘭戰爭。」按此「危局」，即是指受到美國經濟制裁，日本的經濟壓迫日益嚴重而言；開戰日期，預定於 12 月上旬。[24] 上述之對美戰爭，就是日後的偷襲珍珠港與攻擊美國屬地菲律賓；對英、荷的戰爭，則是對香港、中南半島與東印度群島兩國殖民地之攻略。其中，對珍珠港的攻擊由海軍主導；對其他地區的攻擊，由陸軍負主要責任，海軍則擔任海上運輸及護航任務。

同一天 (11 月 5 日)，日本海軍以「大海令第 1 號」，命令聯合艦隊司令長官山本五十六大將，即刻完成對珍珠港作戰之準備。[25] 次 (6) 日，陸軍

22　李德哈特著，《第二次世界大戰戰史》，冊 1，頁 330。
23　《開戰前期陸戰指導》，頁 22~23。
24　同上註，頁 23。
25　同上註。

大本營參謀總長杉山元大將下達「南方作戰」部隊戰鬥序列之訓令，因而編成「南方軍」與海軍「南海支隊」。同一時間，陸軍大將寺內壽一被任命為「南方軍」總司令，並於11月15日起，統率這支由36萬餘人組成的部隊；[26]「南方作戰」之行動，於焉展開。

「南方軍」之編組兵力及任務大要，概為：**第14軍**（司令官本間雅晴中將），轄第16、18師團、第65旅團，負責菲律賓之作戰。**第15軍**（司令官飯田祥二郎中將），轄第33、55師團（欠南海支隊），負責泰國與緬甸方面之作戰。**第16軍**（司令官今村均中將），轄第38、48師團、第56混成旅團（板口支隊）、南海支隊，負責荷屬東印度群島之作戰。**第25軍**（司令官山下奉文中將），轄近衛、第5、18(欠川口支隊)師團，負責英屬婆羅洲之攻擊；**第56師團**（欠板口支隊），負責英屬馬來半島及荷屬蘇門答臘北部之攻擊。第1、5飛行集團，負責提供空中兵力，支援各地區之作戰。另，南方軍之預備隊，由第21師團、第21混成旅團與獨立混成第4聯隊擔任，並負責確保法屬中南半島。[27]

日軍「南方作戰」之「兵站基地」，設於法屬越南南部（主要基地在西貢〔今胡志明市〕附近），「中繼補給基地」在台灣，「輔助中繼補給基

26　《緬甸攻略作戰》，頁47。按，寺內壽一曾任日軍首任「華北方面軍」司令官。
27　南方軍戰鬥序列，見：《開戰前期陸戰指導》，頁110；及《緬甸攻略作戰》，頁36~37。其陸、海軍使用兵力，詳：日本防衛廳防衛研修所戰史室編撰、賴德修譯，日軍對華作戰紀要叢書—20，《大本營陸軍部（二）：南進或北進之抉擇》（台北：史編局，1989年6月），頁953~955。又，頁952又載，「南方作戰」之總稱，為「安號作戰」。另，近衛師團先配屬第15軍，負責泰國方面之作戰；見：《緬甸攻略作戰》，頁99~100。

地」在中國廣東(含海南島)地區、及法屬越南北部(主要在河內、海防)。[28]

日軍大本營為了「南方作戰」一開始就能達成「奇襲」與「震撼」效果,採取了海軍「聯合艦隊」與陸軍「南方軍」同步攻擊的作戰方式;這有點像砲兵「同時彈著」的「TOT」(Target On Time)射擊。因此,當日本海軍的攻擊主力向夏威夷群島逼進之際,其餘的海軍兵力,也已經紛紛保護著裝載「南方軍」部隊的運兵船團,進入西太平洋各泊地,準備同時向各個預定的目標,發起攻擊。[29]

但由於目標地區「時差」的關係,日軍欲對「不同目標」、「同時攻擊」的「時間表」安排,就變得頗為複雜。因為攻擊的 D 日,在夏威夷群島是 12 月 7 日(星期天)清晨;在馬來半島,卻是 12 月 8 日(星期一)凌晨,日期慢了 1 天,時間相差了 19 小時。最後敲定,所有主要作戰都開始於「格林威治標準時間」(Greenwich Mean Time)的 1715 時與 1900 時之間,而所有突擊發動的 H 時,都選在當地的凌晨。[30]這樣,在日軍「偷襲珍珠港」的時候,「南方作戰」的戰火,也在離珍珠數千哩外的菲律賓、香港、馬來半島等地同時點燃;目的在讓這些擁有東亞殖民地的西方列強,一時摸不清狀況,而手足無措。

當日本陸軍決定「南方作戰」時,其所作的「敵軍」兵力估計是:英

---

28 《開戰前期陸戰指導》,頁 116~117。
29 李德哈特著,《第二次世界大戰戰史》,冊 1,頁 317。
30 同上注,頁 331。

軍在香港有 1 萬 1 千人，在馬來亞有 8 萬 8 千人，在緬甸有 3 萬 5 千人，一共為 13 萬 4 千人；美軍在菲律賓有 3 萬 1 千人，另有菲律賓部隊約 11 萬餘人；荷蘭在東印度群島有正規軍 2 萬 5 千人，另有民兵 4 萬人。[31] 不過，日本對緬甸英軍估計過高，實際上當時其地面部隊只有 1 個師多一點而已，戰鬥兵力頂多 1 萬餘人；有關英軍在緬甸的兵力，見後文詳論。

此外，日軍大本營支援「南方作戰」的陸軍第一線飛機約有 7 百架，另可獲基地設在台灣的海軍第 11 航空隊 480 架飛機支援，沒有動用到航空母艦。其實最初為了掩護「南方作戰」，大本營已備妥了出動航空母艦的計畫，但就在 D 日前 4 個星期，日本剛剛完成了延伸「零式戰鬥機」(Zero fighter) 航程 (即作戰半徑) 至 450 哩之改裝作業；這樣一來，由台灣、越南起飛的「陸基」飛機，就能擔負起支援全程作戰的任務，使得航空母艦可以完全抽出來，去專注從事對珍珠港的攻擊。按，當時「零式機」的性能，超過了所有同盟國家的戰鬥機種。[32]

1941 年 12 月 4 日 0730 時，17 艘載運第 25 軍先遣部隊的運輸艦與 1 艘醫院船，在第 3 水雷隊直接護航下，自海南島三亞港出發，直駛登陸地馬來亞與泰國交界的馬來半島蜂腰部東面海域。第 25 軍司令官山下奉文中將搭乘「龍城丸」，第 5 師團長松井太久郎中將搭乘「香椎丸」，隨部隊行動。7 日深夜，登陸船團到達馬來半島哥打峇魯 (Kotabahru) 外海 150 公

31　同上注，頁 328。
32　同上注，頁 328~329。按「陸基」，即是飛行基地設在陸地，以與「艦載」相區別。

里附近錨泊，在本身護航兵力及另外增援的 5 艘重巡洋艦護衛下，準備次日的登陸作戰。[33] 日軍進入馬來半島與泰國，海、陸機動路線及登陸地點，如圖 2-1 示意。[34]

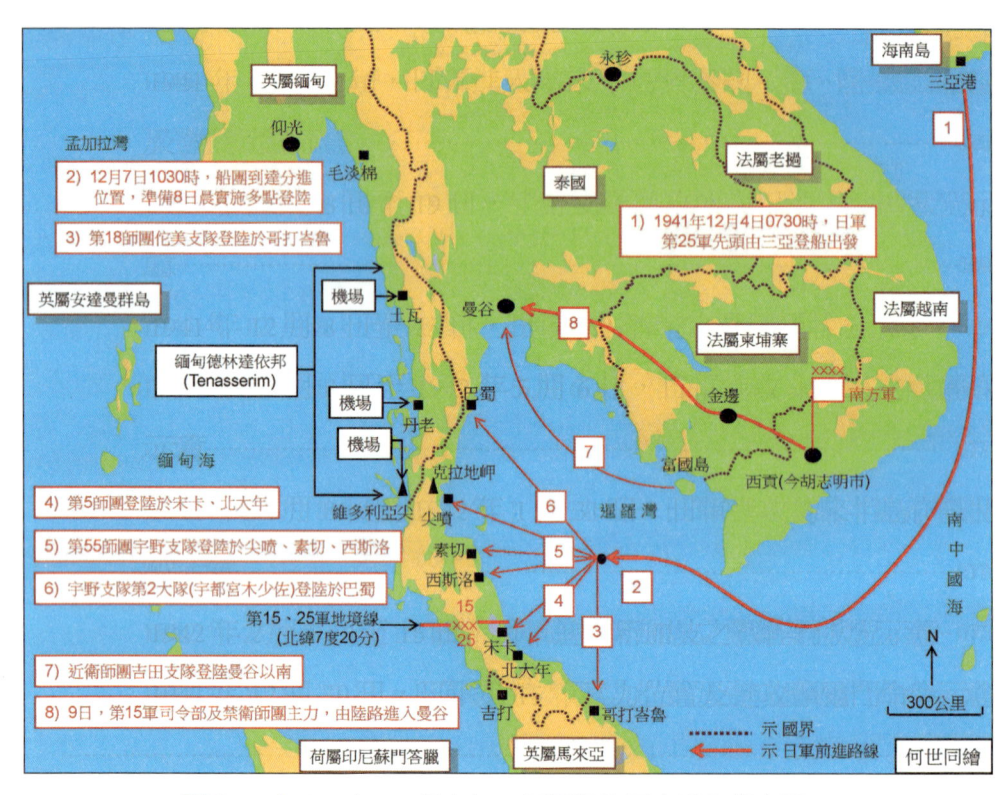

圖 2-1／1941 年 12 月上旬，日軍進入馬來半島與泰國，
海、陸機動路線及登陸地點示意

---

33 《開戰前期陸戰指導》，頁 172~176。
34 本圖參考：同上注，頁 174，插圖 5「渡洋進攻馬來半島略圖 (昭和 16 年 12 月 4 日~7 日)」。《緬甸攻略作戰》，頁 69，插圖 3「進攻航路、法屬中南半島機場配置概要圖」，所載概同。

| **第二章** | 日軍攻略緬甸的緣起　　　　　第一節 | 日軍「南方作戰」原無進攻緬甸計畫

先是，當 1938 年 8 月「滇緬公路」建成之後，緬甸即成為中國對外連絡及獲取戰爭物質的窗口。日本陸軍部曾評估，就「地形」與「距離」而言，日軍「幾乎不可能」從中國內部，以武力封鎖此路；而關於進攻緬甸，直接截斷此路一事，則「當時作夢都沒想到」，因為日軍大本營一直到 1941 年 10 月，對緬甸之作戰仍處於「極為漠然」之狀況。[35]

稍早，日軍大本營的鈴木敬司大佐，正奉命研擬截斷「滇緬公路」之方策，他強力主張要借助緬甸之民族運動，尤其須爭取「以塔金黨（見後文說明）為核心之前衛勢力」的支持，以「間接路線」的方法，去切斷「滇緬公路」。[36]

1940 年 3 月，鈴木敬司向大本營提出「若該（指塔金黨）民族獨立運動發展為武裝暴動，切斷滇緬路線之目的將自然達成」之研究結論，獲得重視。[37] 同年 7 月，舉止溫和的鈴木，以《讀賣新聞》報社代表的身份，銜命經由曼谷飛抵仰光，開始對滇緬路線及緬甸民族運動，實施現地偵察與訪視。時值英軍在敦克爾克大敗退，緬甸一片騷動；鈴木利用這段期間，結交塔金黨的一些領導人物。[38]

35　《緬甸攻略作戰》，頁 12~13。
36　同上注，頁 12。
37　同上注。按，「塔金」為「主人」之意，該黨於 1930 年組成，核心份子多半是仰光大學之學生，黨員不用「烏」或「莫」的敬稱，一律在名字前冠上「塔金」，如塔金翁山（即翁山，亦作昂山，Aung San）；其後，「塔金黨」與「新伊達黨」（黨魁巴莫）合併，組成「自由緬甸聯盟」，團結反英。見：同上注，頁 11。
38　同上注。

1941年2月1日，以鈴木為首長的「南機關」(Minami Kikan) 正式成立，總部設在東京，直屬大本營，根據地位於曼谷，並在泰國靠近緬甸邊境的清邁 (Chiang Mai)、來興 (Rahaeng)、北碧 (Kanburi)、拉廊 (Ranaung) 四個地區建立分部，開始推展緬甸獨立運動，期能形成氣候，以切斷中國由緬甸出海的「境外補給線」(即「滇緬公路」)。[39]「南機關」，因鈴木大佐化名「南益世」而得名，鈴木之緬甸名字為「帽莫如」。[40] 同年11月24日，「南機關」依大本營556號令，納入「南方軍」指揮；12月23日，又奉「南方軍」命令，劃歸第15軍序列。[41]

　　另一方面，英國殖民者高度鎮壓緬甸獨立運動，不斷逮捕有影響力的塔金黨員入獄，故推展緬甸獨立工作的領導人物，如塔金翁山、塔金拉米揚等，相繼逃亡日本等地，其中30名為「南機關」吸收，被安排至台灣及海南等地接受嚴格訓練後，再派其潛回緬甸發展組織；[42] 此即所謂的「三十志士」，包括了後來的「緬甸國父」翁山及「緬甸軍父」尼溫 (Ne Win)。[43]

39　同上注，頁 12~13。清邁，為泰國北部重要城市，位置見圖 2-9；達府 (Changwat Tak)，華人稱來興，位於泰國西北部，與緬甸接壤，位置見 2-9；北碧，東距曼谷約 130 公里，其北之桂亞河 (Kwai River)，即 1957 年上映之著名電影「桂河大橋」(The Bridge on the River Kwai) 拍攝地，位置見圖 2-7；拉廊，為泰國西南與緬甸維多利亞角相鄰，位置見圖 2-2。
40　同上注，頁 630。
41　同上注，頁 172。
42　同上注，頁 12~13。塔金翁山為翁山蘇姬之父，其軍人名字為「帽鐵沙」。見：同上注，頁 630。翁山於 1947 年 7 月被其政敵暗殺，緬人尊其為國父。
43　名單見：同上注，頁 14~16。又，根據日本防衛廳防衛研修所戰史室編撰，曾清貴譯，日軍對華作戰紀要叢書—46，《西唐作戰與明號作戰》(台北：國防部軍務局，1998 年 6 月)，頁 120、131、141 等所載，日軍稱「緬甸軍」為「國軍」。

彼等一貫之目標,即為「奪取武器,以爭取完全獨立」;為達此一目的,「對日本寄以厚望」。[44]

不過,在開戰之後,卻因「南方作戰」出乎意料的順利,「南方軍」臨時捨「間接」而改「直接」,以武力攻略緬甸,沒有完全採用鈴木的方案。但無論如何,日軍能快速席捲整個緬甸,獨立運動所造成的風潮,當是一大助力;惟其後緬甸獨立人士又向英國靠攏,其原因也在日本食言,未在占領緬甸後,立即讓其獨立,惟非本文所論範圍。

44　《緬甸攻略作戰》,頁 11、171。

第二節

泰國問題的解決

　　二次大戰期間日軍攻略緬甸的作戰，是由「南方軍」所轄的第15軍擔任；但在「南方作戰」一開始的時候，這並不是第15軍的主要任務，其後第15軍所以擔負此任務，完全是隨爾後狀況發展所逐漸形成；筆者認為，其中最關鍵者，就是「泰國問題」的解決。

　　先是，「南方軍」於1941年11月20日的「南方作戰」攻擊命令中，賦予第15軍「進入泰國以使第25軍之作戰容易，同時力求確保泰國之安定，實施由該方面之對中國封鎖，並對緬甸準備爾後之作戰」任務；並兼負「高棉(柬埔寨)境內軍事鐵路運輸業務，及作戰地區內泰境之鐵路維護與軍事鐵路業務」之使命。[45] 有關「對緬甸爾後之作戰」內容，早在1941年11月5日的「御前會議」，其天皇裁決之「帝國陸軍作戰計畫」第6節「作戰指導要領」中，即已作出以下決定：「作戰期間，將伺機奪

45　《開戰初期陸戰指導》，頁300。

取緬甸南部航空基地等；又，該作戰概略告一段落後，在狀況允許之範圍內，為處理緬甸進行作戰。」[46]

簡單地說，第15軍在「南方作戰」初期的主要任務，概可歸納成三項：一是，掩護進攻馬來半島的第25軍北翼；二是，維護「南方軍」陸路「補給線」安全；三是，保持泰國安定。等到這些任務都完成了，最後才是對緬甸之作戰準備；而「南方軍」的立場為，即使要進攻緬甸，亦堅持僅限於對仰光之作戰，其餘的暫時無法接納。[47] 也就是說，日本陸軍在「南方作戰」開戰初期，根本沒有想到「攻略緬甸」的問題，而對「泰國問題」的處理，反而還比「攻略緬甸」來得重要。

當時的泰國，是中南半島唯一未被西方列強占為殖民地的中立國家。由於「南方軍」的主要基地在越南，故日軍為進攻緬甸和馬來亞，或去阻斷「滇緬公路」，甚至攻略英國最大殖民地印度，就不得不借道泰國去進行作戰。因此，日本在1941年11月5日的「御前會議」中，大本營即做出了「應與泰國建立軍事緊密關係」的決定。[48] 又於11月12日的陸、海軍「聯席會議」中，除決定在「避免與泰為敵」的前提下，「作戰之同時進入泰國」外，並於「進駐」開始前，迅速要求泰國允許：「供給帝國軍隊之通過及有關之方便」(此即「軍事通過權」)與「斟酌締結共同防衛協定」；

46　同上注。
47　《緬甸攻略作戰》，頁108。
48　《開戰與前期陸戰指導》，頁184。

但大本營也強調：「設若泰國不允許帝國之要求時，軍隊仍照預定計畫進駐。」[49] 所謂「進駐」，實際上就是「占領」。

根據上述日軍大本營「對泰措施」的指導概念，1941年12月8日（即作戰D日）0330時，「南方軍」總司令寺內壽一大將據以對第15軍下達「即刻開始進入泰國作戰」之命令。[50] 因此，伴隨D日進攻作戰伊始之時，駐越南南部待機之近衛師團，除暫時置於第15軍司令官指揮下，經陸路進入泰國首都曼谷之外，該師團之一部（吉田支隊）由柬埔寨金磅遜港乘船，直接登陸曼谷南方海岸，進入曼谷。在此同時，第15軍第55師團之第143聯隊（宇野支隊）及第25軍之先遣部隊，也正在泰國南部與馬來亞接合的蜂腰部泛水登陸（見圖2-1）。[51]

當日軍12月8日凌晨進入泰境之時，泰國內閣對是否倒向日本之態度，仍猶豫未定；甚至鑾披汶總理自7日晨起，即上演「失蹤記」，以「逃避」日軍之強迫表態。[52] 一直到了10日1600時，日本大本營發表英艦「威爾斯王子號」(Prince of Walse)及「卻敵號」(Repulse)被日軍炸沉，英國「東洋〔遠東〕艦隊」主力已被日軍殲滅的消息；[53] 泰國在「友好」強過「被征服」的現實考量下，終於接受日軍提出的「日泰攻守同盟」協定，並於12

49　同上注，頁184~185。
50　同上注，頁204。
51　同上注，頁187。
52　同上注，頁202~204。
53　李德哈特著，《第二次世界大戰戰史》，冊1，頁351~352。

月 11 日先行「非正式簽署」，再於 21 日完成「正式簽署」。[54] 本來英國人擬定了一個代名為「鬥牛士作戰」(Operation Matador) 的計畫，準備先期進入泰國南部的克拉地峽 (Kra Isthmus)，以「嚇阻」(deterrent) 日軍的登陸，但沒有實施。[55]

值得注意的是，1941 年 12 月 12 日，也就是日軍發動「南方作戰」開始後的第 3 天，英國參謀本部擔心新加坡在實際上有被孤立之虞；於是，決定將緬甸的軍事作戰指揮權，由新加坡「遠東軍司令部」，移交給在印度德里的「駐印軍總部」。[56] 而英國雖然在緬甸設有「駐緬軍司令部」，但自此的緬甸防衛作戰，遂完全聽命於「駐印軍總司令」，前者就成了後者的下屬單位；因此，日後緬甸英軍的作戰，也完全由印度英軍總部指揮。

而在「日泰攻守同盟」簽訂後，山下奉文的第 25 軍主力，則立即從陸路前進，由「法屬印度支那」經過泰國，進入克拉地峽南下，以最快的速度，增援 12 月 8 日自海上登陸之兵力，投入對馬來半島的攻略作戰；[57] 飯田祥二郎的第 15 軍，也因此獲得在泰境進出的「行動自由」。第 15 軍與第 25 軍的「作戰地境線」，概以北緯 7 度 20 分 (宋卡〔宋卡〕Songkhia) 北，位置見圖 2-1) 為界劃分；北為第 15 軍，南為第 25 軍。[58]

54　《開戰與前期陸戰指導》，頁 290~291。
55　李德哈特著，《第二次世界大戰戰史》，冊 1，頁 352。有關英軍發動「鬥牛計畫」及喪失戰機之始末，可參：《開戰與前期陸戰指導》，頁 178~183。
56　《緬甸攻略作戰》，頁 31。
57　李德哈特著，《第二次世界大戰戰史》，冊 1，頁 351。
58　《開戰與前期陸戰指導》，頁 290。

先是，第55師團步兵第143聯隊（宇野支隊）主力（欠登陸於巴蜀〔班武里，Prachuap〕之第2大隊）於8日0300時進入泊地，立即泛水在尖噴（春蓬，Chumphon)登陸，迅速解除約3百名泰國警備兵力之武裝。[59] 其後整整2天，宇野支隊在原地蟄伏不動，判斷應是等待上級與泰國談判結果後的進一步指示；至10日深夜，泰國終於決定「站在日本這邊」，宇野支隊才向半島另一側的緬甸土地推進。

11日晨，該支隊由尖噴乘坐卡車向西穿過山脈，於12日1400時到達克拉河(Kra River)畔（泰、緬界河）的克拉武里(Kra Buri)後，即以步兵第3大隊（欠1中隊）沿河之右岸，由陸路南下；支隊主力以折疊舟泛水而下，14日0610時於馬立溫(Maliwan)上岸，利用沒收的卡車繼續南下。當日2020時，支隊在未遭任何抵抗之狀況下，占領維多利亞角（今高當，Kampong Ulu）；緬甸守備隊聞日軍來攻，早已向北撤離。19日0600時，支隊以步兵1小隊（排），利用海上機動，一路順利到達145公里外的波比安（博賓，Bokpyin）；據支隊長宇野大佐的回憶，此一日軍小隊占領了該地附近機場。[60]

這是日軍最早侵入緬甸的紀錄，其目的一方面掩護第25軍在馬來亞作戰時的北翼安全，另一方面要攻占緬甸最南端的坦沙里（德林達依省，

59　《緬甸攻略作戰》，頁90。
60　同上注，頁91。按，此機場應指離此最近的丹老（墨吉，Mergui）機場而言，位置見圖2-1。

Tenasserin) 的 3 座機場，以阻塞英國空軍增援馬來亞的路線。[61] 不過，南方軍並未以此認為是「緬甸攻略作戰」的開始；[62] 而真正的開始，是 1942 年 2 月 9 日，由摩爾門對仰光及伊洛瓦底江流域的攻擊，後文再論。

坦沙里南接馬來亞，東鄰泰國，西臨緬甸海，面積 4 萬 3 千餘平方公里，形狀狹長，面積比台灣大，是緬甸最南端的一個邦，首府設在土瓦 (Dawei)。坦沙里的 3 處機場，分別位於土瓦、丹老 (墨吉，Mergui)、維多利亞角 (見圖 2-1)；[63] 宇野支隊占領維多利亞角後，立即控制了該處機場。但宇野派出的 1 個步兵小隊，雖然挺進到了波比安，惟以如此微小兵力，應無能力占領 2 百 20 多公里外的丹老機場。事實上，宇田步兵小隊至波比安使用的船隻，及丹老地區、包括機場的占領，都是由「南機關」一手建立的緬甸「獨立志願軍」代行。[64] 1941 年 12 月 8 日至 19 日，宇野支隊進攻緬南坦沙里地區狀況，如圖 2-2 示意。[65]

---

61 李德哈特著，《第二次世界大戰戰史》，冊 1，頁 369。
62 《緬甸攻略作戰》，頁 105。
63 高興恩等編纂，《國民革命軍陸軍第五軍軍史》，頁 153。另，3 座機場之位置，筆者在 google 衛星空照圖上，搜尋查證無誤。
64 按，緬甸「獨立志願軍」之「水上支隊」，在維多利亞角為日軍備妥了 5 艘船隻 (30 人座 2 艘、15 人座 3 艘)，並配合日軍攻占波比安，以 30 名兵力乘民船逆克拉河輾轉而上，終於到達墨吉，占領了該地，並組訓新兵，發展組織；其後又乘船北上，與占領土瓦的日軍沖支隊會合。見：《緬甸攻略作戰》，頁 189~190。
65 本圖參考：《緬甸攻略作戰》，頁 89，插圖 6「宇野支隊維多利亞角攻略經路圖」；相關作戰狀況，同上注，頁 90~91。

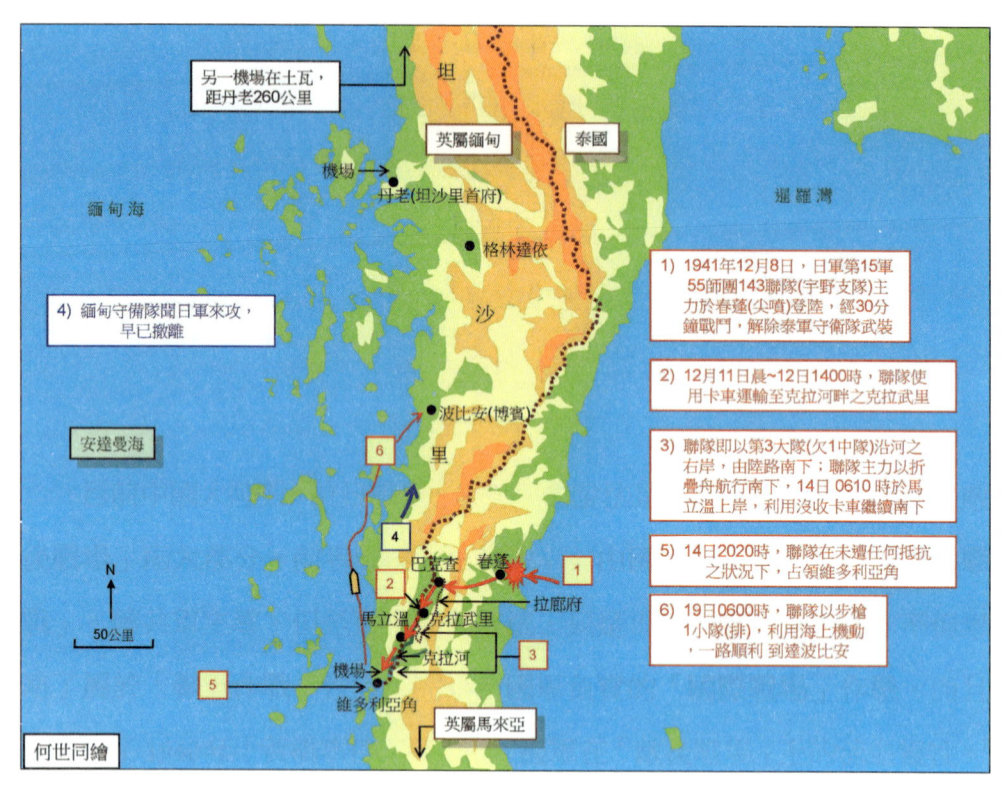

圖 2-2 ／ 1941 年 12 月 8 日至 19 日，宇野支隊進攻緬南坦沙里地區狀況示意

不過無論如何，日軍以 1 個步兵聯隊 (欠) 的兵力，能在毫無抵抗的狀況下，長驅直入緬境 1 百多公里作戰，赤裸裸反映了英國在緬甸防禦上的漏洞與脆弱；但這只是第 15 軍為掩護第 25 軍作戰，對緬甸一角所行的極小規模「局部攻擊」作戰而已，故日軍未將其看成「緬甸攻略作戰」的開始。

原先日軍大本營在研擬「南方作戰」基本指導構想時，對緬甸並無明確之方策，只在陸軍作戰計畫中概述：「南方作戰大致告一段落，在狀況

允許下,再實施緬甸之處理作戰。」⁶⁶1941年8月底,「南方作戰計畫概要」完成,後經1個月的作戰幕僚全員一貫作業與研討,至9月底作戰「計畫本文」大致定案。當時的「南方軍」下設第14、16及25等3個軍及2個飛行集團,並沒有第15軍。而第25軍編配5個師團,兵力最大,除擔任馬來半島及新加坡之攻略作戰外,並須確保法屬中南半島安全,及處理「泰國問題」。⁶⁷

1941年10月1日起,「南方作戰計畫」在大本營參謀次長塚田攻中將統裁下,經陸軍大學5天的兵棋推演,反覆研討後發現,第25軍「指揮幅度」與「責任地區」都太大,可能影響其在馬來半島之作戰效能;於是決定抽出該軍的2個師團,另成立1個新的軍,並賦予「於開戰之同時,進駐泰國境內要區,加以確保,並以一部乘機占領摩爾門之航空基地」的任務。此軍成立於10月中、下旬之際,這就是爾後執行「緬甸攻略作戰」的第15軍。⁶⁸

根據參與計畫作為的大本營參謀瀨島龍三中佐回憶:「新設第15軍之目的,乃欲使第25軍於登陸泰國南部後,對長遠之馬來半島不再有後顧之憂,一心一意向新加坡方向突進,故以第15軍安定確保第25軍之後方,而並非為了實施緬甸作戰而設。」⁶⁹大本營的參謀作業人員也認為,第15

---

66 同上注,頁17。
67 同上注。
68 同上注,頁17~18。
69 同上注,頁18。

軍只是第25軍之「助攻兵團」，或「戰略性側衛」而已。[70]

瀨島龍三又回憶：當時大本營對進攻緬甸的概念很含糊；開戰前，欲決定攻略範圍時，「到底要寫成緬甸或緬甸南部成為一個問題，因為不知道緬甸作戰如何發展？故籠統寫成緬甸。」另外，前參謀本部主管作戰的第2課課長服部卓四郎大佐也回憶：「彙集南方作戰之綜合計畫時，右翼乃止於泰國，緬甸並未列入攻略範圍；後來緬甸列入攻略範圍，乃是根據我的意見⋯東條陸相嚴格要求南方作戰兵力之節約，故當南方作戰告一段落，有充裕之兵力時，縱要鞏固緬甸，亦最多僅能將勢力延伸至緬甸南部。」[71] 就上述兩人的回憶，初期在「南方作戰」計畫中，雖有「緬甸南部」之語，但當時的「緬甸南部」，從各種史料來推斷，應指在摩爾門附近，或最遠至仰光附近。[72]

總之，有關日軍大本營對「緬甸處理」之構想，因其對「作戰方式」與「作戰兵力」，無法預估，故於開戰時仍「甚為模糊」。之後隨著戰況的快速發展，和「泰國問題」的解決，才逐步予以具體化，並採取「積極行動」。[73]

---

70 同上註，頁109。
71 同上註，頁19。按「我的意見」，是指服部大佐於1941年12月下旬，赴南方軍西貢總部與第15軍曼谷司令部訪問，並至第25軍前線及泰緬邊境察看(空中)，於1942年1月3日返回東京後，就「南方攻略日程之提前，及緬甸作戰之早期開始等事宜」向大本營提出的建議。見：同上註，頁106。
72 同上註。
73 同上註，頁20。

第三節

「南方作戰」順利的鼓勵

　　1941 年 12 月 8 日，日軍發動之「南方作戰」，原本並沒有將緬甸納為攻略目標，已如前述；但是就在第 15 軍正積極處理「泰國問題」的時候，突然於 1941 年 12 月 12 日，接獲了「南方軍」攻略摩爾門附近之命令，為日軍進攻緬甸之戰，揭開序幕。[74] 又當第 15 軍對「泰國問題」的處理大致就序，該軍之主力通過泰、緬國境大山，正攻向摩爾門之際，日本陸軍大本營於 1942 年 1 月 22 日，再以「大陸令第 590 號」，下達「提早發動緬甸作戰」命令；[75] 標示「攻略緬甸」之作戰，正式展開。

　　日本陸軍大本營對於是否「攻略緬甸」的問題，何以在短時間內出現如此巨大轉折？說明其一開始的計畫作為，就存在著許多不確定因素，連帶缺乏指導的一貫性，因此任何狀況的改變，都可影響其「行動方案」之策定。筆者認為，造成此一轉折的原因，除了前述「泰國問題」的迅速解

74　同上注，頁 115。
75　同上注，頁 110。

決外,就是受到「南方作戰」進行順利的「鼓勵」,與第15軍毫無懸念地即將攻占有港口與機場的摩爾門,可作攻略全緬甸的「前進基地」。因此,此時賦予「南方軍」提早發動緬甸作戰任務,也等於給了第15軍下一階段行動的「預備命令」。本節先論「南方作戰」順利的鼓勵,下節再談攻占摩爾門的戰略含義。

不過,從沒有將緬甸列為攻略目標,到提早攻略緬甸決心的轉變,日軍大本營也有一番細膩的折衝、溝通與協調過程。先是,1941年12月21日,由參謀本部作戰課長服部卓四郎大佐,帶著計畫腹案,飛往西貢,向「南方軍」總司令寺內壽一大將報告「提早發動緬甸作戰」的理由與構想,接著又到曼谷對第15軍說明,並赴第25軍戰鬥指揮所,隨部隊推進至馬來亞之太平(Taiping,位置見圖2-5)。返途中,服部卓四郎從空中視察拉罕(位置見圖2-9)附近之泰、緬邊境地帶後,回到西貢。[76]

根據服部大佐的說法:陸軍大本營認為,占領緬甸對中國及印度之戰略影響意義頗大,況且緬甸之波特溫(Bawtwin)鉛礦山(臘戍西北60公里,位置見圖3-8)及仁安羌油田,對戰爭之遂行上極為重要;因此,鑒於開戰以來戰局之「順利進展」,必須乘機一鼓作氣,攻略緬甸全境。[77]筆者認為,所謂戰局之「順利進展」,應是指日軍香港、菲律賓與馬來半島作戰的戰果,超乎預期。

先是,當大本營欲「提早發動緬甸作戰」之構想提出時,「南方軍」

---

[76] 同上注,105~106。
[77] 同上注,頁107~108。

與第15軍均持反對態度。「南方軍」一直認為,對緬甸作戰之目的,在切斷國際援華路線,並促進緬甸背離英國而獨立;因此不須那麼急著以武力攻略整個緬甸,而只要占領仰光附近要域,壓制援華路線之基點,爾後與謀略工作併用,助成緬甸之獨立氣勢即可;實施緬甸作戰的時機,不需那麼急。[78] 早先第15軍也表示過,由於對緬甸「兵要地誌」所知不多,亦不可能立即獲得所需資料,且兵力不足,運輸力極為貧乏,又優先用於支援第25軍;即便要發動緬甸攻略作戰,亦堅持僅限於對仰光之作戰,其餘暫時無法接納。[79]

惟「南方軍」在服部大佐來訪,意見充分溝通後,狀況立即有了改變,「南方軍」及第15軍轉而支持大本營1942年1月22日「大陸令第590號」中的「提早發動緬甸作戰」決心;加上第25軍也同意「調回第56師團」,改配第15軍,使得這項作戰的兵力整備,已逐漸成形。[80] 不過,「南方軍」並未將此改變,馬上傳達給第15軍;[81] 筆者認為,這是因為第15軍正要攻擊的摩爾門,即是大本營規劃緬甸作戰的「初期目標」,爾後只要在第15軍攻占摩爾門的「既得成果」基礎上,增強兵力,順勢「擴張戰果」即可。

夏威夷時間1941年12月7日早上,東京時區12月8日凌晨,日軍對英、美等西方國家的珍珠港、菲律賓、香港、馬來亞、婆羅洲等目標,「同步」發起攻擊,「太平洋戰爭」於焉爆發,已如前述。諷刺的是,當時日本駐

78　同上註,頁108。
79　同上註。所謂「兵力不足」,是因為第15軍僅轄有第33、55兩個戰力未到齊的師團。
80　同上註,頁228。
81　同上註,頁110。

美大使野村吉三郎與特使來栖三郎，還正就如何避免戰爭，與美國國務卿赫爾 (Cordell Hull) 作最後斡旋。[82] 日本在這些設定的目標中，除了海軍攻擊珍珠港以「偷襲」致果，無足論述外，陸軍對其餘目標的進攻，雖是困難度很高的「登陸作戰」，但亦都順利進行，並獲得巨大成果，相當不容易。

從 1941 年 12 月 8 日，日本陸軍發動攻擊西方列強在遠東的殖民地之作戰，到 1942 年 1 月 22 日下達「提早發動緬甸作戰」之命令；在此短短 1 個半月時間中，日本陸軍的戰果，大致如下：

一、香港之戰

日軍進攻香港之戰，是由位於中國廣東、屬於「中國派遣軍」的第 23 軍第 58 師團擔任。為了不引起殖民主英國警覺，其大本營要求第 58 師團於「確認」英屬馬來亞方面作戰已開始後，才在 12 月 8 日 0340 時，越過深圳河，展開對香港之攻擊 (見前文)。[83] 10 日，英軍放棄九龍半島上的所謂「金德林克斯防線」(Gindrinkers Line)，退守香港本島；18 日，日軍從香港島東北部登陸，壓迫英軍退向島西；25 日英軍無條件投降，日軍占領整個香港。[84]

本戰，日軍損失不到 3 千人，而英軍除陣亡、失蹤者外，其餘 1 萬 2 千人、連同香港總督楊慕琦 (Sir Mark Aitchison Young) 與英軍司令官莫德庇

82　Robert J.C.Butow, "Tojo and the coming of the war ",(Standford ,CA ,1969),p.402.
83　《開戰前期陸戰指導》，頁 83；同頁又載，該令之暗號為「鷹」。
84　同上註，頁 243、426~427。

（Christopher Michael Maltby）少將在內，全部被俘；原本英國預計能防守香港90天，但最後只撐了18天，是預期5分之1的時間。[85] 楊慕琦被俘後，先後被囚禁於台灣、東北瀋陽的戰俘營，受盡非人折磨。1941年12月8日至25日，日軍攻占香港之戰經過狀況，如圖2-3示意。[86]

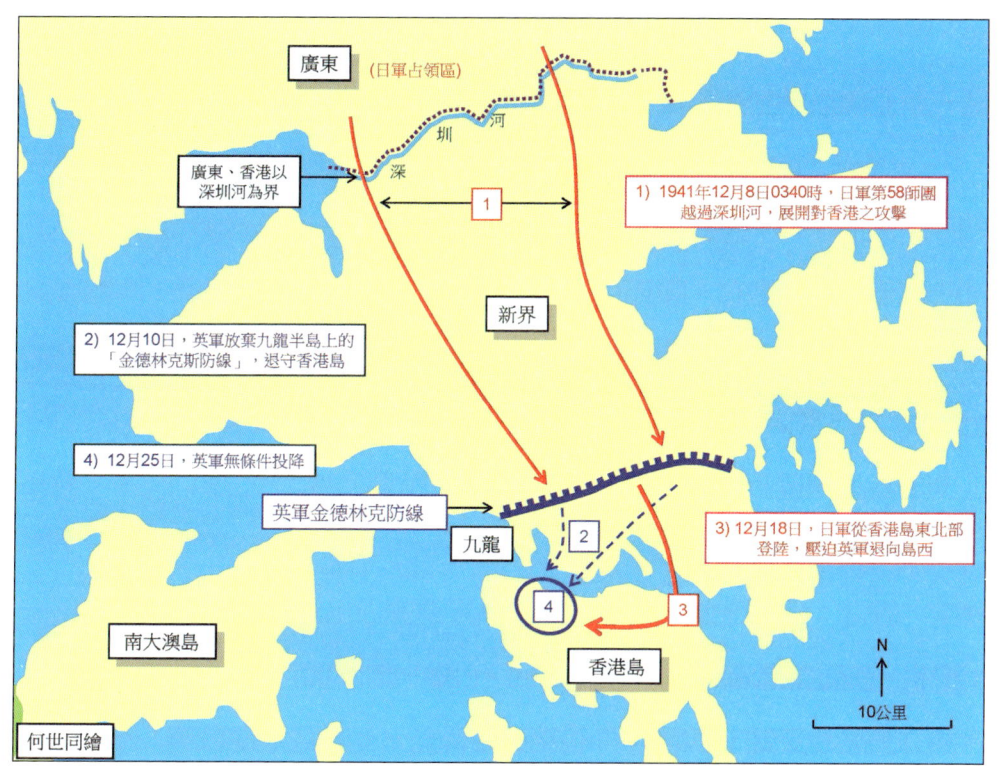

圖 2-3 ／ 1941年12月8日至25日，日軍攻占香港之戰經過狀況示意

85　李德哈特著，《第二次世界大戰戰史》，冊1，頁343、345。
86　本圖之調製，係依據上述資料，並參考：李德哈特著，《第二次世界大戰戰史》，冊1，376後附圖「香港的侵入」。

二、菲律賓之戰

日本進攻菲律賓之戰，是由第 14 軍 (司令官本田雅晴中將，轄 16、48 師團、65 旅團，總兵力 8 萬 1 千人) 負責。[87] 當時菲律賓由美國協防，司令官為麥克阿瑟 (Douglas MacArthur) 上將，美軍地面兵力約 4 萬 3 千 6 百人，菲國部隊約 7 萬 5 千人，合計約 11 萬 8 千 6 百人，數量優於登陸日軍。[88] 除此之外，美軍在菲律賓尚有 B-17 轟炸機 35 架，[89] 陸、海軍飛機 233 架 (陸軍 180，海軍 53)，[90] 為美國本土之外的最大空中兵力。但日軍能用於菲律賓方面之戰機，陸軍 185 架，海軍 356 架，合計 541 架，空中戰力明顯優於美軍。[91]

12 月 8 日 1130 時，日軍先對菲律賓展開空攻，當天即擊毀大部分美國飛機，尤其是 B-17 和新型的 P-40E 戰鬥機，使美軍一開始就完全失去空權。[92] 12 月 17 日，第 14 軍主力 (4 萬 3 千人，以第 48 師團為基幹) 使用 76 艘大型運輸船團，在第 3 艦隊為基幹的海軍兵力護航下，由台灣出發，22 日登陸於呂宋島碧瑤 (Baguia) 西面的仁牙因灣 (Lingayen Bay)。12 月 17 日，

87　《開戰前期陸戰指導》，頁 69。
88　此數字係戰前日軍判斷；見：《開戰前期陸戰指導》，頁 70。按，當時菲律賓等同美國殖民地。
89　麥克阿瑟著‧王惠月發行，《麥帥回憶錄》(台南：王家出版社，1974 年 5 月，頁 86。以下第 2 次出現時，僅列書名。
90　《開戰前期陸戰指導》，頁 70；但據《麥帥回憶錄》，頁 86 所載，美軍陸軍戰鬥機只有 72 架。
91　《開戰前期陸戰指導》，頁 70。
92　李德哈特著，《第二次世界大戰戰史》，冊 1，頁 346。

該軍又以一部 (約 7 千人，以第 16 師團為基幹)，搭乘 24 艘運輸艦，在第 3 艦隊一部兵力護航下，駛離奄美大島 (日本九州南方海面，曾屬古琉球，今隸鹿兒島縣)，於 24 日登陸於呂宋島東部的拉摩灣 (Lamon Bay)。[93] 12 月 16 日，一支由帛琉出發的攻擊部隊，於 12 月 20 日，在未遭遇較大抵抗的狀況下，登陸民答那峨東南，占領納卯 (達沃，Davao，菲律賓第 3 大都市)。[94]

1942 年 1 月 2 日，日軍攻入馬尼拉，美、菲軍退守巴丹半島 (Bataan，馬尼拉灣北面) 防線，落入了一個缺乏空間與退路的「死胡同」。1 月 12 日，日軍對巴丹半島展開總攻，美菲軍傷亡慘重；[95] 美、菲軍顯已陷入絕境。

其後的狀況是：1942 年 3 月 10 日，麥克阿瑟奉羅斯福總統命令，登上海軍 41 號魚雷艇脫離戰場，逃到澳洲，去成立一個新的所謂「西南太平洋戰區」。[96] 麥克阿瑟的離去，部隊士氣受到極大的打擊，因為他們都已經知道，不可能再有援軍到來；事實上，華盛頓當局早在 1 月初，已作出放棄菲律賓的決定。[97] 4 月 9 日，留守半島的指揮官金恩 (Edward King) 少將，

93　《開戰前期陸戰指導》，頁 390~391。
94　同上注，頁 290。
95　戰鬥狀況，見：《開戰前期陸戰指導》，頁 391~396；及李德哈特著，《第二次世界大戰戰史》，冊 1，頁 347~348。
96　《麥帥回憶錄》，頁 108~118；及李德哈特著，《第二次世界大戰戰史》，冊 1，頁 348。
97　李德哈特著，《第二次世界大戰戰史》，冊 1，頁 348~349。

眼見彈盡援絕，傷亡慘重，為避免被「集體屠殺」，乃向日軍無條件投降。[98]其後，8萬8千名戰俘都在酷熱缺水饑餓下，被徒步押解到120公里外的集中營；過程中，戰俘受盡虐待，甚至慘遭斬首，4萬人喪生，是謂「巴丹半島死亡行軍」。[99]

5月6日，美軍在菲律賓最後一個要塞，位於馬尼拉灣口、狀似蝌蚪的柯里幾多島(Corregidor，距巴丹半島約2哩)，其指揮官溫瑞特(Wainwright)中將也率領1萬5千名美軍，向日軍投降。[100]溫瑞特成為俘虜後，遭遇了與港督楊慕琪相同的命運。美菲軍隊在這場戰役中，一共被俘虜了10萬3千人，抵抗了4個半月，日軍傷亡約1萬2千人。[101]1941年12月8日至1942年5月6日，日軍進攻菲律賓之戰經過，如圖2-4示意。[102]

---

98 日軍攻占巴丹半島戰鬥狀況，見：《開戰前期陸戰指導》，頁435~444、818~825；及頁439，插圖14「第一巴丹半島攻略戰經過概略圖(一月上旬~2月上旬九日)」、頁824，插圖21「第二次巴丹半島攻略戰經過概略圖(四月三日~四月九日)」。亦見：李德哈特著，《第二次世界大戰戰史》，冊1，頁350。
99 有關巴丹半島「死亡行軍」狀況，可參：(美)李斯特(Lester Tenney)著‧范國平譯，《活著回家：巴丹死亡行軍親歷記》(北京：世界知識出版社，2009年4月，1版)。
100 李德哈特著，《第二次世界大戰戰史》，冊1，頁349。
101 同上注，350。
102 本圖調製，依據上述資料，並參考：《開戰前期陸戰指導》，頁394，插圖12「第14軍占領馬尼拉要圖(昭和十六年十二月八日~昭和十七年一月二日)」。

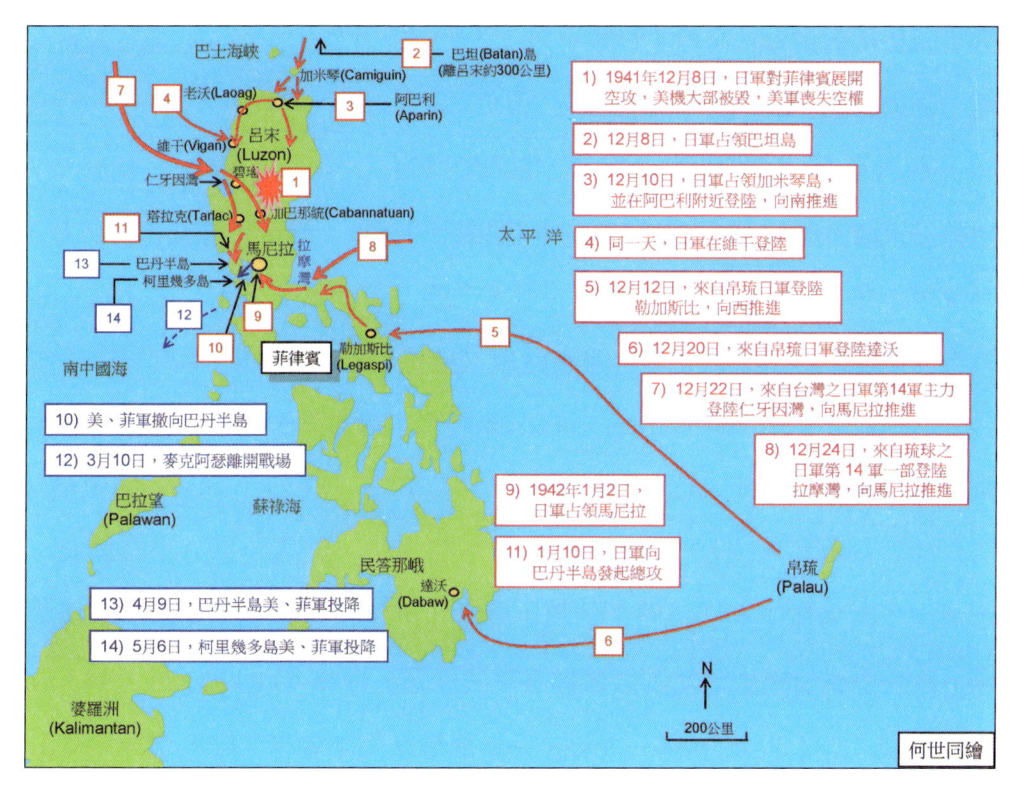

圖 2-4 ／ 1941 年 12 月 8 日至 1942 年 5 月 6 日，日軍進攻菲律賓之戰經過示意

三、馬來半島之戰

日軍進攻馬來半島，是由第 25 軍負責（司令官山下奉文中將，兵力 17 萬 2 千人），其先頭部隊於 1941 年 12 月 8 日晨，登陸於克拉地岬附近。10 日，英國「卻敵」與「威爾斯親王」號戰艦遭日軍在暹羅灣擊沉；12 日，「泰國問題」解決，日軍在泰國獲得「軍事通過權」，第 25 軍主力即迅速由法屬印度支那，經泰國，進入克拉地岬，由北向南，投入對馬來亞之作

戰；以及英軍原本計畫阻止日軍登陸之「鬥牛士作戰」，並未實施；凡此，均已詳述於前。

第25軍之「戰鬥部隊」(按，指步、砲、戰)約7萬人，擁有211輛戰車，所轄之近衛、第5、18師團，是日本最精銳的部隊；英國在馬來亞的兵力，為英軍1萬9千人，澳洲軍1萬5千人，印度軍3萬7千人，馬來軍1萬7千人，合計約8萬8千人，但無戰車，統由英國駐馬來亞陸軍司令普爾昔伐(白思華，Ernest Percival)中將指揮。[103] 空軍方面，日本計畫使用於馬來亞的飛機為617架，英軍則為168架。[104] 日軍陸、空戰力，均較英軍優勢。

面對日軍猛烈攻擊，英軍從12月10日以後，就幾乎是分沿半島東、西海岸不斷南撤；一切道路上的阻絕陣地，不是被日軍戰車和砲兵直接突破，就是受到日軍步兵從鄰近叢林滲透所迂迴。1942年1月11日，英軍放棄吉隆坡；1月30日，東、西兩面英軍都被逼到了馬來半島的最南端；31日，敗退之英軍全部越過柔佛海峽(Johor Strait)，湧入新加坡。本戰，日本人只花了54天，就征服了整個馬來亞，傷亡僅4千6百人；英國則損失了約2萬5千人(大部分做了俘虜)，以及大量的武器裝備。[105] 1941年12月

---

103 李德哈特著，《第二次世界大戰戰史》，冊1，頁351。
104 《開戰前期陸戰指導》，頁70；另，李德哈特著，《第二次世界大戰戰史》，冊1，頁351，載日軍戰機560架，為英軍4倍。
105 李德哈特著，《第二次世界大戰戰史》，冊1，頁356~358。有關日軍進攻馬來半導作戰經過，見：《開戰前期陸戰指導》，頁398，插圖10「馬來西亞一月間作戰經過概略圖」。

| 第二章 | 日軍攻略緬甸的緣起　　　　　　第三節 | 「南方作戰」順利的鼓勵

8日至1942年1月31日，日軍進攻馬來半島作戰狀況，如圖2-5示意。[106]

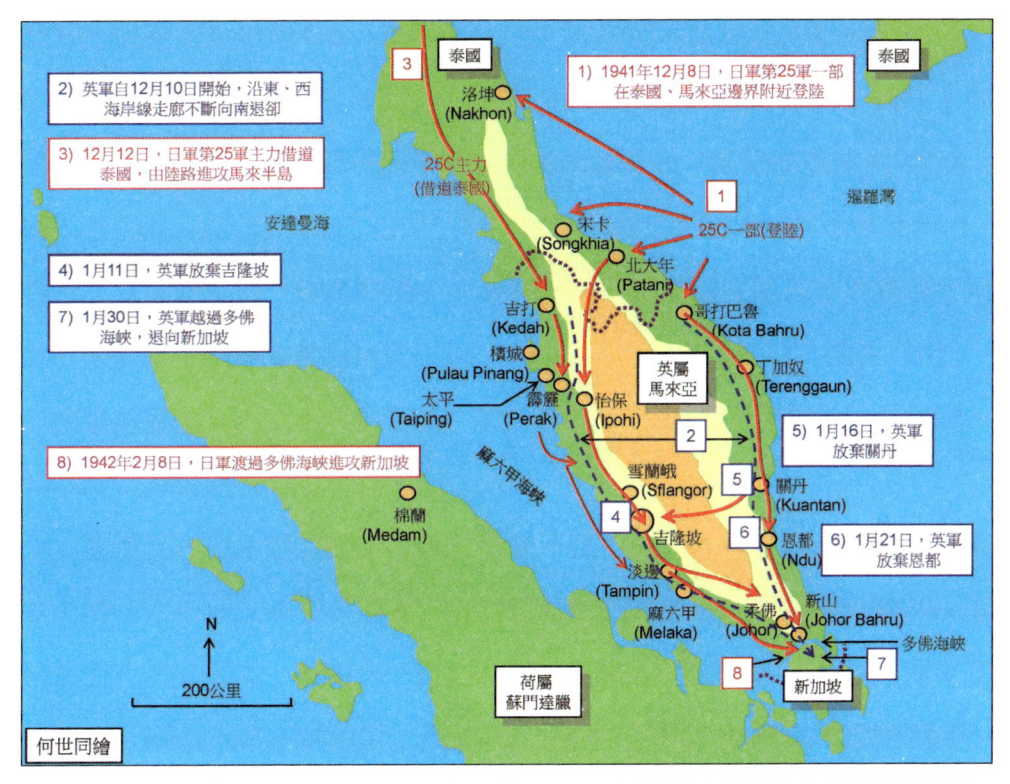

圖 2-5 ／ 1941年12月8日至1942年1月31日，日軍進攻馬來半島作戰狀況示意

---

106 本圖繪製，根據上述狀況，並參考：李德哈特著，《第二次世界大戰戰史》，冊1，頁376後，插圖「馬來亞及新加坡的侵入(一九四一年十二月八日～一九四二年二月十五日)」；及《開戰前期陸戰指導》，頁174，插圖5「渡洋進攻馬來半島略圖(昭和十六年十二月四日～七日)」；同書，頁398，插圖十三「馬來方面一月間作戰經過概要圖」。

073

四、新加坡之戰

　　1942年2月8日，占領馬來半島之日軍，開始強渡狹窄的柔佛海峽，進攻新加坡；當時普爾昔伐將軍手上的兵力(加上原來在新加坡的部隊)，仍約有8萬5千人之多，面對逐次上岸之日軍，應有乘敵「前後分離」與「立足未穩」之際，遂行「各個擊滅」作戰機會；但普爾昔伐卻在2月15日，也就是日軍開始登陸新加坡的一週後，自己扛著英國國旗，去向日軍投降(見照片1)；讓他自己及8萬多名部屬，全都成了日本人的俘虜。[107] 普爾昔伐也被關進了集中營，一路和楊慕琦、溫瑞特為伴，受盡虐待，直到日本投降。

---

[107] 李德哈特著，《第二次世界大戰戰史》，冊1，頁358~359；及《開戰前期陸戰指導》，頁546~548。

| 第二章 | 日軍攻略緬甸的緣起　　　　　　第三節 | 「南方作戰」順利的鼓勵

照片 1／1942 年 2 月 15 日，英國駐馬來亞陸軍司令普爾昔伐扛著英國國旗，去向日軍投降

　　2 月 27 日，日軍大本營發表聲明，「星加坡島〔港〕即日起改為昭南島〔港〕」，以示「昭和」及「明亮南域」之意。[108]1942 年 2 月 8 日至 15 日，日軍進攻新加坡之戰經過狀況，如圖 2-6 示意。[109]

---

108 《開戰前期陸戰指導》，頁 552。
109 本圖參考：同上注，頁 547，插圖 16「攻陷新加坡經過要圖」。

撥雲見日 仁安羌故事考

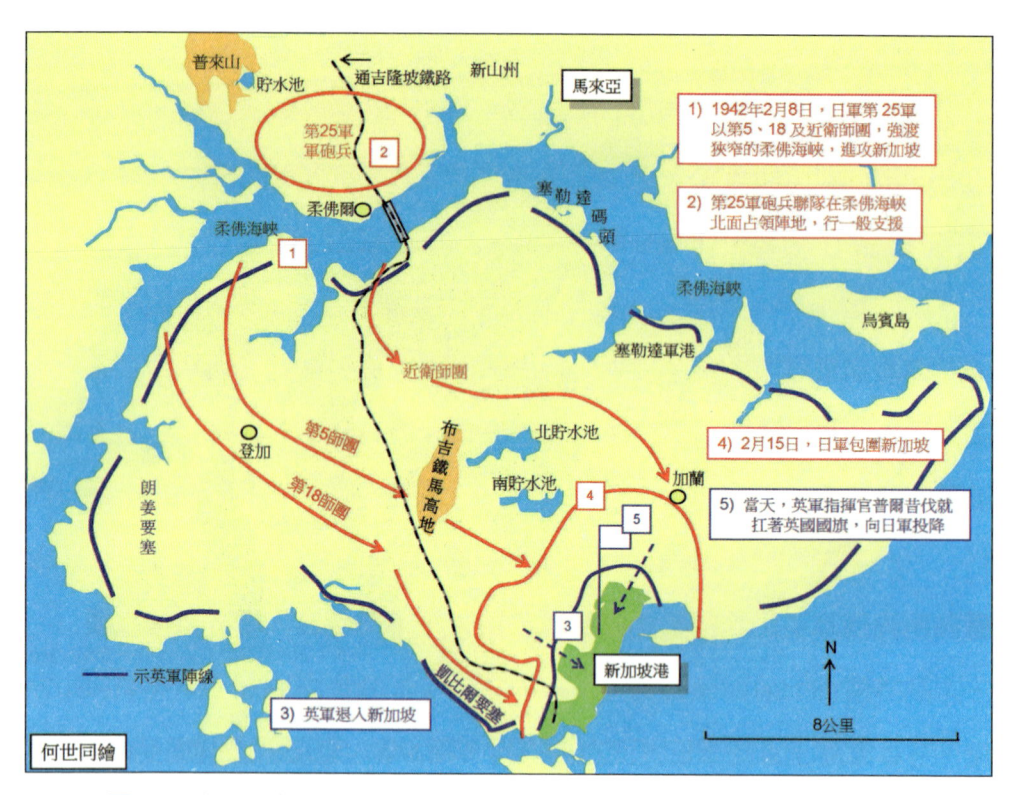

圖 2-6 ／ 1942 年 2 月 8 日至 15 日，日軍進攻新加坡之戰經過狀況示意

　　香港、馬來亞、新加坡與菲律賓，都象徵著西方霸權在東亞地區的殖民統治權力；但面對黃種日本人的攻擊，卻如此「不堪一擊」，也標示著白種人支配亞洲非白種人的「威望」，已蕩然無存。尤其當日軍占領新加坡之後，獲得立即的「戰略利益」，就是擁有了西進的「前進基地」，同時控制了麻六甲海峽；接下來要做的事，當然是荷屬東印度群島與緬甸的征服了。

　　「南方作戰」獲得如此巨大戰果，也突然讓日本人覺得，那「強大的

英軍」似乎非「堅不能摧」，緬甸看來也挺值得動手去搶；況且還有切斷「滇緬公路」公路，及可進而攻略英屬印度東側兩個誘因。[110] 因此，在上述日軍發起的幾場作戰中，受到一開始就十分順利的「鼓勵」，加上「泰國問題」的解決，乃逐漸建立「提早攻略緬甸」的共識。

---

110 瑞納米德 (Rana Mitter) 著・林添貴譯，《被遺忘的盟友》(Forgotten Ally)(台北：天下文化，2014 年 7 月)，頁 390。

第四節

摩爾門的臨門一腳

摩爾門位於薩爾溫江 (Salween River) 入海口東畔，為緬甸孟邦 (Mon State) 首府，西北距仰光約 300 公里，是緬甸次於仰光、曼德勒的第三大城市，與次於仰光的第二大港口，其東南有 Mawlamyine 機場，為緬南交通與經濟重鎮，仰光南面門戶，戰略地位重要。華僑稱其為毛淡棉，最早中文地名為「磨地勃」。[111]

按「南方作戰」伊始之時，日軍第 15 軍的任務，僅在解決「泰國問題」，及掩護第 25 軍進攻馬來半島時的北翼安全，已如前述。當時編配給第 15 軍的第 33 師團主力，尚未離開南京；由於兵力不足，因此 1941 年 12 月 12 日第 15 軍從「南方軍」接獲的命令，也只是鞏固第 25 軍北翼安全的「占領摩爾門等緬甸南部之敵航空基地」而已。[112] 但隨著「泰國問題」的迅速解決，與「南方作戰」進行順利的鼓勵，遂有「提早攻略緬甸」決心的產生，

---

[111] 唐時稱緬甸為「驃國」，有部落 298 個，「磨地勃」為其中之一；見 (北宋) 歐陽脩・宋祁撰，楊家駱編，《新唐書》(台北：鼎文書局，1994 年 10 月，8 版)，卷 222 下，〈列傳第 147 下・南蠻下〉，驃國條，頁 6307。毛淡棉，即「磨地勃」之轉音。
[112] 《緬甸攻略作戰》，頁 115。

其最後的落實，就在第 15 軍攻略摩爾門的「臨門一腳」上。

先是，1940 年 11 月英國在新加坡設立「遠東軍總司令部」，任命波普漢 (Popham) 上將為總司令，具有作戰管制、訓練、指導及調整香港、馬來及緬甸防衛計畫之權責；因此之故，原來隸屬於英國陸軍部的「緬甸陸軍司令部」，也劃歸新設的「遠東軍司令部」指揮。不過，在 1941 年 12 月 12 日，也就是日本陸軍發動「南方作戰」的第 3 天，英國參謀本部擔心新加坡不保，又決定將緬甸的指揮權，由新加坡「遠東軍總部」，移交給了「駐印軍總部」，已如前述。

同一天，當日軍第 15 軍飯田司令官正處理進入泰國後之各項事務，而忙碌不堪時，接獲了「南方軍」下達之「攻略摩爾門附近」命令；[113] 這對正在執行「確保泰國安定」基本(主)任務，而且所編配的 2 個師團都未到位 (第 33 師團主力還在中國南京，第 55 師團先頭部隊亦剛從河內出發) 狀況下的飯田司令官而言，乃認為這只是「主任務」外的「附帶任務」，並未立即加以處理。[114] 直到 12 月 20 日，「泰國安定」概略就緒，第 55 師團主力也大致進駐泰國後，飯田司令官才下達了軍之攻擊命令，要旨如下：[115]

　　一、軍企圖攻略緬甸南部。

　　二、第 55 師團應利用鐵道運輸於彭世洛 (Phisanulok) 下車，在拉

113　同上注，頁 115。
114　同上注，頁 31、115。
115　同上注，頁 118。按，沖支隊為第 55 師團第 112 聯隊第 3 大隊，大隊長沖作藏中佐。

罕附近集中，迅速進入考克萊克（高加力，Kawkareik）附近，以準備對摩爾門之攻略。

三、沖支隊利用鐵路運輸，於班波（Bangbo，曼谷附近）下車，在堪布里（Kanchanaburi）集結，隨後經由班提西進，先行攻略土瓦。

1941 年 12 月 20 日，日軍第 15 軍兵力位置，飯田司令官下達之軍進攻摩爾門命令，及以上地名，如圖 2-7 示意。[116]

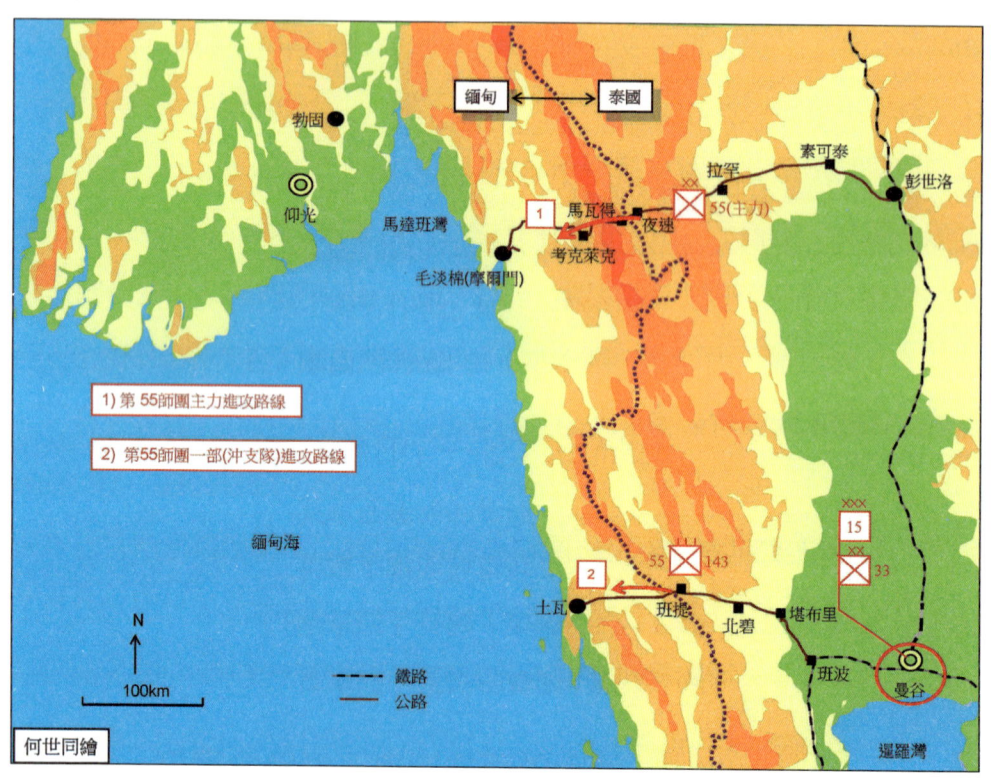

圖 2-7 ／ 1941 年 12 月 20 日，日軍第 15 軍兵力位置及進攻摩爾門命令示意

---

116 本圖根據上述狀況，並參考：同上注，頁 116，插圖 9「泰緬邊境附近地形概圖」調製。

當時由泰國通往緬甸之汽車道路，只有一條從泰北清萊 (Chiang Rai) 通緬東景東 (Kyaing Tong) 的簡陋公路 (見圖 2-9)；而通往摩爾門者，不用說汽車道，連駄馬路都談不上。[117] 第 55 師團欲進攻摩爾門之路線，山脈與河流橫亙，森林密佈，地形險阻，沿途道路，時續時斷；嚴格地說，根本就是「無路可行」。這條路線，自彭世洛而西，只有一條「牛車路」可達素可泰 (蘇克荷塞，Chanqwat)；自素可泰而西，經拉罕至夜速 (Mau Sot)，沿途山險谷深，密林蔽天，兩地之間僅靠一些羊腸小徑，和許多不連續的「象路」(野象穿越後所留下的路痕) 來維持交通。自夜速再西行 10 餘公里，即至緬甸的馬瓦得 (Myawaddy)，由馬瓦得而西，經考克萊克，至摩爾門約 110 公里，則築有雙向公路，是由泰國西部通往緬甸南部的唯一途徑。[118] 泰緬邊境夜速至考克萊克間地形與交通狀況，如衛星空照圖 2-8。[119]

117　《緬甸攻略作戰》，頁 118。
118　高興恩等編，《國民革命軍陸軍第五軍軍史》，頁 153~154。按，彭世洛至拉罕約 140 公里，拉罕至夜速 80 公里；出處同前。觀察 Google 衛星空照地圖 (見圖 2-8)，夜速至梅河 (Moei River) 之間，為一寬闊台地，日軍第 15 軍作為攻略摩爾門之「戰略集中」與「攻勢準備」位置。
119　本圖根據 2015 年 Google 衛星空照地圖調製。

圖 2-8／泰緬邊境夜速至考克萊克間地形與交通狀況衛星空照圖

　　這條穿梭山地叢林的小徑，需要整修、拓寬，以勉強符合大軍作戰需求的路段，長達 120 公里，估計工程至少要花上 5 個月時間，但第 15 軍在泰軍協助，及其獨立工兵第 4 聯隊投入晝夜趕工下，最後以約 50 天的時間，至 1942 年 2 月 5 日，大致完成了能通行汽車的碎石道路。[120]

　　因此，第 15 軍對緬甸南部攻勢準備之指導，第一步就是要將夜速和馬

120　《緬甸攻略作戰》，頁 119、129。

瓦得間的山道、象路連接起來，並加以拓寬，用騾馬和徵用的大象組成山地運輸隊，擔任輜重、輕火砲、彈藥、糧秣的運輸（見照片2）。第二步再由工兵指導徵召而來的泰國民工，將拓寬後的小徑，開闢成為碎石路面的公路。[121] 第15軍飯田司令官且於1942年1月27日，將「前進指揮所」推進至夜速，一面指導作戰，一面督促道路儘早完工；[122] 積極展開對摩爾門之作戰。

照片2／日軍徵用大象組成山地運輸隊，擔任輜重、輕火砲、彈藥、糧秣的運輸

---

121 高興恩等編，《國民革命軍第五軍軍史》，頁155。
122 《緬甸攻略作戰》，頁129。

先是，1941年1月國民政府曾應英方邀請，派遣了一支「中緬印馬軍事考察團」，赴英國殖民地的印度、馬來亞、緬甸、新加坡等地考察訪問3個月，在是年5月提出的30餘萬言《中國緬印馬軍事考察團報告書》中，特別強調：「日本對於中國的國際交通線—滇緬公路，將不是從中國境內切斷，而是配合它對亞洲的政略戰略整個策劃；一旦日寇與英國開火，勢必先擊敗英軍，進而侵占馬來亞、緬甸。這樣，日寇既擊敗英軍而奪了它的殖民地，又可以封鎖中國，獲得一劍雙鵰的效果。」[123]

並據此提出兩國「共同防禦意見」，要旨為：「中英兩軍為確保仰光海港之目的，應集結主力在緬泰邊境毛淡棉、登勞 (Bilauktang) 山脈、及景東以南地區，預先構築陣地，採取決戰防禦，並將重點指向毛淡棉方面。另以一小部分在中緬邊境車里、臨江（即佛海）間，擔任持久防禦。」[124]

但英國的「主要決策者」（筆按，應指英印軍總司令魏菲爾）卻始終認定，日軍必從「法屬印度支那」方面截斷「滇緬公路」，故中國應在中老（老撾，即寮國）、中緬邊境布防，沒有必要進入緬甸；[125] 這也使得這項「切實可行」的保緬方案，遂告落空。1941年5月，中、英兩方對日軍一旦進攻緬甸，攻勢方向判斷，如圖2-9示意。[126]

---

123 杜聿明，〈中國遠征軍入緬對日作戰述略〉，收入：杜聿明・宋希濂等著，《遠征印緬抗戰》（原《國民黨將領抗日戰爭親歷記》）(北京：中國文史出版社，2010年9月)，頁8。
124 同上注，頁9；及高興恩等編，《國民革命軍第五軍軍史》，頁146~147。
125 高興恩等編，《國民革命軍第五軍軍史》，頁147。
126 本圖參考：《緬甸攻略作戰》，頁29，插圖2「英軍之對日進攻方面判斷圖」。按，此係日人引用英國發行之戰史—對日作戰中所述繪製，出處同上注，頁840，注25說明條。

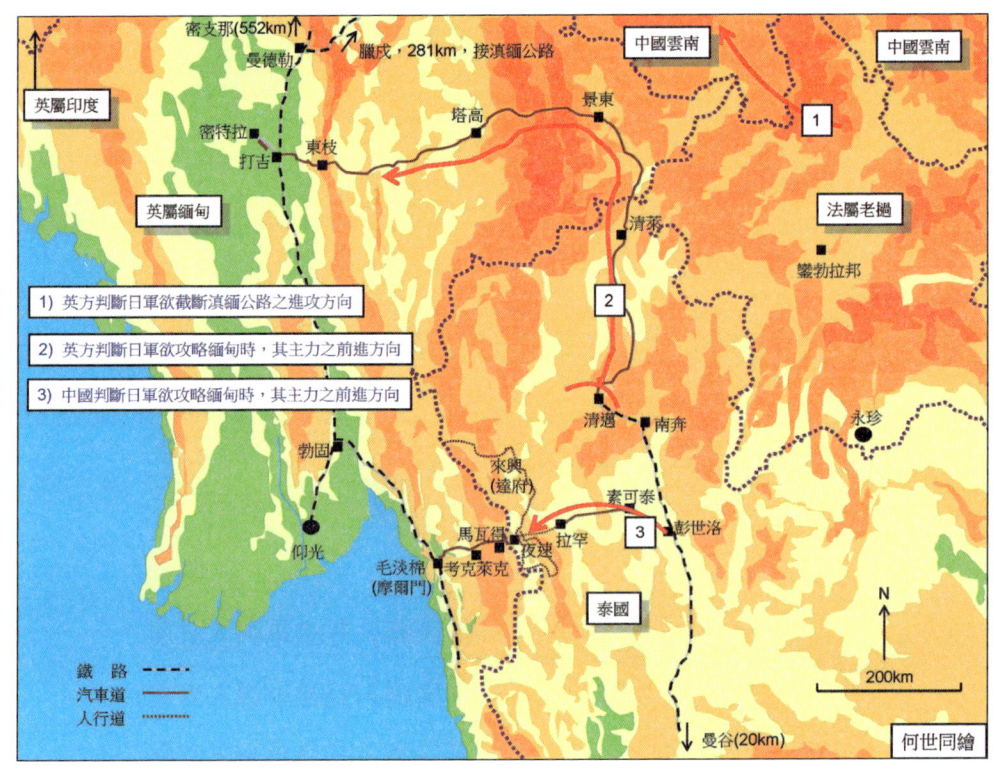

圖 2-9 ／ 1941 年 5 月，中、英兩方對日軍一旦進攻緬甸，攻勢方向判斷示意

但是，英國人沒有想到的是，日軍會積極開路，而果如中國所料，從南部的摩爾門攻略緬甸；這可以說是英方在「情報判斷」上的「致命失誤」。更令英國人想像不到的是，日軍第 55 師團為爭取時間，並未等待汽車道路之完成，就立即將第一線兵力改編成「馱馬」或「馱牛」的輕裝部隊，1個山砲中隊只帶 1 門砲；克服密林與險阻地形的重重障礙，沿著只可勉強以一路縱隊通過的小徑，一日行程不過「四里」左右，艱苦行軍，向前推進。1942 年 1 月中旬，第 55 師團先頭的步兵第 112 聯隊，終於到達泰緬邊境的

夜速；竹內師團長亦於 1 月 17 日進入夜速，隨即在 18 日，下達向考克萊克推進之命令。[127]

值得注意的是，日軍對泰緬邊境山區地形陌生，第 55 師團又缺叢林作戰經驗，所以沒有在深山密林中迷路，完全是因為泰國當局的合作，與「南機關」功能的發揮。在泰境，沿途均有泰國地方官吏對日軍大開方便之門，泰軍更派遣參謀至現地，直接對日軍提供各種協助；進入緬境後的 12 月 28 日，則由第 55 師團作戰主任參謀福井義介中佐，指揮步兵第 112 聯隊第 2 大隊長大隊長山本政雄中佐所率領的步兵 1 個小隊，及屬於「南機關」的日、緬人各 10 名，擔任嚮導帶路工作。[128] 而隨著「泰國問題」的解決，緬甸獨立人士也以泰國為跳板，接受日軍訓練後，紛紛由日軍安排回到緬甸，執行日軍所賦予的任務，已如前述。設若缺少了這些條件，日軍恐就難以順利實施進攻緬甸的作戰了。

由於英方判斷一旦日軍進攻緬甸，其主力必定置於泰北，並斷定其「作戰線」，是由撣邦高原南側，直指曼德勒南方之打吉；因此，英方遂將其在緬甸有限的兵力，分散配置於景東、孟平 (Mong Pawk)、孟畔 (孟邦、孟榜，Mong Pawn)、曼德勒、仰光、及摩爾門、土瓦、墨吉 (即丹老) 之線，實施「廣正面防禦」。而在與泰國交界的漫長縱走山脈地區，以及坦沙里

---

127 《緬甸攻略作戰》，頁 121、123。此「四里」為原文，但未注明為公里或英里。
128 同上注，頁 122。筆者按，「南機關」支援的 10 名日人，應是通曉緬語者，隨伴另 10 名帶路緬人行動，2 人 1 組，負責翻譯及下達指令。

沿海地帶，僅僅部署了「放哨」所要的兵力。[129] 1941 年 12 月，日軍發動「南方作戰」直前，英緬軍兵力配置狀況，如圖 2-10 示意。[130]

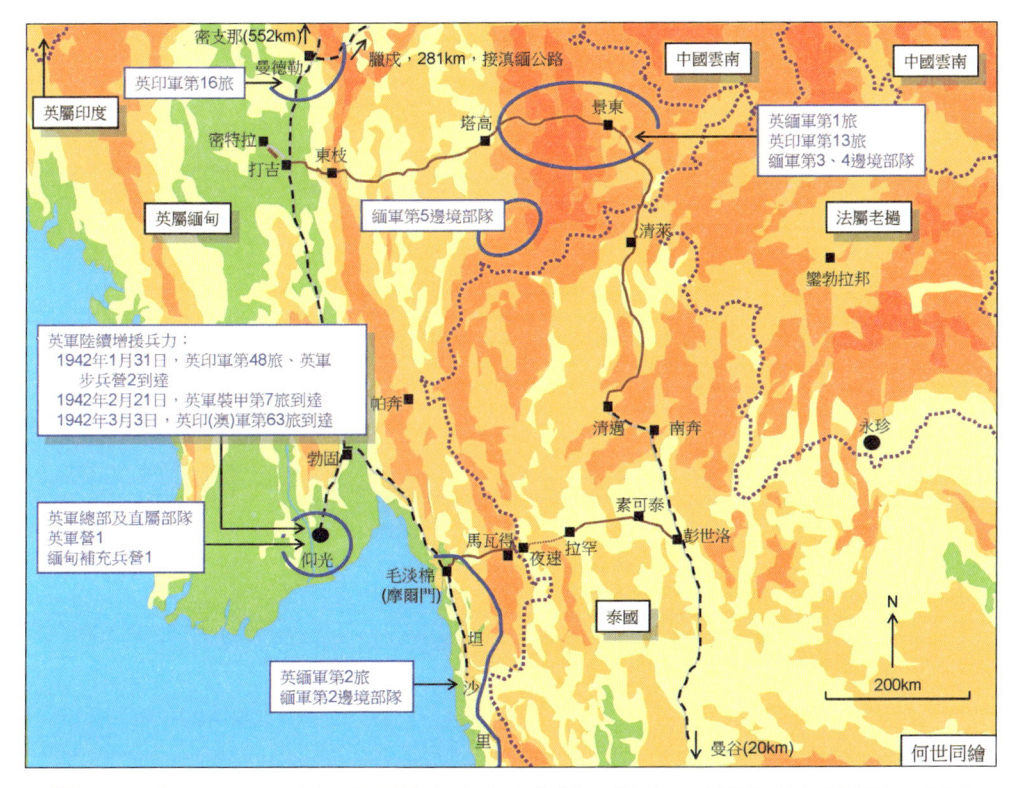

圖 2-10 ／ 1941 年 12 月，日軍發動「南方作戰」直前，英緬軍兵力配置狀況示意

---

129 高興恩等編，《國民革命軍陸軍第五軍軍史》，頁 148~149。所謂「英印軍」，是指士兵全是印度人，軍官全是英國人，所編成的英國殖民武力；「英緬軍」之編成模式亦同。
130 本圖依據上注資料，及《緬甸攻略作戰》，頁 24~25 所載兵力位置。

1941年12月28日，胡敦 (T. J. Hutton) 中將接替馬克萊奧德 (MacLeod) 中將為英緬陸軍司令；1942年1月上旬，英方獲悉日軍正向來興、夜速 (位置見圖 2-9) 集結之情報後，判斷其有攻奪摩爾門之可能；當時駐防摩爾門、土瓦、墨吉地區的部隊，只有一個英緬軍第 2 旅 (旅長布魯克〔 Brooke 〕准將) 及一支緬甸邊防部隊。[131] 於是胡敦下令剛由印度到達曼德勒的英印軍第 17 師 (師長史密斯〔 J. G. Smith 〕少將) 司令部，於 1 月 9 日前進駐仰光，以統一指揮緬南、及將陸續進入緬南增援的一些「雜牌部隊」。[132] 原先擔任曼德勒守備任務的英印軍第 16 旅 (旅長瓊斯〔 Jones 〕准將)，也於 1942 年 1 月 14 日抵達摩爾門，負責考克萊克方面之防禦。[133]

　　也就是說，在日軍決定攻略緬甸之直前，摩爾門 (含) 以南地區歸英印軍第 17 師指揮的戰鬥部隊兵力，只有 2 個步兵旅；而日軍對摩爾門一帶英軍兵力的判斷，則是「緬甸第 2 旅及印度第 17 師之一部約 3 千人」[134]，可能還不知道英印軍第 16 旅的投入。

131　《緬甸攻略作戰》，頁 24、28。英緬軍第 2 旅，轄緬甸步槍（按，應作步兵，可能是譯者筆誤）第 2、4、6、8 營；見同書，頁 25。
132　李德哈特著，《第二次世界大戰戰史》，冊 1，頁 368~369。所謂「雜牌部隊」，是因為這些軍隊的成員，有英、澳、印、緬及尼泊爾人，統由英國人指揮；這些部隊，包括了原駐緬南、及後來增援緬南之兵力。英印軍第 17 師進駐仰光之時間，見《緬甸攻略作戰》，頁 216。
133　高興恩等編，《國民革命軍陸軍第五軍軍史》，頁 149。按，第 17 英印師轄第 44、45、46 旅，第 44 及 45 旅支援馬來作戰，留緬兵力僅師部及 1942 年 1 月 16 日由印度歸建的第 46 旅；見：《緬甸攻略作戰》，頁 26。另，英印軍第 16 旅轄第 9 皇家傑特團第 1 營、第 12 邊境團第 4 營、第 7 廓爾喀團步槍第 1 營；見同書，頁 25。
134　《緬甸攻略作戰》，頁 130。

此外，為因應緬甸危機，這個時候英國也陸續調集兵力，增援緬甸；先後計有：1942年1月16日，英印軍第46旅(轄營3)，自印度到仰光後，即至比林河(Bilin)地區，擔任馬達班(Martaban，薩爾溫江出海口北岸，其南岸為摩爾門)及帕安(Hpa An)之防禦。1月31日，英印軍第48旅(轄營3)抵達仰光，編入英印第17師，增援仰光防禦。2月21日，第7裝甲旅(轄戰車營1、輕裝騎隊1、裝砲連2)在仰光上岸。3月3日，澳軍第63旅(亦即英印軍第63旅，轄營3)在仰光登陸，亦編入英印軍第17師序列。[135] 於是，英印軍第17師被賦予的責任地區，北起摩爾門北方180公里的帕奔(Hpu Pun，位置見圖2-11)，南至墨吉，正面縱長達到650公里；[136] 約為一個半台灣大，真可謂「處處防禦、處處薄弱」。1942年1至3月，英軍增援緬甸兵力狀況，如圖2-11示意。[137]

135　高興恩等編，《國民革命軍陸軍第五軍軍史》，頁149；及《緬甸攻略作戰》，頁26~27、216。按，澳軍第63旅為仰光陷落前，最後抵達緬甸之英軍增援兵力。
136　《緬甸攻略作戰》，頁217。
137　同上注。

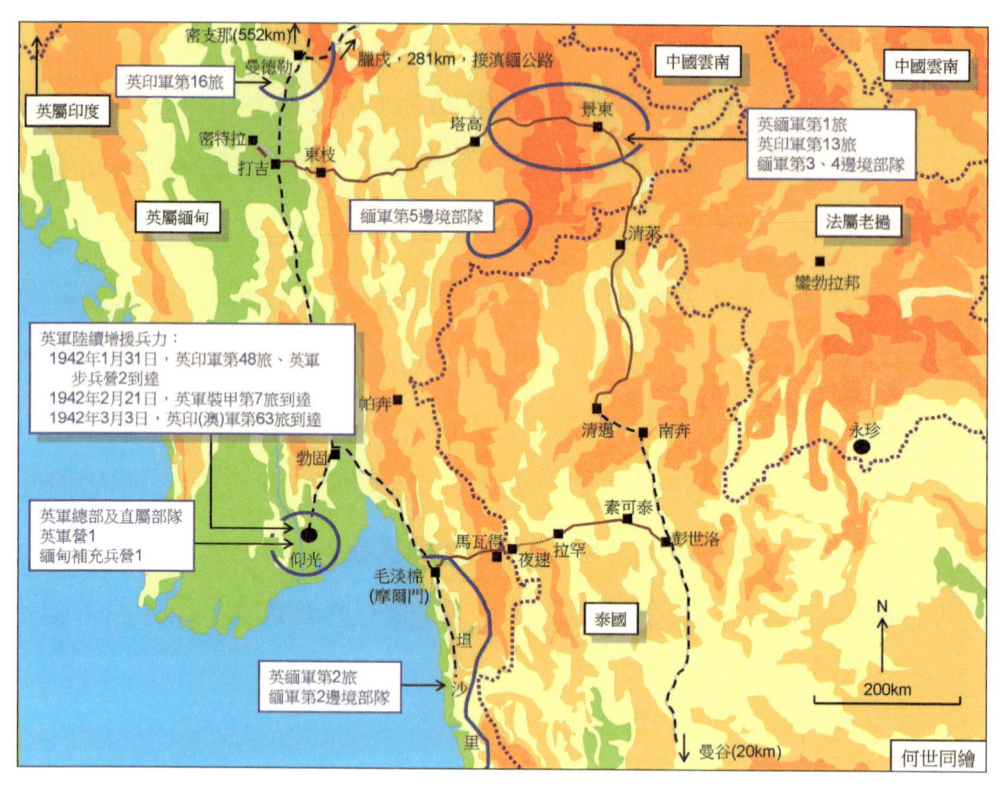

圖 2-11／1942 年 1 至 3 月，英軍增援緬甸兵力狀況示意

　　日軍方面，當第 55 師團正向夜速逐次運動時，第 33 師團亦於 1942 年 1 月 10 日經由海運，自上海抵達曼谷，再由鐵路運輸及梯次行軍（包括汽運及徒步），前進至彭世洛及素克泰間地區，並自 1 月 13 日起，以一部兵力（師團工兵聯隊及步兵第 214 聯隊）參加拉罕以西道路之修築。[138]

　　1942 年 1 月 20 日凌晨，第 55 師團基於第 15 軍 17 日之命令，區分右

---

138 同上註，頁 126、134。

翼 (步兵第 143 聯隊)、左翼 (騎兵第 55 聯隊)、中央 (步兵第 112 聯隊，欠) 等三路縱隊前進，逐退「虛弱」之緬甸邊境「監視部隊」(概約 3、4 百名)，開進緬境；於 23 日占領考克萊克，並準備向摩爾門之前進。[139] 第 33 師團步兵第 215 聯隊 (聯隊長原田棟大佐) 的 2 個大隊，則在第 55 師團之後跟進，至考克萊克地區後，擔任帕安方向之搜索與警戒任務。[140]

第 15 軍飯田司令官回憶日軍攻勢發起時的狀況：日軍渡過泰、緬邊界上的梅河時，東方開始泛白，軍旗迎風飄揚，象徵進攻緬甸第一步的成功，官兵士氣高昂。[141] 一般而言，河流是天然地障，守者只要在岸邊要點設置工事，很容易阻止攻者渡河；但日軍卻能撐著軍旗、有如毫無敵情狀況下的「行政渡河」，可見英屬緬甸的邊防，完全形同虛設。

又從邊境通往考克萊克道路上，英國人構築的數線陣地，及利用密林設置的堅固層層障礙看來，英軍似有在這條道路沿途，實施頑強抵抗的跡象。[142] 但實際並非如此，因為胡敦中將曾指示英印軍第 17 師師長史密斯少將，其所轄英印軍第 16 旅「在無法撤退之前，不需堅守於考克萊克地區」；於是當日軍第 55 師團來攻時，英印軍第 16 旅即自行後退，沿格亞因河 (Gyaing River)、渡過薩爾溫江，逃向摩爾門對岸的馬達班，但全部輜重與武器裝備，在渡河點與行軍途中，丟棄殆盡。因此，日軍在占領考克萊克

---

139 同上注，頁 128。
140 同上注；及頁 133，插圖 11「第十五軍進入緬甸部署概圖」。
141 同上注，頁 130。
142 同上注，頁 131。

的過程中，除了在中央縱隊方面受到約 2 百人之敵狙擊，不久也棄甲而逃外；其餘縱隊，一路前進，幾無阻擋。[143]

1942 年 1 月 23 日，日軍第 55 師團各縱隊及第 33 師團第 215 聯隊，均順利到達考克萊克南北之線，並繼續向摩爾門方向推進，途中擊退「弱小敵軍」，於 1 月 30 日進入摩爾門東面高地方前沿；第 33 師團第 215 聯隊第 1 大隊，也於同日占領了薩爾溫江與格亞因河交會口之卡多 (Gadoe)，對摩爾門的英緬軍第 2 旅，形成了包圍態勢。[144]

另一方面，1942 年 1 月 4 日，由班提進入緬境的沖支隊，突破險阻叢林地帶，在「緬甸獨立志願軍土瓦兵團」〔成員約 70~80 人〕「打開進路」(就是「帶路」的意思) 的協助下，於 1 月 19 日攻占了土瓦，使得失去退路之墨吉 (丹老) 英緬軍隊，藉海路逃向仰光。該支隊完成任務後，於 1 月 26 日由土瓦出發，沿海岸道路北進，於 2 月 1 日到達摩爾門，向剛攻克該地之第 55 師團報到歸建。[145]「緬甸獨立志願軍土瓦兵團」，則以一部人員留守土瓦與墨吉，擔任兩地之秩序維護、組訓民眾與招募新兵工作，主力隨沖支隊進入摩爾門。[146]

摩爾門為防衛緬甸南部及薩爾溫江的戰略要域，英軍部署了約 3 千兵力 (英緬軍第 2 旅)，並構築有堅固之陣地。[147] 先是，日軍判斷英軍必固守

---

143 同上注，頁 217。
144 同上注，頁 131。
145 同上注，頁 128、130、190。
146 同上注，頁 190~191。
147 同上注，頁 131。

此地，並以工事結合薩爾溫江之地障，作頑強抵抗；故第 15 軍不敢掉以輕心，原計畫以第 33、55 兩師團會攻摩爾門。但後來根據各種情報、尤其是空中偵察徵候顯示，摩爾門英軍正向薩爾溫江畔陸續撤退之中；第 15 軍遂於 1 月 26 日變更決心，改以第 55 師團就原態勢，迅速「獨力」攻略摩爾門；而第 33 師團的部隊，則改向薩爾溫江右岸的渡河點帕安前進，相機捕殲退卻之英軍。[148]

第 55 師團接獲軍命令後，即以原態勢的「三並列」，置主攻於中央，於 1 月 31 日拂曉向摩爾門發起攻擊。戰鬥過程中，英軍僅在摩爾門東南的帕哥達高地（即 183 高地）作短暫抵抗，至 0920 時日軍攻占該高地，英軍主力渡過薩爾溫江，逃向馬達班地區；當天，第 55 師團即占領了整個摩爾門市區。[149]

至於摩爾門英軍如何得以逸出日軍包圍圈而脫逃？甚至連扼制其退路位置的日軍第 55 騎兵聯隊，都「並未注意到」；[150]令人難以想像。實際上是，1 月 30 日晨，史密斯師長已獲得胡敦中將之同意，放棄摩爾門，以在馬達班待命的 15 艘輪船實施渡河撤退作業，至 31 日 1000 時，除了部分橋頭堡部隊外，主力已渡到對岸。[151] 由此看來，非日軍第 55 騎兵聯隊「並未注意到」英軍撤走，而是當前者進入摩爾門之前，後者已先一步溜走；可見英

---

148 同上註，頁 129。
149 同上註，頁 132~134。
150 同上註，頁 133。
151 同上註，頁 219。

軍雖不能作戰,但卻是「脫逃高手」。至於來不及脫逃之英軍,則全部被俘,人數約 8 百人。[152] 1942 年 1 月 31 日,日軍第 15 軍進攻摩爾門兵力部署,如圖 2-12 示意。[153]

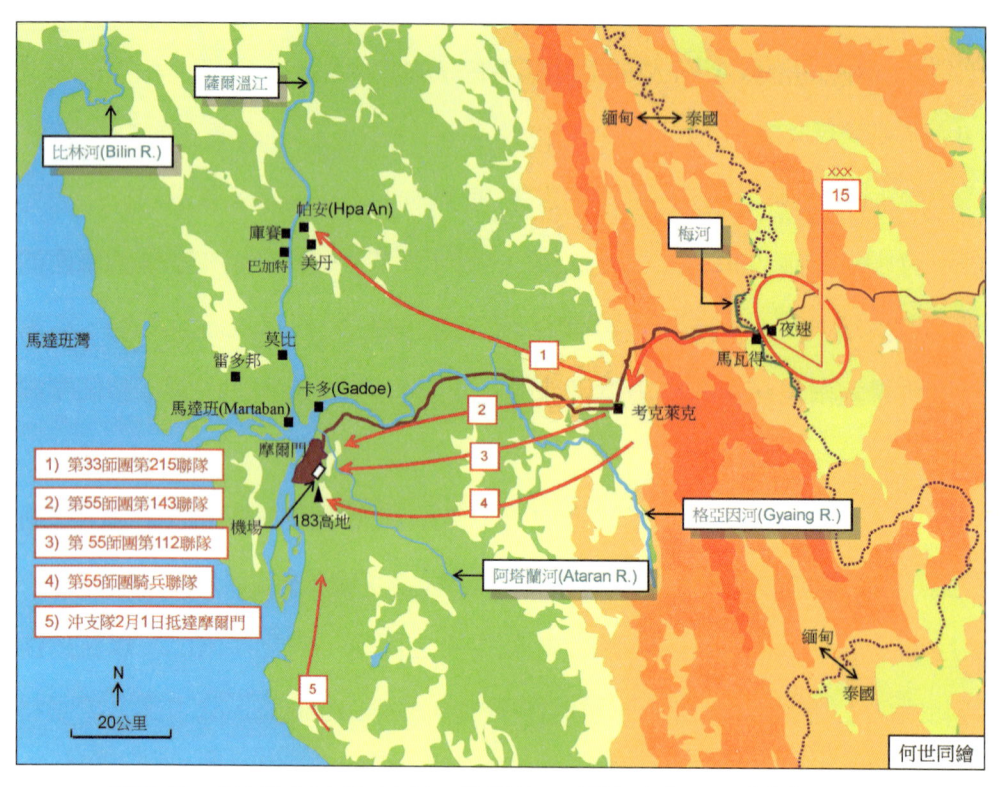

圖 2-12 ／ 1942 年 1 月 31 日,日軍第 15 軍進攻摩爾門兵力部署示意

---

152 李德哈特著,《第二次世界大戰戰史》,冊 1,頁 369。
153 本圖參考:《緬甸攻略作戰》,頁 133,插圖 11「第十五軍進入緬甸部署概圖」;及頁 134,插圖 12「第五十五師團摩爾門攻擊概圖」。

而在格牙因河以北的第 33 師團原田聯隊，也於 2 月 3 日擊破約 5 百名英軍的防禦，於 4 日 0300 時許，占領了帕安渡河點（筆按，該地也有機場）。[154] 2 月 1 日，第 55 師團竹內師團長巡視摩爾門戰場，戰鬥已完全結束。[155] 觀察本戰，日軍僅僅花了數小時的時間，在幾乎沒有阻力的狀況下，即完全占領了由英軍 1 個旅駐守，又構有堅固陣地的戰略要域摩爾門；其實英軍在摩爾門的「不堪一擊」，並非日軍戰力強大，而是英軍根本無心防衛緬甸，而將重心放在守住印度上（見後文）。

　　英國為「工業革命」發源地，是「老牌」帝國主義，軍隊擁有當時最先進的武器裝備；故其「不堪一擊」，不在武器裝備，而在「軍人信念」與「戰鬥意志」的淪喪，「摩爾門之戰」赤裸裸反映了這個事實。當時英國殖民地遍及全球，號稱「日不落國」，但以「英倫三島」人口所提供的資源與兵員，實不足以支撐維護殖民利益所需，故必須就地僱傭，充任士兵，軍官幹部則完全由英國人擔任，這就是本文中「英印軍」與「英緬軍」名稱的由來。

　　此等部隊的士兵，只是英國殖民政權下的亡國奴，英人視其為僕役，飽受歧視，沒有人權；他們將軍隊當成寄生苟活之所，得過且過，不會為其殖民主子效忠到送命的地步，所以遇敵則退，遇戰則逃，是很自然的事。而部隊中的英國軍官，養尊處優，富而忘戰，充滿種族優越感，十八、九

---

154 同上註，頁 130、135。
155 同上註，頁 134。

世紀的冒險開拓精神不復存在,現在只會鎮壓殖民地人民,欺凌本土士兵,對戰陣之事早已陌生。這樣組合與背景下的「雜牌軍隊」,縱有精良武器裝備,在「精神力」趨零的狀況下,一旦遇戰,焉能不敗?

本戰,日軍以迅雷不及掩耳之勢,占領了摩爾門,不但嚇破了緬甸英軍的膽子,也獲得了如下的巨大戰略利益;其一:可以經此由平原地形,直接攻略仰光,從源頭截斷「滇緬公路」,達到封鎖中國之目的。其二:摩爾門有機場,可由此推進空軍支援兵力,有利爾後作戰空權之爭取。其三:摩爾門有港口,只要打通麻六甲海峽,即可建立運輸量大、又迅速的海上「補給線」,以取代補給量小、費時又崎嶇難行的山路「交通線」。

由於日本陸軍大本營對「南方軍」之攻占摩爾門深具信心,並欲以摩爾門為跳板,攻略整個緬甸;故幾乎在第15軍發動「摩爾門之戰」的同時,即開始著手擬定攻略緬甸的計畫作為(見後文)。因此,「摩爾門之戰」的迅速致果,應是「南方軍」決心「攻略緬甸」的重要因素。也就是說,此「攻略緬甸」決心的基礎,就建立在占領有機場與港口的摩爾門之上;職是之故,摩爾門之占領,對「攻略緬甸」當有「臨門一腳」的意義與價值。

第三章

英軍「棄緬保印」一路不戰而退

第一節｜英軍西唐河的慘敗

第二節｜英軍不戰而放棄仰光

第三節｜國軍成了英國「棄緬保印」的犧牲品

第四節｜日軍的「曼德勒會戰」構想

二戰時期，緬甸與印度都是英國殖民地，緬甸在1937年4月1日以前，且被英國劃為印度的一個省；故當日軍發動「南方作戰」之時，英國對緬甸戰略地位的評估，僅著重在其對印度防務的價值上。[1]換言之，面對日軍來攻，英國只是拿緬甸當作屏障印度的棋子而已，當狀況危急而英國力有未逮時，隨時都可放棄，以便集中所有力量，守住印度；這樣的戰略思考，筆者姑以「棄緬保印」名之。投射在心理上，即為英緬軍士氣低落與無心保緬；反應在指揮系統上，就是「英緬軍」受「英印軍」總司令的節制。

英軍的「棄緬保印」，在「摩爾門之戰」中不戰而退已見端倪，其具體的實踐，則毫無遮掩地出現在1942年3至6月，緬甸的後續作戰中；「仁安羌之戰」就發生在4月中旬。

1　Robert Woollcombe, "*The Campaigns of Wavell, 1939-1943*" (London: Cassell & Company, Ltd., 1959), p.160.《緬甸攻略作戰》，頁10，亦載：「一九三七年緬甸自印度之一省分離。」

第三章 | 英軍「棄緬保印」一路不戰而退　　第一節 | 英軍西唐河的慘敗

第一節

英軍西唐河的慘敗

　　1942 年 1 月 31 日，日軍占領有港口與機場的摩爾門，有了進攻仰光、繼而攻略整個緬甸的「前進基地」。先是，日軍大本營於 1942 年 1 月 22 日，以「大陸令第 590 號」，對「南方軍」下達「提早發動緬甸作戰」命令 (見前文)；當時可能因為第 15 軍正在專心進行「攻略摩爾門之戰」的緣故，所以直到第 15 軍占領摩爾門 10 天之後，也就是 2 月 9 日，該軍才接獲「南方軍」之「第十五軍司令官應於現行作戰之後，繼續設法擊滅敵軍，以進入仰光地方，盡可能在北方遠處獲得地盤，準備指向曼德勒及仁安羌附近之作戰」命令。[2]

　　但第 15 軍飯田司令官於接到「南方軍」2 月 9 日「繼續攻擊」的命令後，又推遲了 8 天才開始行動；筆者認為，應是等待補給資材，除糧食、彈藥之外，最迫切需要的火砲 (按，通過泰、緬邊境時，1 個山砲中隊只攜行

2　《緬甸攻略作戰》，頁 195。

了1門砲（見前文）、戰車與渡河器材的到達。2月17日，第15軍在拉罕通往夜速之山區簡易道路大致完成，及軍後續作戰所需之彈藥與資材補給問題解決後，飯田司令官始基於「南方軍」2月9日之指令，於2月17日下達該軍向西唐河（錫當河，Sittang River）方面「繼續攻擊」之命令。[3] 其要旨如下：

> 一、軍以攻略仰光為目的，首先向西唐河畔前進。二、第三十三及第五十五師團於二月二十日，通過比林河之線，一面擊滅當面之敵而進入西唐河畔，並準備爾後之前進。三、兩師團之作戰地境線⋯為連接東塔密河、天賽、威耀、卡馬賽、寧巴星、考卡都、奴加明、庫查溫、塔溫加（考卡都北二公里）、陶貢之線，線上屬於左兵團。[4]

飯田司令官為專心執行「南方軍」賦予之入緬作戰任務，乃將泰國方面事宜之處理，全權委由該軍參謀副長守屋精爾大佐負責；而於2月15日，將該軍之「戰鬥指揮所」，由泰國邊境的夜速，推進至緬甸的摩爾門。[5] 1942年2月17日，第15軍向西唐河之攻擊計畫，如圖3-1示意。[6]

3　同上注，頁197。
4　同上注。以上地名，見：圖3-1；左兵團，指第55師團。
5　同上注。
6　本圖之調製，係根據：同上注，頁199，插圖14「向西唐河畔之第十五軍攻擊部署概圖」。

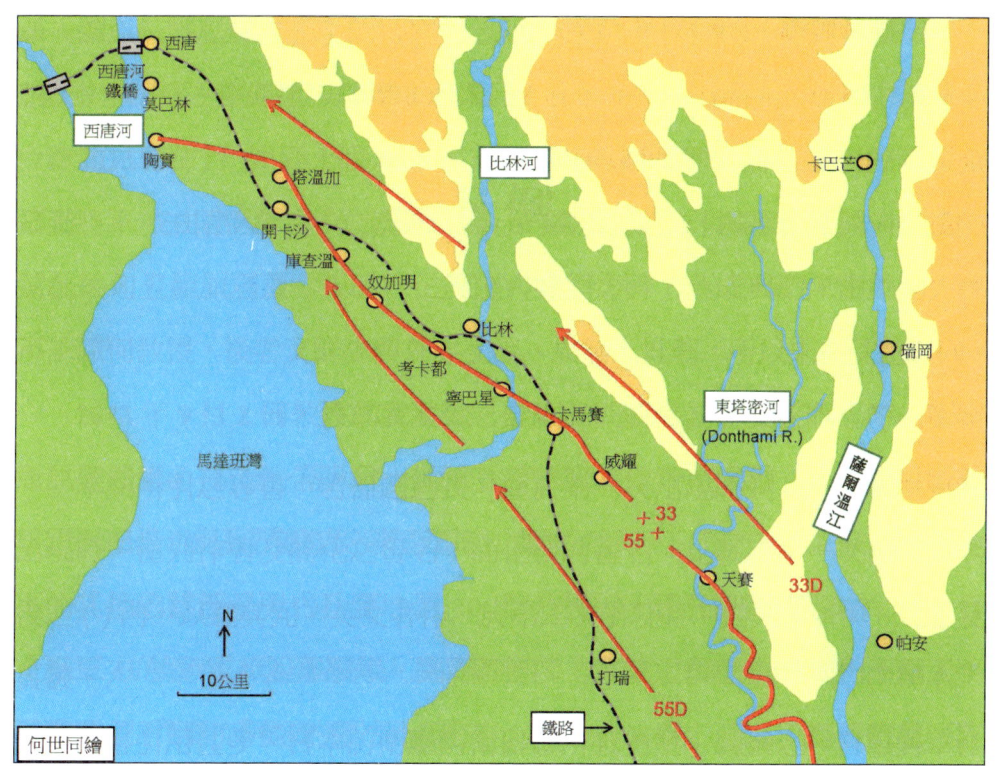

圖 3-1 ／ 1942 年 2 月 17 日，第 15 軍向西唐河之攻擊計畫示意

但是，第 55 與第 33 兩個師團並未等待軍之命令 (等同「自行決定」)，而分別於 2 月 8 日及 10 日深夜，各自以徵用之民船，梯次渡過薩爾溫江，自行向西「擴張戰果」；而當第 15 軍飯田司令官於 2 月 17 日下達攻擊命令時，這兩個師團早已通過該軍預定之「攻擊發起線」，正競相向西唐河發動追擊中，並於 23 日入夜前，掃蕩了所有西唐河以東未及脫逃之英軍。[7]

7　同上注，頁 197~198、202~208。

先是，第 55 師團於 2 月 8 日，開始「自行決定」實施薩爾溫江的「渡河作戰」。9 日 0130 時，步兵第 143 聯隊 (宇野聯隊) 第 1、2 大隊，分別自摩爾門及卡多，以民船溯航薩爾溫江，排除微弱之抵抗，登陸於莫比 (Hmawbi)；1000 時，占領了雷多邦。另一方面，步兵第 112 聯隊 (小原澤聯隊) 呼應宇野聯隊之行動，從摩爾門直接渡河，攻擊對岸的馬達班，於 1000 時左右，進入薩爾溫江北岸 (以上地名位置，見圖 2-12)。爾後第 55 師團以宇野聯隊為「追擊部隊」，於 16 日占領打瑞 (Theinzeik)，17 日在打瑞始接獲「軍之攻擊命令」，19 日在比林河右岸擊破擁有裝甲車之英軍逆襲。20 日，第 55 師團與第 33 師團並肩通過比林河之線，向西唐河畔推進；22 日，第 55 師團占領開卡沙 ((Kyaik Ka Thar，以上位置見圖 3-1)，協力第 33 師團肅清西唐河東岸之英軍。[8]

　　值得注意的是，日軍在向西唐河前進期間，「制空權」掌握在英軍手中；故晝間日軍行動受到很大限制，只得全部改在夜間機動。英機之轟炸，每日數次有規律的實施，每次都造成死傷，尤其馬匹損害不少。[9]

　　第 33 師團方面，於 2 月 10 日日沒後，亦「不待命令」(等同「自行決定」) 開始以民船梯次渡過薩爾溫江；11 日，師團主力在西岸叢林中集結，入夜即急襲帕安隔江之庫塞 (位置見圖 2-12) 附近英印第 17 師第 46 旅約 1

8　同上注，頁 202~203。
9　同上注，頁 203、205。

千餘人之陣地,並於 12 日 0900 時,將其擊潰。[10] 當時該師團尚未接獲軍之前進命令,但師團長再度「擅自決定」,以作間部隊 (步兵第 214 聯隊〔欠第 3 大隊〕、山砲中隊 1、工兵小隊 1) 在北,原田部隊 (步兵第 215 聯隊) 在南,師團主力跟隨原田部隊前進,於 2 月 14 日日沒時,向西唐河方面發起追擊;[11] 但因英軍擁有空優,故日軍之行動全部在夜間進行,已如前述。

至 2 月 17 日,第 15 軍下達前進命令時,第 33 師團亦「自行決定」,早已渡過薩爾溫江,於 19 日晨攻抵比林河畔,在 19 日到達比林河畔的第 55 師團協力下,向西唐河畔追擊退卻之英軍。原田部隊於 22 日黎明時分,進入西唐河東方 6 公里的賓卡多貢後,概由該地區分兩支,以先遣隊 (步兵第 1 大隊主力、山砲小隊 1、工兵中隊 1) 急襲占領 135 高地,主力則從南方急進至西唐鐵橋 (以上位置見圖 3-2)。[12] 135 高地俯瞰西唐鐵橋,是「制敵於死地」的制高點,先遣隊於 1030 時攻抵高地之頂點;但英軍亦展開猛烈之逆襲,數十門火砲集火於此彈丸高地,先遣隊連續拚鬥一晝夜。[13] 英印軍在西唐河畔部署陣地狀況,見照片 3。

10　同上注,頁 204~205。
11　同上注。
12　同上注,頁 206~207。
13　同上注,頁 207。

照片 3 ／ 1942 年 2 月，英印軍在西唐河畔部署陣地狀況

此其間，以 135 高地為主軸，原田部隊主力從其南側進入，作間部隊也逐次到達戰場；第 33 師團直轄之「追擊隊」(1 個步兵大隊) 亦同步進入，逐漸縮小其包圍圈，將英軍壓迫至西唐河東岸。這時候，第 55 師團的 1 個步兵大隊，適時加入戰鬥，戰況進入最後階段。[14] 地區之英軍，以英印第 17 師第 16、46 旅為主的兵力，大部分因西唐河上的唯一大橋，於 2 月 23 日 0600 時左右，為英軍自行炸毀，使得除了從莫巴林 (Moke Pa Lin，位置見圖 3-2) 以南利用舟船退卻者，及一部跳入西唐河逃生外，其餘留置於東岸，無法撤退的部隊，至 23 日黃昏時刻，完全被日軍掃蕩，西唐河畔之戰鬥，由是結束。[15]

但西唐鐵橋破壞後，也有 3,389 名英軍，利用夜暗，攜帶 1 千支步槍，

---

14 同上注，頁 207~208。
15 同上注，頁 208。

泅渡到西岸脫逃。[16] 至於這麼多英軍能泅渡逃生的原因，係其曾在中東及印度受過良好之游泳訓練。[17] 筆者出身軍旅，對此感到不解的是，這麼多「武裝泅渡」高手，為何在戰場上會表現得如此脆弱？1942年2月23日，日軍第33師團進攻西唐河戰鬥狀況，如圖3-2示意。[18]

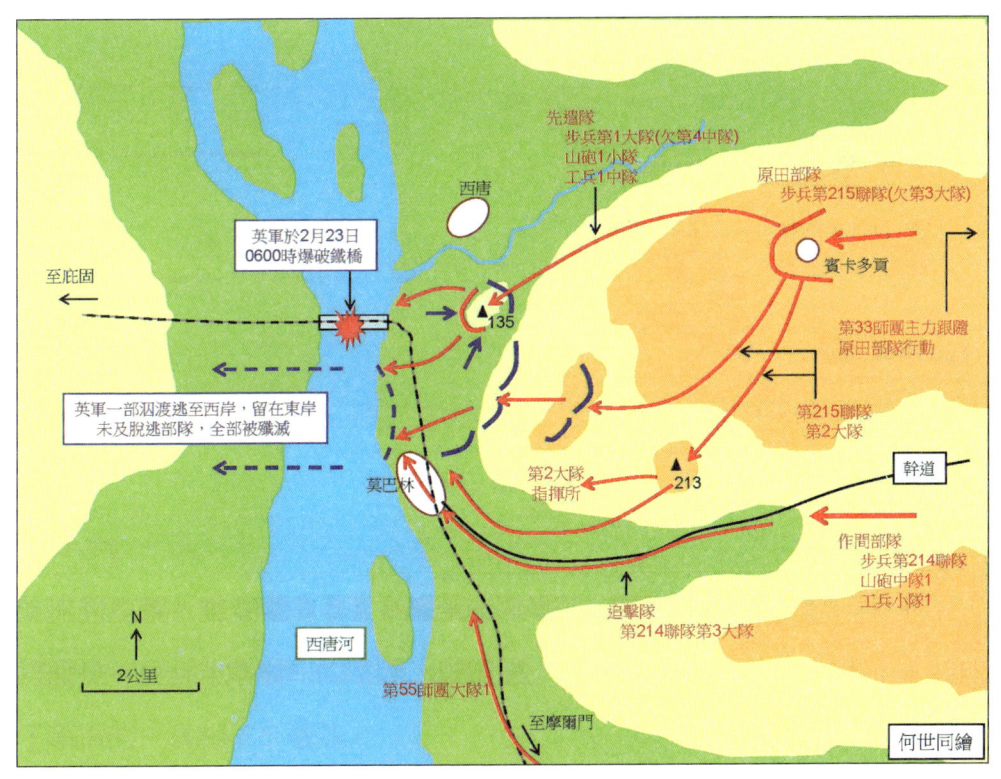

圖 3-2 ／ 1942年2月22至23日，日軍第33師團進攻西唐河戰鬥狀況示意

---

16 田玄，《鐵血遠征》(桂林：廣西師範大學出版社，1994年12月)，頁58~59。李德哈特著，《第二次世界大戰戰史》，冊1，頁370，載：「只有三千五百人勉強的逃回了，其中有槍的不及半數」，可參。
17 晏偉權・晏歡，《魂斷佛國》(上海：上海書店出版社，2015年8月)，頁153。
18 本圖調製，根據：《緬甸攻略作戰》，頁207~210資料；及同書，頁210，插圖18「第三十三師團西唐河畔戰鬥概圖」。

值得注意的是,在日後的「仁安羌之戰」中,**原田部隊**正是「正面追擊部隊」;而**作間部隊**則是「迂迴攔截部隊」,但後者於 4 月 19 日,被劉放吾率領的國軍第 113 團擊潰,後文有詳述。觀察發現,從渡過薩爾溫江至西唐河作戰為止,第 15 軍所轄兩個師團之進擊,與軍之指導間,似存有若干齟齬;戰後,第 15 軍飯田司令官在回憶錄中,曾就此兩師團等同「不聽指揮」、「擅自決定」的「不待命令」,而「自行發起攻擊」一事,作出如下批評:

> 此一作戰乃第一線之兩師團到處擊破敵軍,尤其在西唐河畔,給予敵人重大創傷,獲得輝煌戰果,而使人認為軍之統御領導正確有效,其實不然。軍實際上是在設法壓抑第一線師團之前進,但無能為力,乃至被牽引至西唐河為其真正之原委。當時,我對兩師團之戰鬥力甚感不安,因為必須通過連驅馬之通過亦非常困難之泰緬邊境,而兩師團在編制裝備上極度受限,況且師團徒有其名,實係編成上虛弱之師團〔兩師團均為步兵二個聯隊,山砲二個大隊基幹〕,因此戰力相當弱,尤其行李輜重等之補給工具,大部分尚無著落,其狀況並不樂觀。到底如何迅速進行作戰?不無疑問;若勉強發動作戰,而功虧一簣,讓敵人從容逃逸,如何是好?…那麼此期間補給工具之不足如何處理?此係利用緬甸人最重視之運輸工具,亦即以牛車來充數。[19]

---

19 《緬甸攻略作戰》,頁 209~210。

飯田對「狀況並不樂觀」而感到不安，不是沒有道理；因為兩個缺編、減裝、「補給線」長且極度脆弱、用「牛車」當運輸工具的師團，戰力本就有限，又經連續戰鬥，戰力更是不濟；現在再以「急迫渡河」方式，通過薩爾溫江、比林河兩道與進攻路線「垂直」的地障，兵力多次呈現「前後分離」狀態。若當時具有「制空權」的英軍，能利用這兩條河流對日軍的分割，不失時機，組織「誘敵深入」的「口袋戰法」，則日軍的如此莽撞行動，極可能被英軍「各個擊滅」，全殲於薩爾溫江、比林河之間地區。但最後日軍獲得全勝，反而殲滅了地區內的所有英軍；筆者認為，那是因為英軍在「棄緬保印」氛圍中，根本沒有防衛緬甸之計畫與決心，部隊更無鬥志，稍戰或不戰即退所致，而非日軍戰力堅強之故。

第二節

英軍不戰而放棄仰光

　　1942年2月23日，日軍第15軍飯田司令官隨戰況之進展，將「戰鬥指揮所」推進至開卡沙，並於24日在西唐河以東地區，逐次完成各部隊之集結與整頓，至27日始下達3月3日「繼續攻擊」之命令。[20] 但為何第15軍會在西唐河右岸一共停留9天？而一向行動積極的2個師團也甘於蟄伏？根據飯田的回憶，其原因是：「軍之編制裝備極為薄弱，尤其西唐河之河幅極廣，潮汐落差很大，渡河必須有相當之準備。」[21] 筆者認為，飯田所說的「相當之準備」，除了整補糧彈外，主要應是等待戰車與架橋部隊到達。

　　2月27日，飯田在上述部隊及物資陸續到位後，才下達「渡河攻擊」命令，要旨為：軍決心於3月3日入夜，渡過西唐河，以**第33師團**(配屬渡河材料第10中隊之主力)在右，由勃固山脈南側，迂迴攻向仰光北方，先將作戰地區推進至毛比(茂比、馬烏賓，Hmawbi)及禮固(萊古，Hlegu)

20　同上注，頁232。
21　同上注，頁235。

之線。**第 55 師團主力**(配屬渡河材料第 10 中隊一部、獨立速射砲第 11 中隊、戰車第 2 聯隊輕戰車中隊)在左,奪取庇古(勃固,Pegu),並準備沿「仰曼鐵路」(仰光至曼德勒)北上作戰。[22]

另以第 55 師團之第 55 騎兵聯隊(配屬步兵第 143 聯隊第 2 大隊、山砲第 55 聯隊第 8 中隊),編成「**川島支隊**」,先於 3 月 2 日渡過西唐河,向北挺進至代庫(岱烏,Daik-U)附近,掩護軍之北翼安全。又以第 55 師團步兵第 112 聯隊第 1 大隊編成「**西利安支隊**」,於 3 月 3 日渡過西唐河後,立即向西利安(沙廉,Thanlyin)方向急進,力求確保該地之重要設施(按指大煉油廠)。[23] 1942 年 3 月 2 日至 4 日,日軍第 15 軍攻略仰光兵力運用計畫,如圖 3-3 示意。[24]

---

22 同上注,頁 198、232~233。按,架橋材料第 10 中隊原屬河內的第 23 軍司令部,戰車第 2 聯隊輕戰車中隊原屬留守近衛師團,獨立速射砲第 11 中隊原屬留守第 5 師團,均於近期改配第 15 軍,陸續到達戰場,增援緬甸作戰;見同書,頁 254~255。
23 同上注,頁 232~233。
24 本圖參考:同上注,頁 246,插圖 21「庇古、仰光攻略經過概圖」。

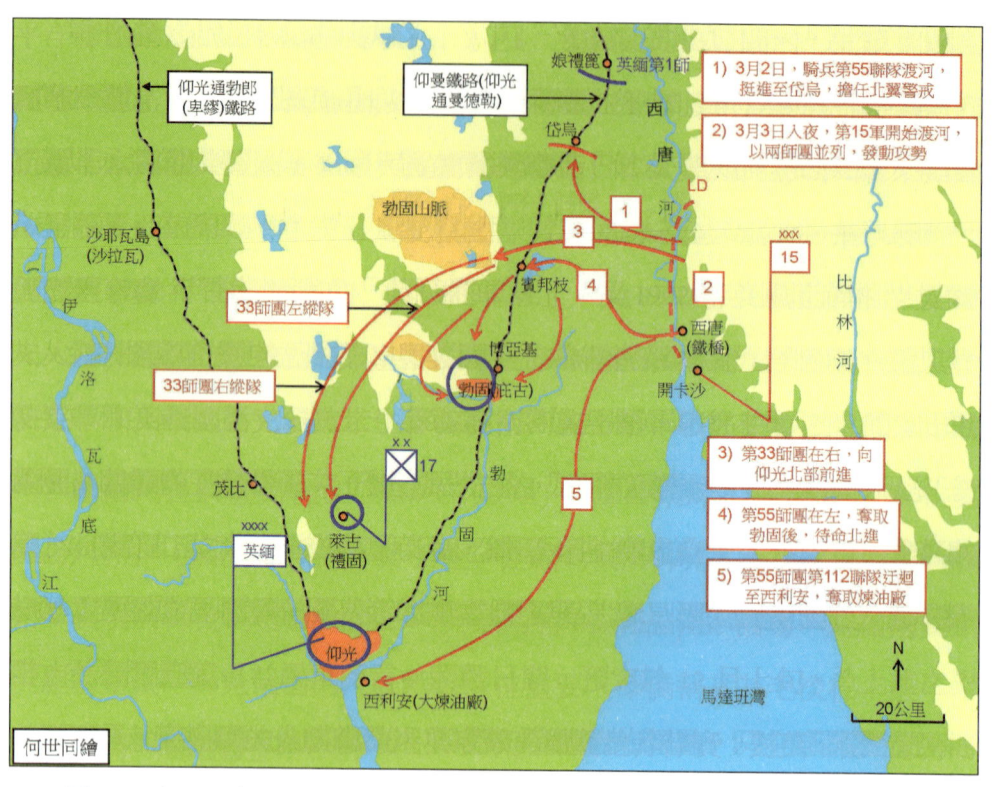

圖 3-3／1942 年 3 月 2 日至 4 日，日軍第 15 軍攻略仰光兵力運用計畫示意

　　第 55 師團主力於 3 月 3 日渡過西唐河後，4 日進抵庇古北面，直接截斷連接「滇緬公路」的緬甸「中央鐵路」(即「仰曼鐵路」)，並包圍地區英軍，雙方展開激烈戰鬥。有關英軍之兵力，英國人的說法是：「正在那裡集合的史密斯殘部和少許援兵」。[25] 日軍的情報是：「擁有戰車及裝甲車

25　李德哈特著，《第二次世界大戰》，冊 1，頁 370。按，史密斯即英印軍第 17 師師長。

合計約一百輛之約五千名之敵軍」；^26 這是發現了英軍裝甲第 7 旅在附近的活動。7 日 1600 時，英軍放棄庇古，向仰光方向退卻，第 55 師團遂占領庇古。^27

至於直奔西利安的第 55 師團步兵 112 聯隊第 1 大隊，一路並無敵情，但因途中缺水，又受許多小河流阻礙，於 3 月 9 日 0800 進入目標區時，當地的大煉油廠已被英軍自行破壞，燒燬殆盡，正冒著濃密黑煙；該大隊「確保重要設施」之任務，於是失敗。^28

第 33 師團於 3 月 3 日渡過西唐河後，經過 3 天的「急行軍」，概已到達仰光以北約一日行程之線；3 月 6 日，師團接獲軍「向仰光突進，求敵予以擊滅」之命令，櫻井師團長乃於 7 日昏終後，以步兵第 214 聯隊為「左縱隊」，第 215 聯隊為「右縱隊」，師團其餘部隊跟隨「右縱隊」之後，兩路並進，直趨仰光。^29 這兩個聯隊，就是參加後述「仁安羌之戰」的「作間部隊」與「原田部隊」。

櫻井師團長預料，若英軍意欲固守仰光，戰鬥可能陷於膠著，因此考慮切斷水管或利用輸油管火攻。但在挺進過程中，除「左縱隊」與庇古方面退卻之英軍發生「遭遇戰」，行動受阻外；「右縱隊」從茂比以東南下，

---

26 《緬甸攻略作戰》，頁 244。按，100 輛戰、甲車，約為 2 個戰車營的兵力；從「料敵從寬」的「情報判斷」角度看，英軍應有 1 個裝甲旅的兵力在附近。
27 同上注，頁 246。
28 《緬甸攻略作戰》，頁 247~248、252。不過日方資料所載，該大隊既「受許多小河流阻礙」，卻「途中缺水」，說法似有矛盾。
29 同上注，頁 249~250。

一路順利,未遇任何抵抗,其先頭部隊於 8 日凌晨,由仰光西北方向進入市區,時英軍早已撤離,日軍遂「兵不血刃」地占領了仰光,日本人對此的說法是「不流血占領」。[30]

第 15 軍進入仰光後,其攻略緬甸的「第一期作戰」目的已達成,乃立即著手整頓部隊,以恢復戰力,準備「第二期作戰」。根據日軍清點戰場的資料,「第一期作戰」英軍的戰損約為:英軍 2 個營、英印軍 6 個營、英緬軍 7 個營;並判斷英軍殘存之兵力概為:英軍 3 個營、英印軍 9 個營、英緬軍 16 個營,另有 1 個裝甲旅,總兵力約 2 萬人。[31] 而根據 3 月 10 日發表的「南方軍特情」,第 15 軍自開戰以來的戰損是:陣亡 385 人,負傷 478 人;[32] 較之英軍,相對輕微。

另一方面,正當日軍渡過西唐河,進抵庇古北面,截斷了「仰曼鐵路」,並與地區英軍展開激烈戰鬥之際,「英國駐印度軍」(簡稱「英印軍」)總部參謀長亞歷山大 (Harold Alexander) 中將於 3 月 5 日來到仰光,從原任「英緬軍司令」胡敦中將手中,接管了「英國駐緬甸陸軍」(簡稱「英緬軍」)

---

30 同上注,頁 250~251。
31 同上注,頁 253、261。
32 同上注,頁 380。按此資料係由當時南方軍第 1 課高級參謀石井正美大佐 (後升少將) 持有並保存;見同書,頁 840~841,注 28 條。

的指揮權；1941年12月28日才上任的胡敦，則被降為亞歷山大的參謀長。[33]

先是，1941年12月12日，英國參謀本部將「英緬軍」交由「英印軍」總司令魏菲爾(Archibald P. Wavell)指揮；[34]1942年1月7日，「ABDA」(即美、英、荷、澳之縮寫)盟軍總部在荷屬東印度群島(今印尼)的爪哇成立，魏菲爾出任總司令；[35]自此時開始，魏菲爾就成了盟軍在東南亞方面的最高軍事指揮官。

亞歷山大到職後的第一個決心，就是「死守仰光」。其就任第一天(3月5日)的下午，即至禮固英印第17師司令部，命令該師殘餘部隊，在剛由仰光登陸的英澳第63旅(軍官由英國與澳洲人充任，士兵來自印度)及裝甲第7旅(旅長安斯提斯〔John Henry Anstice〕准將(戰車約150輛)

---

33 李德哈特著，《第二次世界大戰戰史》，冊1，頁370。有關胡敦被降為亞歷山大的參謀長，見：《緬甸攻略作戰》，頁286；及蔣緯國編著，《抗日禦侮・滇緬路作戰》(台北大直：三軍大學，1978年10月31日)，頁183。但兩書均載亞歷山大於1942年3月到達仰光時的階級為上將，似有誤植。但《緬甸攻略作戰》，頁474，又載亞歷山大接掌英緬軍時為中將，前後不一，惟無關本文論述。按，亞氏於1942年8月15日，在開羅接替「阿拉敏(Alamein)之戰」失敗的奧欽列克(Claude John Eyre Auchinleck)上將，出任英軍「中東戰區總司令」時，始晉升上將。其調任該職過程，見：李德哈特著，《第二次世界大戰戰史》，冊2，頁73。
34 《緬甸攻略作戰》，頁31。
35 李德哈特著，《第二次世界大戰戰史》，冊1，頁357。

支援下，即向庇古日軍發起「反擊」[36]（裝甲第 7 旅之裝甲車輛，見照片 4）；並命令在同古方面的英緬軍第 1 師（師長史考特〔Bruce Scott〕少將），也由娘禮篦（良禮彬，Nyang Lay Pin）方面南下，攻擊庇古日軍之側背，企圖扭轉不利情況。[37] 但英澳第 63 旅向庇古前進時，先行之旅長及 3 位營長在中途遭到日軍伏擊，全部傷亡，致反擊作戰只打了數小時，就受到頓挫；7 日 1600 時，亞歷山大下令放棄庇古，日軍第 55 師團旋即占領庇古。[38]

---

36 按，英印第 17 師原由步兵第 44、45、46 旅組成，其中第 44、45 旅運送至馬來前線，後來在新加坡成了日軍的俘虜；其用在緬甸戰場者，只有師司令部和第 46 旅而已，但此旅也在 2 月 23 日結束的「西唐河之戰」中，幾乎被日軍殲滅，致該師已無可用兵力。因此，亞歷山大遂將英澳第 63 旅、英印第 16 旅（原屬英緬第 1 師）、英印第 48 旅（原屬英印第 19 師，1 月 31 日到達仰光）編入該師，使後者仍維持 3 個旅的兵力。見：《緬甸攻略作戰》，頁 24~26、457。第 46 旅則解散，以其兵員補充第 16、48 旅；見同書，頁 284。又，裝甲第 7 旅之戰甲車數量，見：蔣緯國，《抗戰禦侮・滇緬路作戰》，頁 161。

37 李德哈特著，《第二次世界大戰戰史》，冊 1，頁 370~371；及《緬甸攻略作戰》，頁 286~87。另，英澳第 63 旅於 1942 年 3 月 3 日由仰光上岸，成為英國增援緬甸作戰之最後到達部隊，因其編入英緬軍第 17 師，故又稱其為英印軍第 63 旅；見：同上注，頁 27、285。裝甲第 7 旅於 1942 年 2 月 21 日到達仰光；見：《緬甸攻略作戰》，頁 27。

38 《緬甸攻略作戰》，頁 247、287。

照片 4 ／ 1942 年 2 月下旬，在仰光街頭之英軍裝甲第 7 旅裝甲車輛

　　諷刺的是，亞歷山大在下令放棄庇古的前一天、也就是 6 日午後，即已決定於 7 日 1400 時，對仰光實施全面爆（破）壞；同時，著令仰光守軍及在庇古、禮固方面的所有部隊，立即轉進至沙拉瓦（沙耶瓦島，Tharrawaddy）待命；[39] 亞歷山大就如此不戰而放棄了仰光。1942 年 3 月 4 日至 9 日，英軍棄守仰光過程，如圖 3-4 示意。[40]

39　李德哈特著，《第二次世界大戰戰史》，冊 1，頁 371。蔣緯國，《抗戰禦侮・滇緬路作戰》，頁 169，所載略同。
40　本圖係彙整前述相關資料，並參考：《緬甸攻略作戰》，頁 287 所述狀況，自行調製。

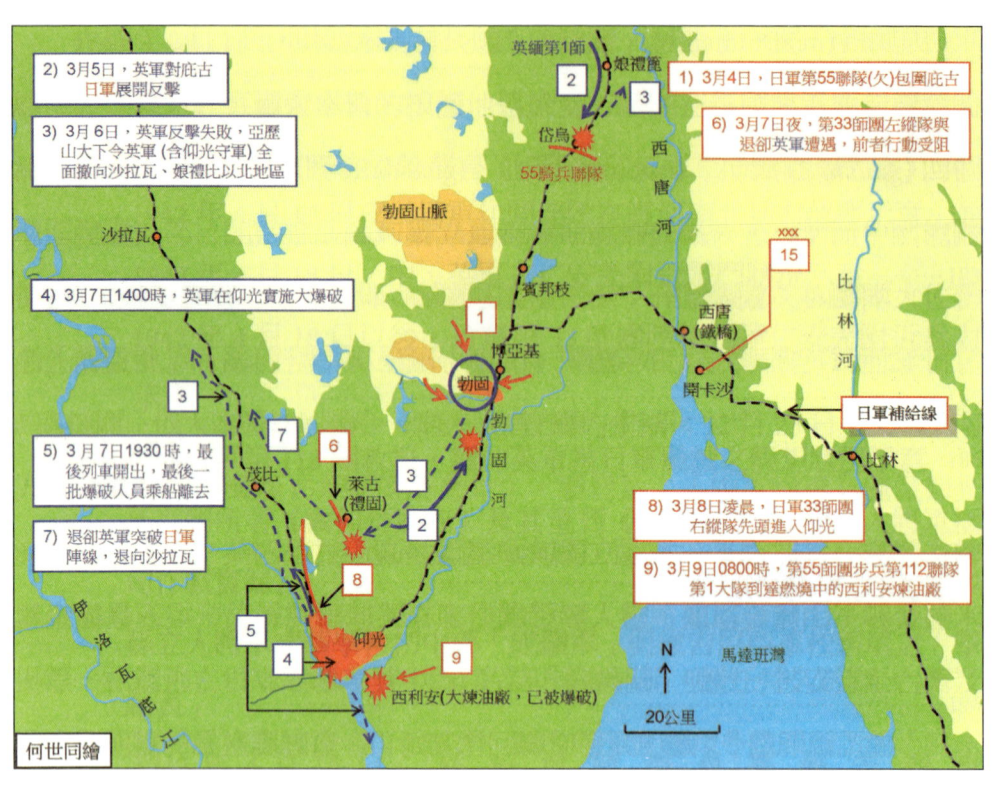

圖 3-4 ／ 1942 年 3 月 4 日至 9 日，英軍棄守仰光過程示意

英國人無心保緬，在摩爾門的不戰而退中，已見端倪；其後，在西唐河的戰鬥中，愈見明顯；及至仰光的焚城撤守，幾乎已是不爭的事實，只是不能公開承認、尤其不能讓中國人知道而已。觀察整個棄緬過程，先由

胡敦開其端；[41]再由「敦克爾克大撤退」的「英雄人物」亞歷山大接其手。[42]當然，幕後決策者，就是英國在遠東地區的頭號人物魏菲爾；而最大的受害者，就是「中國遠征軍」。

先是，2月26日，國民政府軍事委員會「技術研究室」譯出署名「坪上貞二郎」24日自曼谷發至東京之密電，文中謂：「…軍方決定，無論如何遲緩，期在三月十日陸軍紀念日以前，攻佔仰光…」[43]。中國除立即將此情報告知英方外，蔣介石委員長也在3月2日晚間於臘戌會晤魏菲爾時，提醒其注意。[44]蔣認為，日軍於2月末占領西唐河以東地區後，行動似乎停了下來，那是對中英聯軍動向尚未判明，及等待援軍到來的緣故。但魏並

41　胡敦除了放棄摩爾門、撤守西唐河外，早在摩爾門未失守前的1942年1月22日，即下令將儲存在仰光之物資與油料，以1個月時間，後撤其4分之3至曼德勒；見：《緬甸攻略作戰》，頁218。另一方面，1月底，緬甸政府當局也開始向北遷移，迄2月第3週，除了軍部重要幕僚幹部及管理部門以外，均撤離仰光，城市的50萬人口也減了一半(此亦與日機轟炸有關)；2月28日，仰光只留了最後抵抗所需者，其餘已全部遷離。見同書，頁285。
42　1940年5月26日，英國海軍部啟動「發電機作戰」(Operation Dynamo，即「敦克爾克撤退」代名)時，邱吉爾曾嚴令英國遠征軍總司令郭特勳爵(Lord Gort)，一旦英軍在敦克爾克待撤的兵力約等於3個師時，渠必須將遠征軍指揮權交給下屬的一位軍級指揮官，以免郭特萬一被俘，造成其個人及國家形象損失。31日，當英軍在法國灘頭人數已不足2萬人時，郭特搭船返英，時第1軍軍長布魯克中將也已隨部隊先行，亞歷山大遂以第1師師長身分，代理軍長(同年12月調任英國南方軍區司令，並晉升中將)，負責指揮最後撤退任務，因此成了英雄人物。見：吳圳義，《邱吉爾與戰時英國(1939~1945)》(台北：台灣商務印書館，1993年1月)，頁258~264，及頁292，注59。
43　1942年2月26日，賀耀祖致蔣介石電；收入：周琇環、吳淑鳳、蕭李居編輯，《中華民國抗日戰爭史料彙編—中國遠征軍》(台北：國史館據原件影印，2015年7月)，頁039，國史館典藏號：002-090103-00013-005。以下凡有典藏號者，均為原件；本書第二次出現時，簡稱《中國遠征軍》，僅列第一作者。
44　抗戰歷史文獻研究會編輯，《蔣中正日記—民國三十一年(1942年)》，頁33，3月2日條。

不以為意,對蔣說:「西唐河下游水深河寬,日軍一時不會來犯。」[45] 由爾後日軍之行動看來,魏氏顯然玩忽於「危機處理」,無知於「狀況判斷」。[46]

1942 年 3 月 5 日,也就是日軍包圍庇古的第二天,邱吉爾緊急派遣英印軍參謀長的亞歷山大中將來到仰光,從胡敦手中接管了英緬陸軍的指揮權;胡敦則降為亞歷山大的參謀長,已如前述;但這麼重要的盟軍指揮官人事異動消息,中國在 3 月 8 日始得知。[47] 胡敦原來也是魏菲爾的參謀長,1941 年 12 月下旬才上任,一直對防守仰光的可能性表示懷疑,加上英國高層根本上不曾想到過會丟掉仰光的問題;根據李德哈特的說法,在胡敦領導下的英緬軍會垮得這麼快,因此決定將其撤換。[48]

筆者認為,大軍作戰不是小部隊出操,絕對不能今天想打就打,明天想退就退;而即便要退,也要按照「退卻作戰」的指導要領,按部就班來實施,而不是毫無章法的說走就走,這是任何一個「指參軍官」都應該具有的基本素養。看來,與邱吉爾一樣,出身於英國桑德赫斯特皇家軍事學院 (Royal Military Academy, Sandhurst) 的亞歷山大將軍,其軍事學養,似乎並不怎麼出色。

45　高興恩等編纂,《國民革命軍陸軍第五軍軍史》,頁 158。
46　抗戰歷史文獻研究會編輯,《蔣中正日記—民國三十一年 (1942 年)》,頁 34,3 月 3 日條,載蔣介石與魏菲爾第二次會談後,對後者之評語,曰:「彼對敵軍情勢與世界大局太無常識,仍以自私損人,毫無決心,其自大無知之狀,殊為可歎。」
47　周琇環等編輯,《中國遠征軍》,頁 044,林蔚致蔣介石電,國史館典藏號:002-090105-00007-375。
48　李德哈特著,《第二次世界大戰戰史》,冊 1,頁 369~370。

更諷刺的是，胡敦因連續戰敗及對防守仰光不具信心而被緊急撤換，但亞歷山大「死守仰光」的決心，才維持不到一天，就回過頭來採納胡敦的方案。[49] 於是，3月6日午後，亞歷山大下達次日1400時對仰光實施全面爆破的命令；同時，著令仰光守軍，及在庇古、禮固方面的英印軍第17師、英澳第63旅、裝甲第7旅等部隊，立即轉進至沙拉瓦待命；[50] 亞歷山大就此不戰而放棄了仰光，其較之胡敦，其實只是「五十步」比「一百步」而已。

英軍在仰光地區爆破〔壞〕的內容，包括：煉油廠(西利安)、油庫、發電場、動力船、火車頭、汽車、港口及其他公共設施(爆破狀況，見照片5)。惟因時間緊湊，及技術人員不足，爆破〔壞〕並不徹底；諸如：許多倉庫、碼頭、製材廠、碾米廠並無損傷，數百艘船隻仍浮在水面，散置各處的木材、煤、鋼材、架橋材料等物質，也尚完好。這些物質，包括大批美國援助中國的軍品，都隨著英軍棄守仰光，悉數落入了日軍之手。[51]

1941年底，原本在「珍珠港事變」之前，美國即根據「租借法案」承諾提供中國的武器、補給與器材設備(不含給飛虎隊的100架P-40飛機)，總價約1億4千5百萬美元，才只運交了2千6百萬元；其中，多數仍堆

49　同上注，頁371。
50　同上注；蔣緯國編著，《抗戰禦侮·滇緬路作戰》，頁169，所載略同。
51　英軍撤守仰光時，計銷毀了1萬噸資材、180萬公升油料，其中相當大的部分是英國早先非法劫留的美國援華「租借法案」物資；此外，大約還有1萬9千噸的美援中國物資，來不及運輸，落入了日軍之手。See: Clayton R. Newell ,"Burma 1942 "(Washington: Office of the Chief of Military History, 1994), p.12.

放在仰光碼頭，等待運往中國。[52] 仰光陷落後，統統成了日軍的「戰利品」。

照片 5 ／ 1942 年 3 月 7 日，英軍在仰光實施爆破，港口油庫起火冒出衝天濃煙

　　3 月 7 日 1930 時，英軍最後列車由仰光開出，最後一批爆破〔壞〕人員亦搭上汽艇，航向印度加爾各答。[53] 前參謀總長、行政院長郝柏村先生曾

52　陶涵 (Jay Taylor) 著，林添貴譯，《蔣介石與現代中國的奮鬥》(台北：時報文化出版，2010 年 3 月)，頁 217。
53　《緬甸攻略作戰》，頁 287。

言：「人世間最大的浪費，就是打敗仗」；[54] 因為，一旦打了敗仗，戰場上的一切人力與物力資源，都歸敵人所有。對照仰光陷落之狀況，所言極是！

此外，仰光空軍基地的人員與大部分飛機，早都被撤至印度，英緬空軍只剩下馬魏（馬奎、馬格威、麥櫃，Magway）的布爾聯隊（Bur wings，包括陳納德的飛機），及阿恰布（Akyab，今名實兌，Sittwe）的艾克聯隊（AK wings）。[55] 當「太平洋戰爭」剛爆發時，英國雖然在緬甸一共只有37架飛機，分屬3個已經殘缺的戰鬥機中隊；但蔣介石委員長派了陳納德的2個中隊、44架飛機去支援英緬軍，曾有效地擊退日軍對仰光的空襲，並使日機受到「不成比例」的損失。[56] 惟仰光失陷後，雖然英緬空軍在3月底又接收由中東轉來共約150架戰鬥機與轟炸機，但少了仰光基地的戰管與警報系統，這些飛機已經不能再對日機作任何有效的抵抗了。[57]

根據飯田司令官3月9日的回憶：在西唐河戰鬥之前，「敵（英）機」仍積極實施空襲，之後「主客顛倒」，制空權完全落入「我（日）軍」手中，「敵（英）機」幾乎消聲匿跡；原來日軍在晝間行動都有一種危急感，但現在完全沒有這種顧慮。[58] 飯田透露了一個重要的訊息，那就是英緬空軍

54　郝柏村，《教戰記》（台北：軍事迷文化公司，1998年3月），自序。按，本書為筆者所編。
55　《緬甸攻略作戰》，頁288。布爾(Bur)，是Burma(緬甸)的簡稱，仰光失守後，馬魏是英緬空軍唯一能掩護陸軍撤向伊洛瓦底江方面的機場；見：William(史林姆) Slim, "*Defeat into victory-Battling Japan in Burma and India*；(中譯《反敗為勝》) ,N.Y.: Cooper Square Press, 2000.p8. 本書所引內容，均示以筆者自譯之中文，重要或關鍵文字，附上原文。
56　李德哈特著，《第二次世界大戰戰史》，冊1，頁371。
57　同上註。
58　《緬甸攻略作戰》，頁245、248。

早在2月下旬西唐河戰鬥開始時，就已經撤離了仰光，也為英國高層早已決心「棄緬」提供了旁證。

其實，一路向仰光挺進的兩個日軍「缺編」、「減裝」師團，從通過泰緬邊境山隘，到連續強渡3條與攻擊方向垂直的大河，過程不但艱辛，也十分冒險。惟英軍除無心戰鬥，亦缺乏阻止日軍前進的積極行動，與任何「決定性」的作戰計畫；[59] 若非如此，日軍隨時都有全軍覆沒的可能，尤其當英軍裝甲第7旅2月21日到達仰光，投入庇古戰鬥之後。

又根據飯田的回憶：日軍在渡過西唐河後，僅有的1個戰車中隊，在庇古與英軍戰車部隊遭遇，但日軍戰車發射之砲彈，即使命中英軍戰車，亦均被彈回而無法貫穿其裝甲；但英軍戰車發射之砲彈，一經射中日軍戰車，則必定將其貫穿，而一輛輛起火燒燬，致日軍戰車中隊全體陣亡。在此同時，日軍獨立速射砲中隊亦放列全中隊火砲，對英軍戰車實施集火射擊；但砲彈又不能貫穿裝甲而全部彈回，英軍戰車「悠然迫近」，踐踏放列之全部火砲，使其變成一堆「廢銅爛鐵」。因此，日軍一看見英軍戰車出現，只好逃至森林內躲避。[60] 英國到底是老牌工業國家，又是戰車的發明

59　Lewis H. Brereton, *"The Brereton Diaries, The War in the air, in the Pacific, Middle East & Europe, 3 October 1941~8 May 1945 "*, William Morrow & Co., N. Y. 1946, P.107. 作者為美國空軍中將，美軍航空兵先驅，1942年3月5日擔任位於印度德里的美國陸軍「第10航空軍」司令，負責「駝峰空運」，陳納德的「美國駐華空軍」初期即歸其管轄；見：《緬甸攻略作戰》，頁460；及胡聲平，〈第二次大戰期間美軍對中印緬戰區的空中運補〉，收入《空中運補：美軍空運組織的發展與分析》(台北：韋伯文化，2002年9月)，頁103。

60　《緬甸攻略作戰》，頁248。

與首次使用於戰場者,其所製造之戰車,威力似乎遠較日本戰車強大;[61] 可惜的是,英軍沒有好好運用這項戰力優勢。

此外,第33師團於7日昏終後,區分兩路向仰光急進,左縱隊前衛的第3大隊,與從庇古方面退卻的英軍裝甲部隊遭遇,瞬息之間高延大隊長受傷,部隊也受到諸多損害;[62] 左縱隊因此前進受阻,不但未能與右縱隊齊頭進入仰光,也無法擋住英軍之脫離,顯示英軍之戰車,即使在夜間,一樣具有威力。

如果在日軍第33、55師團渡過西唐河進攻庇古時,英緬空軍尚未退出仰光基地,仍有像西唐河以前的戰鬥一樣,能對日軍實施「積極空襲」,也就是英軍至少可掌握戰場的「局部空優」;則英軍在西唐河西岸的戰鬥中,應有戰勝、甚至擊滅突入日軍之能力,而扭轉整個局勢。筆者且試推演此一「假想狀況」:

英緬軍在空軍掩護下,於西唐河至禮固之間地區,實施「機動防禦」,以收容後之英印第17師兵力,一部沿西唐河警戒,主力固守庇古,作為「反擊」之支撐;以裝甲第7旅、英澳63旅,分置於庇古西北與西南地區為預備隊,擔任「反擊」任務;另以英緬第1師主力,向南推移,相機支援庇

---

61 戰車在英國誕生的過程,及1916年9月16日英軍首次使用戰車於第一次世界大戰「索姆河會戰」(Battle of Somme R.,在法國);見:鈕先鍾,《第一次世界大戰戰史》(台北:燕京文化事業,1977年3月),頁378~385。

62 《緬甸攻略作戰》,頁250。高延大隊,即4月17日進抵賓河北岸克敏(Kyemyin)的日軍,見後文。

古方面之戰鬥。

日軍渡過西唐河西進後,當其縱隊拉長、戰力分散之際,看破好機,以裝甲第 7 旅由南,英澳 63 旅由北,在英緬第 1 師協力下,側擊日軍,斷其退路,並將其包圍殲滅於西唐河以西地區。其假想狀況,概如圖 3-5 示意。

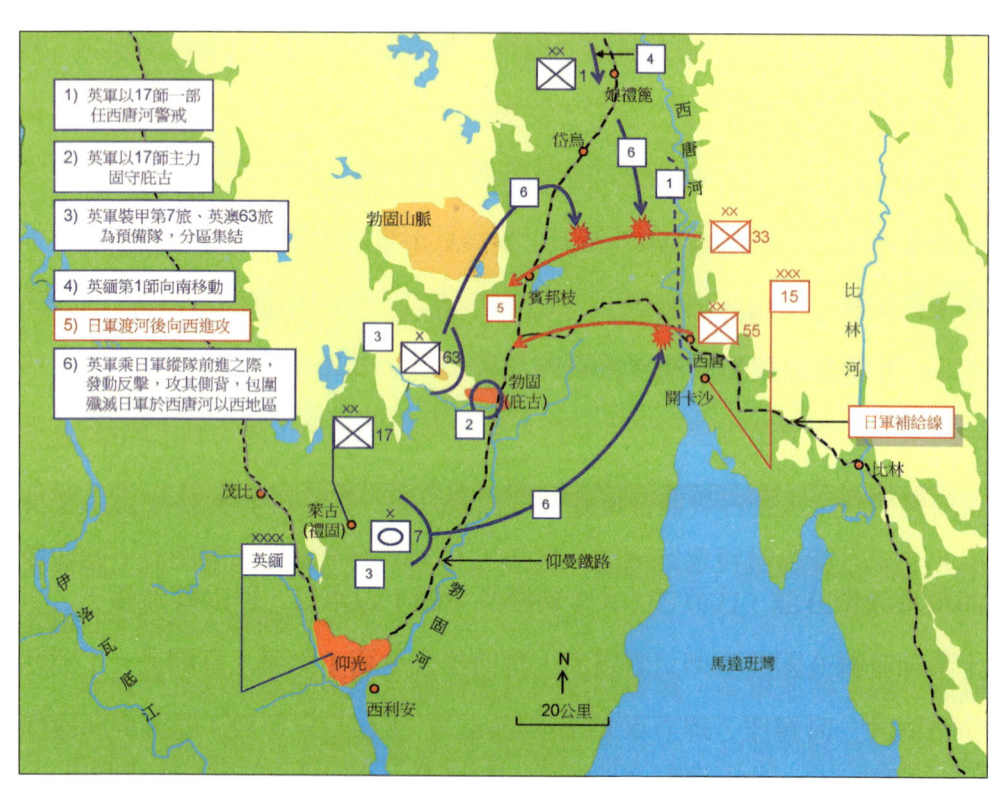

圖 3-5／英軍在西唐河西岸反擊日軍假想狀況示意

本作戰地區大部分為平坦地形,有利裝甲部隊機動。而為因應地區多密林之狀況,裝甲第 7 旅亦可搭配英澳 63 旅的若干步兵部隊,實施「步戰

協同」的「同軸線攻擊」。當地形對戰車有利時,由戰車在前,步兵隨伴攻擊;當地形複雜時,由步兵在前,戰車跟進支援,發揮「一加一大於二」的戰力。況且,3月10日入緬增援英軍作戰的「中國遠征軍」第200師,及第5軍直屬部隊一部(騎兵團、工兵團),已到達同古附近,其南之英緬第1師正面也「僅局部毀壞」;[63] 此時英軍若能堅守庇古數日,等待國軍協同「反擊」,即可能「包圍殲滅」渡過西唐河之日軍於「前後分離」之際。但英軍卻一味「棄緬保印」,不戰而放棄仰光,令人錯愕。

---

63 1942年3月10日,侯騰致蔣介石電;收入:周琇環等編輯,《中國遠征軍》,頁049,國史館典藏號:002-090105-00007-254。按,當時第5軍是中國唯一的「機械化」軍。

第三節

國軍成了英國「棄緬保印」的犧牲品

　　1942年3月5日,英方先以作戰不力,撤換了胡敦的英緬軍司令職務;再於3月上旬,將西唐河戰敗的英印第17師師長史密斯少將調離現職。[64] 但筆者好奇要問的是:為什麼同樣須負丟掉仰光、甚至失掉整個緬甸責任的亞歷山大,不但沒事,而且官愈做愈大,後來還當了元帥、加拿大總督?關於這個問題,李德哈特在他所撰寫的《第二次世界大戰戰史》中,給了亞歷山大一個「虛美」的答案:「在他們的千哩撤退中,英軍在緬甸的兵力終於還是脫逃⋯而自從(按指亞歷山大)決定放棄緬甸之後,對於退卻的執行,也都能保持冷靜的頭腦。」[65]

　　但李德哈特沒有說出口的是,亞歷山大的「功勞」,完全建立在其忠實為魏菲爾執行「棄緬保印」任務之上;而為英軍「墊背擋子彈」者,正

---

[64] 史密斯被撤換後,繼任者為尤旺少將;見:《緬甸攻略作戰》,頁262。另,1942年3月13日,史林牡在普羅美見到的英印軍第17師師長,是Cowan少將;See:William Shim, op.cit, p.23。此人應與日軍所指,為同一人。

[65] 李德哈特著,《第二次世界大戰戰史》,冊1,頁373。

| 第三章 | 英軍「棄緬保印」一路不戰而退   第三節 | 國軍成了英國「棄緬保印」的犧牲品

是 13 萬的「中國遠征軍」。[66]

先是,從 1940 年 10 月,英國重開「滇緬公路」,[67] 到 1941 年 12 月「太平洋戰爭」爆發的這段期間,中國因為擔心失去由仰光出海這條僅存的「國際補給線」,故亟欲出兵助英防守緬甸。然而,1941 年 12 月 24 日,在重慶召開「中、美、英聯合軍事會議」時,英方主代表、兼負緬甸防務的英國駐印軍總司令魏菲爾,卻反對國軍入緬。[68] 他的理由是,對自己的「敵情判斷」與英軍的「作戰能力」充滿自信,認為除非日本人能克服泰緬邊境險峻地形與惡劣交通的阻礙,將無法對緬甸發動大規模攻勢,英軍應可自行應付;[69] 而事實上,日軍果然克服了魏菲爾所說的地形與交通障礙,而攻入緬甸,已如前述。致使中國軍隊已完成作戰整備的 3 個軍,一直滯留在

---

66 據「俞飛鵬呈蔣中正入緬遠征軍第一路兵站設施指導綱要」所載:至 1942 年 4 月 5 日,遠征軍第一路軍入緬作戰部隊約 13 萬人,加上非戰鬥人員,共計約 16 萬人,馬 5 千 5 百匹;見:周琇環等編輯,《中國遠征軍》,頁 066,國史館典藏號:002-020300-00019-042。不過,當時中國軍隊仍有「吃空缺」陋規,中國遠征軍恐亦不能免「俗」,故此應是「冊報數」,實際人數可能較此略少。
67 英國屈服於日本壓力下,於 1940 年 7 月 18 日至 10 月 17 日,封閉「滇緬公路」3 個月,日方為了監視英國對此路之封閉,特別派遣渡邊三郎、平岡閏作等 5 名陸軍大佐,及大野隆海軍大佐,至日本駐仰光領事館,駐點督飭。見:《緬甸攻略作戰》,頁 4~5。英、日封路談判過程,見:吳圳義,《邱吉爾與戰時英國 (1939 — 1945)》,頁 7~9。
68 史政編譯局編印,《抗日戰史》,冊 68,《滇緬路之作戰》(台北:國防部史政編譯局,1966 年 5 月),〈作戰前狀況〉,頁 7。以下本書第二次出現時,書名簡化為:史編局,《抗日戰史・滇緬路之作戰》。
69 見:1941 年 12 月 22 日蔣介石與魏菲爾、勃蘭特會談記錄,收入:《革命文獻拓影》(新北市新店國史館藏),冊 16,頁 131~138;資料來源:齊錫生,《劍拔弩張的盟友—太平洋戰爭期間的中美軍事合作關係 (1941~1945)》(以下簡稱《劍拔弩張》)(台北:聯經出版公司,2012 年 3 月),頁 82,注 17。筆者認為,也應參雜了大英帝國的驕矜,與魏菲爾對中國人的歧視等因素。

滇緬邊境待命(見下文)，坐失有利戰機。

此外，國民政府為了準備入緬作戰，軍委會軍令部於1941年中，特別成立了一個與重慶軍委會軍令部「有同樣職權」的小型「參謀團」，以林蔚中將為團長、阮肇昌中將為副團長，轄林柏生、邵百昌、馬崇六、華振林、林湘等6員中將「高級參謀」，進駐昆明，負責策劃保衛滇緬路及滇省與越、泰、緬邊境之守備事宜。[70]

1941年11月，當滇南情況緊急之時，「參謀團」即令第1集團軍(總司令盧漢，滇軍)、第9集團軍(總司令關麟徵，中央軍)，分別推進至蒙自、河口地區。第5軍由貴州之安順、盤縣，推進至昆明附近；第6軍由貴州之興仁、興義，推進至滇南之開遠，為總預備隊。12月11日，第6軍第93師第277團(加強，團長劉觀隆，組成支隊，是謂「劉支隊」)推進至車里、佛海。12月16日，昆明防務由第71軍接替；同時，第5軍推進滇西之大理、保山待命；新組成之第66軍，預備在第5軍後跟進。但至12月28日，僅劉支隊被英方「允許」入緬，接替英軍景東(景棟，Kyaing-tong)防務。[71]另外，蔣介石委員長還派遣陳納德「飛虎隊」的2個中隊，前往仰光協助

---

[70] 《抗日戰史・滇緬路之作戰》，〈作戰前狀況〉，頁7；「參謀團」編組及成員，見：同書，頁16後，插表2「軍事委員會參謀團組織系統表」；及高興恩等編纂，《國民革命軍陸軍第五軍軍史》，頁147。

[71] 史政編譯局編印，《抗日戰史・滇緬路之作戰》，〈作戰前狀況〉，頁7。另，高興恩等編纂，《國民革命軍陸軍第五軍軍史》，頁147~148；杜聿明，〈中國遠征軍入緬對日作戰述略〉，收入：杜聿明・宋希濂等著，《遠征印緬抗戰》，頁8，所載同。

英軍空防 (見前文)。[72]1941 年 11 至 12 月，國軍在滇緬邊境「戰略集中」狀況，如圖 3-6 示意。[73]

圖 3-6 ／ 1941 年 11 至 12 月，國軍在滇緬邊境「戰略集中」狀況示意

72　1941 年 12 月 26 日，蔣介石與馬格魯特 (亦譯麥格魯德，John Magruder) 會談記錄，收入：《革命文獻拓影》(台北新店：國史館典藏)，冊 15，頁 208~213。資料來自：齊錫生，《劍拔弩張》，頁 81，注 15。
73　本圖係根據上述狀況調製。

魏菲爾拒絕中國軍隊入緬協防的決定,在 12 月下旬赴重慶參加「三國軍事同盟會議」之前,曾寫信向邱吉爾作了報告;不過,邱吉爾雖然歧視中國人,惟其站在英國「國家利益」的立場,並不認同魏菲爾的這項決定。[74]12 月 23 日,邱吉爾將他對這件事的反對態度,以「最機密」、「最速件」電文,告訴正在重慶開會的魏菲爾;[75]但是,魏菲爾居然無視邱吉爾的警告,在會議中表示頂多只考慮接受 3 個團的中國軍隊協防,對於其他部隊入緬,還是一概拒絕。[76]

　　然而,就在魏菲爾拒絕國軍入緬之時,香港失陷,仰光兩度遭到日機空襲,緬甸情勢頓時緊張。[77]英緬軍司令胡敦與美國軍事代表團團長麥格魯特,一看狀況驟然危急,遂先後致電中國,請求國軍援緬;國軍乃於 12 月 28 日,以車里、佛海的第 6 軍 93 師劉支隊,進入緬東的景東、孟勇(孟洋,Mong-yawng)、孟海(Mong-hai)等地,接替英緬軍在泰緬邊境之防務。[78]不過,魏菲爾又擔心大量中國人民可能會尾隨這些軍隊進入緬甸,故嚴格限

74　Hans J. van de Ven, "*War and Nationalism in China, 1925~1945* "(London: 2003), p.29.
75　"*Beamish Papers*", Notes for the week ending July 17, 1942. Archievs Centre, Churchill College Cambridge. 資料來自:吳圳義,《邱吉爾與戰時英國》,頁 49。
76　1941 年 12 月 26 日,蔣介石與馬格魯特會談記錄,收入:中國國民黨黨史會,《中華民國重要史料初編—對日抗戰時期,第三篇:戰時外交》(3)(台北:中國國民黨中央黨部,1981~1988 年),頁 115~119。
77　1941 年 12 月 23、25 日,日本南方軍以第 7 飛行集團(重轟炸機 15、輕轟炸機 27、戰鬥機 30 架、偵察機 5 架)、及第 10 飛行集團(重轟炸機 45 架)的 122 架飛機,大舉攻擊仰光機場及地區重要設施,造成仰光重大傷亡,英軍損失飛機 40 架,惟日軍 98 戰隊長臼井茂樹大佐也在機上中彈陣亡。見:《緬甸攻略作戰》:頁 210~213。
78　高興恩等編纂,《國民革命軍第五軍軍史》,頁 156。筆者認為,胡敦電請中國軍隊入緬,必然經過魏菲爾授意或默許。

制其僅能在薩爾溫江東部及北部的峽小地域內活動。[79]

重慶會議結束之後，魏菲爾於 12 月 26 日發了一封長長的回電給邱吉爾，向邱吉爾解釋：他並沒有拒絕中國軍隊的幫助，在 12 月 23 日會議時，就接受中國第 5 軍的第 49、93 師，但第 6 軍不應移到緬甸邊界⋯云云。[80] 但事實是，1942 年 1 月下旬，當緬南情勢危急之時，魏菲爾才准國軍第 49、93 師進入緬甸景東地區。[81] 對照後文蔣夫人致羅斯福總統行政助理居里 (Lauchlin B. Currie) 的信函內容，魏菲爾顯然對邱吉爾說了謊，而且連第 49、93 兩個師不屬於的 5 軍都弄錯。魏菲爾的電文原件還提到：

> ⋯在委員長要求一條純粹屬於中國的交通線，以及中國軍隊不應與我們的軍隊混在一起，一個當時不可能履行的條件之後，我所要求的第六軍不應移到緬甸邊境，是因為糧食補給困難，緬甸的交通也無法應付，我以前覺得、現在還是覺得，將雲南所有的部隊移到緬甸是不妥當⋯很顯然地，緬甸最好由皇家軍隊來防衛，從印度和非洲抵達的英軍，將足夠運用⋯而且總督特別要求我，非在絕對需要時，不要

79　Currie memo to Franklin D. Roosevelt (hereafter referred to as FDR), January 30, 1942, in Currie Personal Papers, Box 5. 按 Currie，即羅斯福總統的白宮行政助理居里。
80　Winston S. Churchill, "*The Second World War, The Hinge of Fate*"(London: Cassell & Co.,1951), pp.119~20. 資料來自：吳圳義，《邱吉爾與戰時英國》，頁 49。
81　梁敬錞，《開羅會議與中國》(香港：亞洲出版社，1962 年)，頁 15；及蔣緯國，《抗戰禦侮·滇緬路作戰》，頁 183。

接受更多的中國軍隊來緬甸。[82]

對於英國遲遲不准中國軍隊進入緬甸協防一事，當時連美國國務卿赫爾都感到大惑不解；國務院資深中國事務專家項貝克 (Hornbeek) 給赫爾的答案是：「英國老大」不情願接受「黃種人」的幫助，因為這樣將使他們在亞洲的聲望大受打擊。[83] 筆者認為，這是一針見血的看法；魏菲爾所謂的後勤考量，以及藉口蔣介石不要中國軍隊與英軍混在一起使用，和拿印度總督凌力思高來當擋箭牌，顯然都是託辭。

但是到了1942年1月中旬，魏菲爾卻突然改變初衷，一反過去的拒絕態度，開始主動要求國軍入緬，分批進入英國人「分配」的位置；[84] 其目的，表面上是要中國軍隊協防緬甸，而實際上卻是想利用中國軍隊掩護其自緬甸撤退，只是中國被矇在鼓裏罷了。對此，當時的「中國遠征軍」副司令長官兼第5軍軍長杜聿明，有如下回憶：

> ……所以英國始而不同意中國遠征軍預先入緬布防，繼而戰爭爆發，又阻止中國軍隊入緬；及仰光危急，英國才要求中國一個團、一個師；及我先頭部隊到同古後，它即對中國遠征軍實行緩運。這樣，

82　PREM 3, 154/1. General Wavell to Prime Minister, January 26,1942. 中譯文引自：吳圳義，《邱吉爾與戰時英國》，頁50。又，此總督，應指英國駐印度總督凌力思高侯爵 (The Marquess of Linlithgow)，按魏赴重慶開會時，凌力思高曾託魏攜私函及春節賀儀致蔣，另以手表一只贈蔣夫人；見：周琇環等編輯，《中國遠征軍》，頁004，國史館典藏號：002-080106-00059-009。

83　Ballantine's "*Memorandum for the files*" in the State Department, January 21, 1942, in Currie Personal Papers, Box 1. 資料來自：齊錫生，《劍拔弩張》，頁82。

84　高興恩等編纂，《國民革命軍第五軍軍史》，頁156。

> 英國政府的陰謀就顯露出來，它是利用中國軍隊來掩護它的安全撤退，并不希望中英并肩與日軍決戰，更不是為了保全仰光這個海口。[85]

其實，這就是英國「棄緬保印」策略的運用。2月4日，蔣委員長在夫人宋美齡的陪同下，出訪印度，中途過境臘戍，與胡敦晤談；胡要求國軍第6軍入緬後，接受英國指揮，在景東一帶擔任防務，蔣「完全允之」，但蔣要求胡每日開兩列火車，為國軍運貨，胡則「狹吝」、「支吾不允」。[86] 與此同時，英軍在薩爾溫江方面的作戰，正全面潰敗，使得蔣對英國人守住緬甸的能力失去信心，似乎開始有了不讓他最精銳的部隊，捲入這場「不必要的消耗戰」想法；[87] 可惜的是，這個決定後來受到史迪威來華，及其所帶來美國「虛幻承諾」等因素的影響，並沒有貫徹實踐，惟非本書所欲論。

85　杜聿明，〈中國遠征軍入緬對日作戰述略〉，收入：杜聿明、宋希濂等著，《遠征印緬抗戰》(原《國民黨將領抗日戰爭親歷記》)，頁29。
86　抗戰歷史文獻研究會編輯，《蔣中正日記—民國三十一年(1942年)》，頁22，2月4日條。
87　Alan K. Lathrop, "The Employment of Chinese Nationalist Troops in the First Burma Campaign", *Journal of Southeast Studies* 12, no. 2 (September S 1981): pp. 409~10. 資料來自：陶涵，《蔣介石與現代中國的奮鬥》，頁218。

圖 3-7／英印軍總司令魏菲爾、英緬軍司令亞歷山大、
英緬第 1 軍軍長史林姆及其回憶錄《反敗為勝》

　　2 月 16 日，第 6 軍以第 49 師為先頭，開始入緬。[88]24 日，軍長甘麗初由滇西芒市至緬甸臘戍，與英緬軍司令胡敦「接洽」入緬事宜；緬甸為英國戰區，故入緬國軍須歸英國人指揮，胡敦乃「規定」第 6 軍入緬後，占領同古東方薩爾溫江沿泰國邊境，至景東、貫洋之線，擔任防禦。其各部

---

[88] 1942 年 2 月 24 日，甘麗初由芒市致蔣介石電；收入：周琇環等編輯，《中國遠征軍》，頁 36，國史館典藏號：002-090105-00008-095。

隊預計到達之位置為：第93師在東，概於景東地區；第49師在中央，概於南桑 (Namsang)、孟畔一帶；暫編第55師在西，概位孟邦、棠吉 (東枝，Taunggyi) 之線；第6軍軍部及軍直屬部隊，在雷列姆 (Loilem) 附近。[89]

同一天，中國駐英軍代表侯騰中將，亦於臘戍向胡敦提出允許國軍派遣連絡參謀至英軍各師、旅部之要求，但遭胡敦拒絕，經再三交涉，只勉強同意國軍向英緬第1師派出連絡官1名；[90] 以致爾後所有的英軍行動，中國都被矇在鼓裡。按互派連絡參謀，本是友軍「協同」、「聯合」與「聯盟」作戰常態；吾人由英軍此項作法看來，其有意隱瞞「棄緬」行動之居心，實已表露無遺，只是「愚笨」、「忠厚」的中國人，被矇在鼓裡而已。

第6軍的3個師及直屬部隊，進入緬甸之後，就這樣被胡敦散置在5百公里正面的山區中，成「一線配置」，沒有縱深，也沒有預備隊；這也是軍委會一直擔心遠征軍「分散過甚」，而早要杜聿明與胡敦「洽商辦理」的事。[91] 但英方顯未採納，且此位置也明顯與2月27日蔣委員長和英軍的商定不符 (見後文)。

---

89 1942年2月24日，第6軍軍長甘麗初致蔣介石電；收入：周琇環等編輯，《中國遠征軍》，頁033，國史館典藏號：002-090105-00008-093。另，《國民革命軍第五軍軍史》，頁156~157，所載略同。按，第6軍直屬部隊有：特務營、搜索營、工兵營、通信營、輜重兵團、輸送營、修械所各1，及野戰醫院2；見：史編局，《抗日戰史‧滇緬路之作戰》，頁16後，插表2-2「中英聯軍作戰指揮系統表」。蔣緯國，《抗戰禦侮‧滇緬路作戰》，頁251，附表1-2，所載同。
90 蔣緯國，《抗戰禦侮‧滇緬路作戰》，177~178。
91 1942年2月20日，參謀總長何應欽致蔣介石電；收入：周琇環等編輯，《中國遠征軍》，頁25~26，國史館典藏號：002-090105-00007-374。

後來由於仰光方面情勢急速緊張，英國又請增派第 5 軍迅速入緬，時蔣還在印度訪問，由國府軍委會軍令部長徐永昌代為決行，於 2 月 14 日以密電命令第 5 軍，不待第 6 軍最後梯次之暫編第 55 師輸送完畢，即按第 200 師、第 96 師、軍部、新編第 22 師之順序，從 2 月 16(銑) 日開始，優先自大理、保山，汽運送到畹町附近集中，再由英軍接送入緬；全軍須於先頭出發後 20 日內機動完畢，到達緬甸後，預定使用於同古、仰光地區。[92]

　　1942 年時，一個標準的中國步兵師，兵員約在 7 千至 9 千人之間，但步槍火力少有超過 3 千枝，加上幾百挺輕機關槍，3、40 挺中型機關槍，以及少許 3 英寸臼砲。除了少數小口徑的反坦克砲外，一般師內無砲兵部隊，車輛少得可憐；器材、武器、彈藥來源各不相同，零件無法通用。兵員一半營養不良，一個醫官要照顧幾千名士兵，很多人因病死亡。[93] 而第 5 軍是當時中國唯一的「機械化」軍，曾創造了「崑崙關大捷」，除轄 3 個步兵師外，還編配有裝甲 (戰車) 兵團、騎車 (自行車) 兵團、騎兵團、砲兵團、工兵團、輜重兵團、特務營、通信營、戰防砲營、平射砲營、高射機槍營、消防連各 1；[94] 是國軍戰力最堅強的軍級部隊。其所轄的第 200 師，更是國軍唯一可以「完全靠卡車移動」(即「全摩托車化」) 的師級部隊。[95]

---

[92] 1942 年 2 月 14 日，軍委會致龍雲、林蔚、杜聿明電；收入：周琇環等編輯，《中國遠爭軍》，頁 22~23，國史館典藏編號：002-090105-00006-038。
[93] 陶涵，《蔣介石與現代中國的奮鬥》，頁 221。
[94] 史編局，《抗日戰史・滇緬路之作戰》，頁 16 後，插表 2-2「中英聯軍作戰指揮系統表」；及蔣緯國，《抗戰禦侮・滇緬路作戰》，頁 251，附表 1-2，所載同。
[95] 陶涵，《蔣介石與現代中國的奮鬥》，頁 223。

相較之下，亦可見國府對入緬作戰的重視與用心。

1942年2月15日，日軍占領新加坡，8萬5千英軍成了日軍的俘虜（見前文），緬甸情勢更加急迫。2月22日，蔣介石委員長結束在印度的訪問，由加爾各答飛到昆明，27日接見英緬軍參謀長馬丁（Martin）將軍，雙方商定中國軍相關入緬事宜，概要如下：[96]

一、中國軍隊入緬後，所需的後勤支援，由英方完全負責。

二、作戰地區，伊洛瓦底江縱谷方面之作戰，由英軍擔任；仰曼鐵路（含）以東地區之作戰，由國軍負責。

三、第5軍：擔任中央正面（仰曼鐵路兩側地區）之作戰。

四、第6軍：軍司令部及軍直屬部隊於雷列姆，第93師（含劉支隊）任景東及其以東南泰緬邊境之守備，第49師任孟畔及其以南泰緬邊境之防衛，暫編第55師控制塔高（達高，Takaw）、可烏特（Hkout，南桑附近，確實位置不詳）、外汪（Hwewawn，南桑附近，確實位置不詳）為第6軍預備隊。

五、第5、6軍入緬後，暫歸胡敦總司令指揮。

2月28日，蔣介石委員長命令衛立煌上將為「中國遠征軍第一路司令長官」，第5軍軍長杜聿明中將兼任副司令長官；杜聿明在衛立煌未到職

---

[96] 高興恩等編纂，《國民革命軍軍史》，頁157~158。蔣緯國，《抗戰禦侮・滇緬路作戰》，頁178，所載略同。

之前，先暫代司令長官職務，並接受胡敦之指揮。[97] 又，原定「遠征軍第二路軍」使用在越南方面，後來因情況變化未發表；[98] 因此，以下所見「中國遠征軍」或「遠征軍」，均指「中國遠征軍第一路軍」。

按照中英協定，第 5 軍於入緬後，先由英方接運至同古、棠吉之間地區集中，再依「彼 (按，指英軍) 計畫」部署；軍委會特別要求軍長杜聿明與英緬軍司令胡敦協調，國軍部隊可在他希 (打吉、達西，Thazi) 附近集中，惟須待集中完畢後方可使用，切勿「逐次加入作戰」。[99]

第 66 軍 (轄新編第 28、29、38 師) 之新 38 師及憲兵第 20 團第 1 營，隨第 5 軍入緬後，擔任第 5、6 軍後方地區之安全維護；該軍主力進駐保山，構築國防工事，並準備入緬作戰。[100] 至於國軍在日軍已攻抵西唐河畔之際，才得以入緬，蔣介石委員長親睹魏菲爾對國軍入緬「先拒後迎」的態度轉變，感慨萬千；他在 2 月 27 日的日記中寫道：

> 我第六軍甘麗初部主力，本月入緬甸蟬部省，正式接防矣！回憶

---

97 高興恩等編纂，《國民革命軍軍史》，頁 157。惟，蔣緯國，《抗戰禦侮‧滇緬路作戰》，頁 183 載，「遠征軍第一路軍」組成之時間為 1942 年 3 月 12 日。
98 杜聿明，〈中國遠征軍入緬對日作戰述略〉，收入：杜聿明‧宋希濂等著，《遠征印緬抗戰》，頁 3。
99 1942 年 2 月 20 日，何應欽致 (加爾各答) 蔣介石電；收入：周琇環等編輯，《中國遠征軍史料彙編》，頁 025~026，國史館典藏號：002-090105-00007-374。
100 高興恩等編纂，《國民革命軍軍史》，頁 158。按，新 38 師於 3 月 27 日，由雲南安寧 (昆明西 33 公里) 車運入緬，於 4 月 2~5 日間，全部到達臘戍；見：孫克剛，《中國軍魂─孫立人將軍緬甸作戰實錄》(台北：臺灣學生書局，1993 年 1 月，3 版)，頁 1(封面見圖 5-1)。按，本書原名《緬甸蕩寇誌》，1946 年 4 月初版，1955 年因「孫案」被查禁，後經幽居台中之孫立人將軍親加校閱評註重刊，易其名如上；出處同前書，〈重刊前言〉，後文有詳述。

| 第三章 | 英軍「棄緬保印」一路不戰而退　　第三節 | 國軍成了英國「棄緬保印」的犧牲品

> 去臘，魏菲爾對余之提議，我軍可接防緬甸，魏氏竟掉頭不顧；而今馬來半島與新嘉坡完全陷於敵手，甚至緬甸錫唐河，亦為少數劣勢之倭軍所突破，仰光且有放棄之行動，乃急電要求我軍入緬助戰，幾乎晝夜不絕，嗚呼！英人始何自大，而今何怯懦至此哉？[101]

滇西、緬北屬藏南縱谷向東延伸地帶，山陡壑深流急，交通極為不便，當時只有一條「滇緬公路」勉強可供大軍機動，故「中國遠征軍」各部隊均沿公路兩側集結；但受交通流量限制，加上運輸工具不足，部隊受命後只能依序移防，故行動緩慢。

第 5 軍從 2 月 16 日自保山、大理開始機動，到 3 月 18 日 200 師在同古庇尤河 (Kha Paung R，西唐河支流) 之線與日軍遭遇為止，尚有第 96 師滇西待運，新編第 22 師則在 2 百多公里外的曼德勒、皎棲 (皎克西，Kyaukse)，軍「前進指揮所」及直屬部隊一部在瓢貝 (標貝，瓢背 Pyawbye)，軍之「後方指揮所」及直屬部隊另部在眉苗 (美苗，眉繆，Maymyo)，第 5 軍「前後分離」達 6、7 百公里之遠；[102] 若須完全集中，恐尚需 10 到 15 日時間。

此兵力位置，與軍委會對第 5 軍入緬後應先集中在他西地區後，再使

101　抗戰歷史文獻研究會編輯，《蔣中正日記—民國三十一年 (1942 年)》，頁 30~31，2 月 27 日條。按，「臘」是指農曆 12 月；「去臘」，是去 (1941) 年臘月，也就是陽曆 1942 年 1 月 17 日~2 月 14 日，是年 2 月 15 日為正月初一。
102　高興恩等編纂，《國民革命軍第五軍軍史》，頁 190。3 月 15 日，在同古的第 200 師師長戴安瀾電蔣介石，亦謂：「職師距軍主力約千公里」；見：周琇環等編輯，《中國遠征軍史料彙編》，頁 087，國史館典藏號：002-090105-00007-376。

用之初衷，完全違背，遂造成其後該軍各部隊的「逐次加入作戰」，不但無法發揮「統合戰力」，還讓日軍有「各個擊滅」國軍各師之機；孫子所曰：「後處戰地而趨戰則勞」[103]，指的正是這種狀況。1942年3月中旬，「中國遠征軍」在緬甸兵力位置示意，如圖3-8所示。[104]

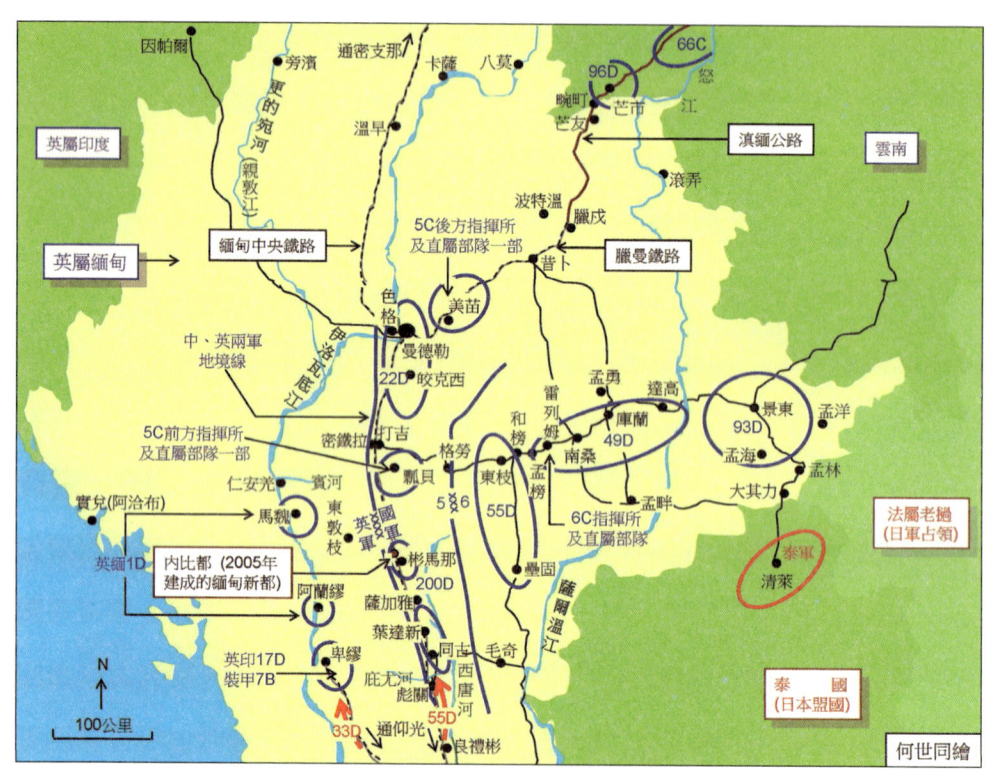

圖 3-8 ／ 1942 年 3 月中旬，中國遠征軍在緬甸兵力位置示意

---

103 孫武，《孫子兵法》，〈虛實第六〉，收入：《武經七書》，卷1-11，頁101。
104 本圖之調製，係綜合以下資料：史編局編，《抗日戰史・滇緬路之作戰》，〈中、英聯軍作戰指導及指揮系統之嬗變〉，頁17~22，及頁16後，插圖1「滇西路作戰前敵我態勢要圖(民國三十一年三月十六日)」；蔣緯國總編著，《抗日禦侮・滇緬路作戰》，頁180~182；高興恩等編纂，《國民革命軍第五軍軍史》，頁163~164。

根據日方的說法：3月14日，日軍在代庫(同古北160公里)只有一個疲憊不堪、士兵連鞋底都磨掉、得不到補給的第55師團川島支隊(以騎兵第55聯隊為基幹)；師團主力於3月10夜才開始北進，14日到達代庫，15日向同古方面發起攻擊。[105] 吾人由此狀況看來，英國如果肯讓第5軍提早10到15天入緬應援，則該軍當可按計畫在同古至打吉之間地區完成集中，然後以完整、而非零星之兵力，於3月14日前，投入庇尤河方面之戰鬥，至少應有擊滅日軍第55騎兵聯隊之機會。

再者，英國如果肯讓第5軍早20~25天入緬，則該軍就能趕上庇古戰鬥，協力英軍反擊，壓迫日軍於西唐河左岸而殲滅之，可保仰光安全無虞。進而言之，英國若在1941年12月23日「三國軍事同盟會議」時，就同意第5軍入緬，則該軍應能於1942年1月下旬到達仰光及其以東之線；如此，日軍不但過不了薩爾溫江，而且也到不了摩爾門，讓日軍的所謂「緬甸攻略作戰」，早早化為泡影。

簡單的說，英國人一再延誤國軍入緬，加上英軍早就打定「棄緬保印」，一路不戰而退，致逸失戰機，讓原本因國軍投入可創造的有利態勢，也逐漸落空。

---

[105]《緬甸攻略作戰》，頁432~433。同頁又載：當時為緬甸之旱季，酷熱難當，只好以夜行軍向代庫前進⋯師團長(竹內寬中將)於3月13日在代庫召集團隊長，指示今後有關之作戰指導，但在席上，部隊方面所提之要求，多半為鞋子、襪子及鞋油等之補給品，官兵在長途行軍中，不斷之戰鬥與體力之消耗姑且不論，重要之鞋底已不堪穿著。由此，可概略瞭解日軍亦處於極度艱苦之狀況。

更令中國人憤怒與無法想像的事情是，正當「中國遠征軍」晝夜兼程入緬應援英軍之際，英國人居然不戰而放棄仰光，讓日本人輕易截斷了這條中國僅存連外「補給線」的出海口。這件事對中國的衝擊很大，一方面是英國事前、事後都不通報中國，根本沒有將中國當成「並肩作戰」的「盟友」看待，讓中國自尊大損；連蔣介石委員長都是在 3 月 8 日晚上收聽到日軍廣播，才得知這項消息，並在當天日記寫下「可痛」兩字。[106]

另一方面，仰光既落入日軍之手，國軍入緬目標即消失，除非有能力收復仰光，恢復滇緬路出海口，否則入緬行動已無意義。而這兩件事的同時發生，也使中國人不禁懷疑，英國人是否早已作了放棄仰光的決定？卻故意把中國軍隊引誘南下，來掩護其撤退行動；[107] 讓「中國遠征軍」在後續的作戰中折戟異域，成了英國「棄緬保印」的犧牲品。回顧這段滄桑歷史，國人能不感傷乎？

---

[106] 抗戰歷史文獻研究會編輯，《蔣中正日記—民國三十一年(1942 年)》，頁 35~36，3 月 8 日條。
[107] 齊錫生，《劍拔弩張》，頁 89。

第四節

日軍的「曼德勒會戰」構想

　　隨著英軍放棄仰光，日軍第 15 軍立即將「攻略緬甸」的「前進基地」，由摩爾門推進至仰光；「南方軍」所轄的第 5 飛行集團（集團長小畑英良），也得以迅速進駐附近「機場群」，支援第 15 軍之作戰。[108] 而早在 3 月 4 日，「南方軍」以「大陸令 603 號」命令，編入第 15 軍戰鬥序列之第 18 師團（欠，師團長牟田口廉也）及第 56 師團（師團長渡邊正夫），也從 3 月 19 日至 4 月 28 日，陸續自新加坡利用海運在仰光港上陸。[109] 這使得日軍在緬甸的兵力，一下子增長至 4 個師團約 9 萬 5 千人，另外還加上戰車第 1、14 聯隊（原屬 25 軍）及飛機約 250 架；[110] 是攻略仰光前的兩倍以上。

---

108 《緬甸攻略作戰》，頁 253。所謂「機場群」，是指仰光及其周邊的庇古、毛比、敏加拉當、摩爾門等地機場；見：同上注，頁 271、及頁 455，插圖 34「飛行場概見圖」。
109 此項增援緬甸的海運行動，代號為「U 作戰」，動用 134 艘運輸船，區分 4 梯次，40 天運輸完畢；見：同上注，頁 353~355。其中，第 1 梯次裝載第 56 師團主力，於 3 月 24 日到達仰光港，並立即投入第 55 師團同古方面之戰鬥；見：同上注，頁 354。又，第 18 師團於由新加坡出發，7 日晚抵達仰光，11 日登陸完畢；所欠兵力，為在荷屬東印度群島作戰之「川口支隊」（即步兵第 35 旅團司令部與步兵第 24 聯隊）；見同書，頁 254、489。
110 同上注，頁 231、253、258。

因此，連英國首相邱吉爾都認為，仰光之淪陷，意味著緬甸的喪失，此後的英軍作戰，乃是與日軍及雨季來臨之殘忍賽跑。[111] 因為：失掉仰光後，已無港口可用以增援緬甸，英軍也不可能再由海上脫逃；而空軍亦不得不從設備完善的仰光基地，遷移到連警報系統都沒有的內陸簡陋機場，等於喪失了制空作戰能力。這些殘酷的事實，都意味著英軍殘餘的地面部隊，除了經由緬甸西北密林與山地，在雨季來臨及日軍到達之前，行軍6百哩去印度外，別無其他逃生方法與路線。[112] 筆者認為，英軍所以將仰曼鐵路以東，劃給「中國遠征軍」負責，自已退到鐵路線以西的伊洛瓦底江(Irrawaddy River)流域 (中、英兩軍「作戰地境線」，見圖 3-8)，目的顯欲在保存「有生戰力」，方便其「棄緬保印」行動。

3月15日，日軍第15軍判斷，中國軍為與英印軍「協同作戰」，可能進入同古以南地區，但鑑於中國軍集中行程相當落後之現況，其可能性並不大。其結論是，中國軍主力不太可能進入曼德勒以南地區，而在英軍已放棄仰光的情形下，今後中國欲確保與印度間的「連絡線」，至少企圖占據交通要衝的曼德勒附近地區。基此判斷，乃預料與中、英軍會戰的地點將在曼得勒周邊地區，乃選定軍之「會戰發起線」，為較北的東枝 (棠吉，Taunggyi)—密特拉 (密鐵拉，Meiktila)—仁安羌之線 (位置見圖 3-9)。[113]

---

111 同上註，頁 288。
112 同上註，頁 288~289。
113 同上註，頁 465。所引「協同作戰」，為日方資料原文，乃指「聯盟作戰」之諸兵種「協同」而言。

| 第三章　英軍「棄緬保印」一路不戰而退　　　第四節　日軍的「曼德勒會戰」構想

然而，由於「中國遠征軍」第 200 師 (師長戴安瀾) 在同古附近「出乎意料」的堅強抵抗，以及一些戰場情報顯示，日軍「大概得知中國軍之主力已進入曼德勒以南地區」；因此，第 15 軍為因應「敵情」之變化，認為有必要將「會戰發起線」修正為茇廓 (朗科，Langkho)、羊米典 (央米丁，Yamethin)、仁安羌之線 (位置見圖 3-9)。[114]1942 年 4 月 1 日，也就是日軍占領同古的第 3 天，第 15 軍飯田司令官以「首先進入茇廓、羊米典、仁安羌之線」之目的，在仰光對所轄部隊下達前進命令。4 月 2 日，第 15 軍將「戰鬥指揮所」由仰光推進到同古；4 月 3 日，在同古決定「曼德勒會戰計畫」。[115]其指導方針為：

> 軍以有力之兵團，切斷臘戍方面敵之退路；並以主力，從同古—曼德勒道路及伊洛瓦底江地區，將重點置於右翼，向曼德勒方面前進，包圍敵軍主力之兩翼，以壓倒擊滅於曼德勒以西之伊洛瓦底江。爾後軍於臘戍、八莫、卡薩之線以西捕捉殘敵，並把握機會，以有力之一部追擊至怒江〔薩爾溫江〕之線；軍主力預定於五月上旬進入曼德勒附近，並於五月下旬完成對緬甸境內之殘敵掃蕩工作。[116]

基此「指導方針」，飯田司令官決定 4 個師團全部投入，似乎沒有以

---

114 同上注，頁 465~466。又，「同古之戰」歷時 13 天 (1942 年 3 月 18 日 ~30 日)，國軍第 200 師全軍而退；戰鬥經過狀況，見：何世同，《堅苦卓絕―國民革命軍抗日戰史 (一九三七~一九四五)》(台北：黎明文化，2021 年 5 月)，頁 411~413。本書以下第 2 次出現，簡化書名為《堅苦卓絕》。
115 《緬甸攻略作戰》，頁 467。
116 同上注，頁 467~468。

所轄師團之一部,擔任軍之預備隊;或許以軍之其他直屬部隊任之。其對各師團之「會戰指導要領」,概為:

第 56 師團在右,於 4 月 20 左右自茖廊出發,沿茖廊—賴卡 (Laika)—臘戍道路,向臘戍附近突進,以切斷敵 (按,指國軍) 之退路;師團進入臘戍之時間,預定於 5 月 10 日左右。若泰軍欲配合第 15 軍作戰,可在第 56 師團離開茖廊之同時,擊破景東與木邁 (孟乃,Mong Nai) 之中國軍。[117]

第 18 師團從「仰曼鐵路」(含) 以東地區,向曼德勒東側突進,以切斷曼德勒—臘戍道路,包圍敵軍主力之左翼,以壓倒擊滅於伊洛瓦底江。並依中國軍退避企圖之有無,及敏登 (Yindaw)—東枝—瀧秋 (Nawnghkio)—臘戍道路之狀況,得考慮以師團主力或有力之一部,從敏登 (Yindaw) 迂迴至瀧秋或臘戍;其決定之時機,在於進入羊米典之前。[118]

第 55 師團在中央,沿「仰曼鐵路」(不含) 以西地區,一面捕殲所在之敵軍,一面進入曼德勒西南側地區,以壓倒敵軍之主力 (按,指中、英軍) 於依洛瓦底江右岸地。[119]

第 33 師團以主力先沿伊洛瓦底江東岸地區,向敏建 (Mying Yan) 突進,繼之包圍敵軍主力之右翼,壓倒擊滅敵軍於曼德勒附近;並依狀況,以師團主力或有力一部,從敏建附近沿伊洛瓦底江北岸地區,進入曼德勒北側。

---

117 同上注,頁 468。
118 同上注,頁 468。
119 同上注。

本會戰期間，師團適時以一部沿伊洛瓦底江西岸地區，向八莫(Bhamo)急進，以切斷八莫—卡薩(Katha)及稅布(Shwebo)附近之「敵軍」退路。[120] 1942年4月3日，日軍第15軍「曼德勒會戰計畫」，如圖3-9示意。[121]

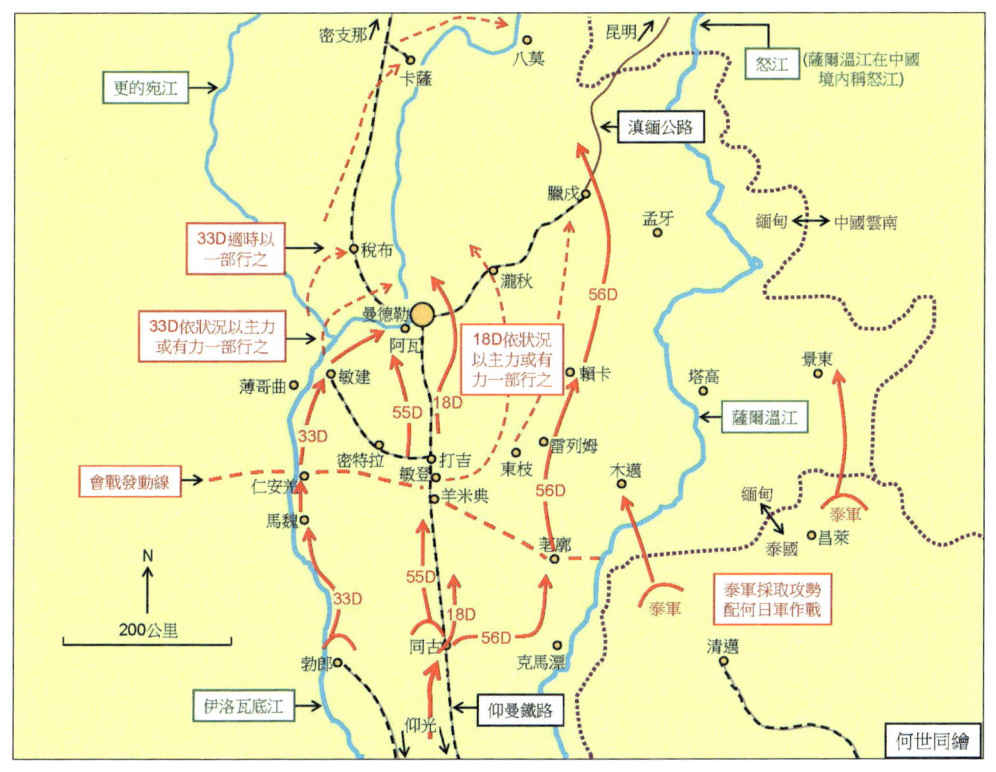

圖 3-9 ／ 1942年4月3日，日軍第15軍「曼德勒會戰計畫」示意

---

120 同上註，頁468~469。
121 本圖之調製，係根據以上資料，並參考，同上註，頁470，插圖35「曼德勒會戰計畫概圖」。

簡單地說，日軍第15軍「曼德勒會戰計畫」的指導構想，是以**第18、55兩個師團**行「**正面攻擊**」，壓迫當面國軍。以**第56師團**由右翼，沿薩爾溫江左岸山區，行「**迂迴攔截**」，奪取「滇緬公路」末站的臘戍，以截斷「中國遠征軍」之「補給線」；另以**第33師團**沿伊洛瓦底江右岸，對英軍行「**追擊作戰**」，阻斷英軍退路。4個師團完成「戰略會師」，「包圍殲滅」中、英軍於曼德勒附近地區。

　　在日軍進行「曼德勒會戰」的過程中，出現了兩個關鍵的狀況；一是右翼行「迂迴攔截」的第56師團，於4月29日輕易占領了臘戍；[122] 截斷入緬國軍「補給線」，後者幾乎全軍覆沒。而早在日軍占領臘戍前5天的4月24日，蔣委員長即電諭「參謀團長」林蔚：「雷列姆（位置見圖3-8、3-9）若失陷，則臘戍應有應急準備積極防禦」；[123] 然林蔚與只當過訓練師長、並無作戰經驗、又是第一次指揮「大軍作戰」、卻總綰「中國遠征軍」指揮大權的美國將軍史迪威，居然無所行動，才讓日軍企圖輕意得逞，而史迪威又拋棄部隊，自行逃往印度，肇致「中國遠征軍」全面潰敗的嚴重後果；[124] 惟此非本書欲論範圍。

---

122 《緬甸攻略作戰》，頁540。
123 周琇環等編輯，《中國遠征軍史料彙編》，頁129；國史館典藏號：002-090105-00008-124。
124 按，史迪威在戰況緊急時，帶著幕僚、記者、護士、英國難民與緬甸挑夫等，約80餘人，先行逃向印度。見：Romanus, Charles F. & Riley Sunderland, "*Stilwell's Mission to China* "(Washington, D.C.: Government Printing Office,1953), pp.138~139. 另，芭芭拉著，《史迪威與美國在中國的經驗》，頁297，載「約一百人」，略異；又，梁敬錞，《史迪威事件》，頁53，引《史迪威日記》所載，為115人。

另一個狀況是，沿伊洛瓦底江東岸退卻之英軍，眼見即將被一路追擊而來的日軍第33師團「攔截殲滅」之際，竟為國軍1個步兵團的小小兵力所救；這就是英、日戰史上，或輕輕帶過、或扭曲真相，國軍戰史上所稱的「仁安羌大捷」。

第四章

日軍向伊洛瓦底江方面的追擊

第一節｜英軍退入伊洛瓦底江流域

第二節｜日軍一路尾隨追擊英軍

第三節｜日軍攔截英軍於仁安羌

第四節｜英軍難逃被日軍「包圍殲滅」命運

原本在1941年12月8日「太平洋戰爭」剛爆發的時候,「中國遠征軍」第5軍若能立即到仰光,第6、66軍也馬上跟著上來,仰光必然守得住。但由於英國人的帝國主義心態,怕中國軍隊到來,會影響其對這片原為中國藩屬土地的殖民統治,因此不准中國軍隊進入緬甸。後來仰光危險了,才又緊急要求中國軍隊入緬馳援,但晚了40天,戰機盡失,前文已述。

　　再加上兩國「戰略目標」不同,我們要維護的是「滇緬公路」,英國人要維護的是「殖民利益」;緬甸是英國的殖民地,我們入緬的軍隊歸史迪威指揮,史迪威聽英國「駐緬軍」司令亞歷山大命令,而亞歷山大則受兼理緬甸防務的英國「駐印軍」總司令魏菲爾遙控。況且,當狀況不利時,英國人的基本考量,不是顧慮「中國遠征軍」的安全,而是利用「中國遠征軍」掩護其「棄緬保印」;這樣的「聯盟作戰」,這樣的「跨國組合」,如何能打勝仗?

　　而為了貫徹英國決策者「可以做、不可以說」的「棄緬保印」構想,英軍在「中國遠征軍」入緬後,立即將「仰曼鐵路」(含)以東地區劃給「中國遠征軍」負責,同時所有在鐵路以東的英軍,也陸續退至鐵路以西的伊洛瓦底江地區;其目的,表面上看是要與中國軍隊東、西「並列作戰」,實際上卻是盤算方便「脫離戰場」,退向印度。日軍第33師團則乘機向英軍所在的伊洛瓦底江流域發起追擊,為「仁安羌之戰」揭開了序幕。

第一節

英軍退入伊洛瓦底江流域

由於「中國遠征軍」入緬之後，經與英方「協調」，負責「仰曼鐵路」（含）以東地區之作戰；[1] 故原在此地區之英緬第1師，乃逐次撤出，向鐵路以西移動。其中，該師本來負責守備景東之線的步兵第13旅，由國軍第6軍派遣部隊接替後，先撤至密特拉附近；[2] 再相機向英緬第1師報到歸建。該師之主力（師司令部及步兵第1、2旅），則在國軍步兵第200師之掩護下，從彪關（庇尤，Phyu）、同古之線，撤至耶達社（耶達謝、葉達西，Yedashe），再由耶達社以「鐵運」轉「汽運」方式，輸送至淡溫夷（東敦枝，Taungdwingyi）；[3] 並計畫逐次轉赴卑謬（勃郎，普羅美，Prome 或 Pyay），[4]

---

1 史編局，《抗日戰史・滇緬路之作戰》，頁18。按，由仰光通密支那鐵路，稱「中央鐵路」；仰光至曼德勒段稱「仰曼鐵路」；另有曼德勒通臘戍支線稱「臘曼鐵路」，接「滇緬公路」通雲南。中、英兩軍地境線劃分，及以上鐵路位置；見：圖.3-6、3-7。
2 《緬甸攻略作戰》，頁458。
3 同上注。筆者判斷，應是從彬馬那（平滿納，Pyinmana）改乘汽車。
4 此為3月15日英軍代表提供給侯騰將軍（遠征軍駐英軍代表）的英軍部署計畫。見：史編局，《抗日戰史・滇緬路之作戰》，頁21；及蔣緯國，《抗日禦侮・滇緬路作戰》，頁169。按，卑謬為古「驃國」(Pyu) 首都，公元832年亡於南詔（雲南）。

但後來並沒有到位 (以上位置,見圖 3-6、3-8)。

根據英緬第 1 軍軍長史林姆 (William Joseph Slim) 在其所著《反敗為勝》中的回憶,這個師轉進到了「伊洛瓦底〔江〕前線」(the Irrawaddy〔River〕front)。而史林姆到緬甸後,第一次與其麾下兩位師長見面的地方,就在伊洛瓦底江東岸的馬魏;當時英印第 17 師經過西唐河的「災難」(disaster),正在勃郎以南 30 多英里的地方 (按,此地應指納塔林,見後文),進行整補與改編。[5] 亦即,英緬第 1 師到的「伊洛瓦底前線」位置,是在馬魏至阿藍廟 (亞藍謬,Allanmyo) 間,不在勃郎。

至於英印第 17 師:自 3 月 6 日放棄勃固後,先西撤至沙耶瓦島收容,再於 3 月 13 日由此向北退卻,15 日到達奧克坡 (奧波,Okpho) 集結,復轉移至那塔林 (納德林,Nattalin) 防禦。亦即,當 3 月 25 日日軍第 33 師團沿伊洛瓦底江北進時,其正面之英軍,即是以英印第 17 師為主、包括裝甲第 7 旅在內的部隊;[6] 也就是說,英緬第 1 師則在英印第 17 師的後方 (以上兵力位置,見圖 4-1)。

先是,自 1942 年 3 月 5 日,亞歷山大到職之後,以身兼「緬甸總司令」

---

5 William Slim, *op. cit.* pp.23~24。而根據史編局,《抗日戰史・滇緬路之作戰》,頁 37,所載 4 月 28 日英軍位置:英印第 17 師及裝甲第 7 旅在普羅美,英緬第 1 師在馬魏南方的阿藍廟。

6 William Slim, *op. cit.* pp.23~24;及蔣緯國,《抗日禦侮・滇緬路作戰》,頁 169。按,英印第 17 師原來負責錫當河以西地區之防禦,勃固及仰光失陷後,與裝甲第 7 旅、英澳第 63 旅,一起退至沙耶瓦島;見:《緬甸攻略作戰》,頁 457。又,根據 4 月中旬之日軍「敵情判斷」,其第 33 師團正面之敵,係正在敗退中的英印第 17 師及裝甲第 7 旅;見:《緬甸攻略作戰》,頁 493。

與「英軍指揮官」兩項職務，感到困難，立即向魏菲爾提出設立一「新司令部」的建議，獲得批准；但由於空運之限制，幕僚之大部、通信部隊及軍部直屬部隊，均不得不由駐緬部隊中抽調補充。[7] 3月13日，駐伊拉克的英印第10師師長史林姆少將，臨時奉調擔任此一職務，於3月上旬來到緬甸，先赴眉繆（美苗，位置見圖3-8）會見亞歷山大後，再至馬魏接受亞歷山大布達新職，負責指揮英緬第1師、英印第17師及裝甲第7旅等部隊的作戰。[8] 根據日軍的「敵情判斷」，此時英軍在緬甸的殘存兵力，僅約2萬人。[9]

3月18日，亦即史林姆就任後6天的臘戍「中英軍事聯席會報」中，英軍代表馬丁始告知中國，他們成立了一個名為「第1軍團」的新指揮部；[10] 因此，後來所有的中文戰史資料與著作，都稱呼史林姆這位新到任的英軍指揮官，為「中將軍團長」。[11] 其實，史林姆的中將，是後來在仁安羌英軍

7　《緬甸攻略作戰》，頁457~458。按「緬甸總司令」，係指節制所有英國在緬軍隊而言；「英軍指揮官」，則指揮英國在緬陸軍而言，亦即前文所述之「英緬軍司令」。其實在2月中旬，胡敦擔任「英緬軍司令」時，即已向魏菲爾提出請求，為指揮緬甸南部之英國部隊，新設一個「軍指揮部」，並作為與中國軍隊協調連絡之上級機構；見：同書，頁223。
8　William Slim, *op. cit*, pp.3~4、23。
9　此為1942年3月15日，日軍估計英緬軍之兵力，見：《緬甸攻略作戰》，頁261。
10　蔣緯國，《抗日禦侮・滇緬路作戰》，頁181。另，《緬甸攻略作戰》，頁458，載史林姆到達緬甸的時間，為3月15日。
11　這些史料與著作，至少包括：蔣緯國的《抗日禦侮・滇緬路作戰》、史編局的《抗日戰史・滇緬路之作戰》、郭汝瑰・黃玉章的《中國抗日戰爭正面戰場作戰記》、孫克剛的《緬甸蕩寇誌》、沈克勤的《孫立人傳》等等。但日方稱史為「中將軍長」，見：《緬甸攻略作戰》，頁458。

被國軍救出的戰鬥中，才晉升的，當時他還是少將；[12] 而其所轄之兵力，除了 2 個步兵師與 1 個裝甲旅外，連「軍司令部」及一些「軍直屬部隊」，都要抽調下級部隊編成。

筆者認為，像這樣的「臨時編組」，稱之為「軍」(corps)，已夠勉強，硬稱其為「軍團」(army，field army，army group)，則恐是英人對中國人的「虛張聲勢」。[13] 事實上，史林姆在其所著《反敗為勝》一書中，就稱自己所指揮的是「第 1 緬甸軍」(1st Burma Corps or 1st Burcorps)，稱自己的部隊是「我的軍」(my corps)；[14] 果如此，現在中文資料還繼續稱其為「軍團」，那就太悖離事實了。

另一方面，日軍第 33 師團於 1942 年 3 月 8 日占領仰光後，擔任該地周邊之掃蕩及治安維護工作；[15] 該師團原留置於中國華東地區，未及參加攻略仰光作戰之步兵第 33 旅團司令部 (旅團長荒木正二少將)，及其所指揮之步兵第 213 聯隊 (聯隊長宮協幸助大佐)、山砲第 33 聯隊 (聯隊長福家政男大佐)、輜重第 33 聯隊 (聯隊長陳田百三郎大佐) 等部隊，亦於 3 月上旬，分別登陸於曼谷，再經陸路，通過泰、緬邊境，陸續到達仰光附近，

12　瑞納・米德，《被遺忘的盟友》，頁 397；及 Hans J. van de ven, ,op. cit, p.32. Jay Taylor, "The Generalissimo: Chiang Kai-shek and The Making of Modern China" (Cambridge: MA. 2009), p.202. 惟連日軍都誤以為他到任時為中將。
13　「軍司令部」(corps headquarters) 至少要有一個參謀長，及其所轄的「一般」和「特業」參謀群；「軍直屬部隊」(corps troops) 則至少要有一個「軍部連」，及必要的勤務與戰鬥支援部隊。凡此，均須相當作業與準備時程，並非說成立，就能立即成立。
14　William Slim,op. cit, p.24. 本書中 Burma Corps 屢見，如 p.106、111、112、113⋯，不再贅引。
15　《緬甸攻略作戰》，頁 250~251。

趕上了師團後續之北進戰鬥。[16]

3月18日,第15軍司令官飯田祥二郎依據「曼德勒會戰計畫」構想,對第33師團下達北進命令,要旨為:「貴師團於完成北進準備後開始前進,經伊洛瓦底江河谷方面,進入仁安羌北側地區,以準備爾後之作戰,特須力求捕殲當面敵軍」。[17]

先是,第33師團於3月8日進入仰光後,其主力在禮勃坦(Letpadan,仰光西北約120公里)約經10日之休息,官兵已恢復體力,以及被服裝備亦大致補充完畢。3月18日受領軍之命令後,先於24日入夜,以原田棟大佐指揮之步兵第215聯隊(欠第1大隊,以下稱「原田部隊」),配屬山砲中隊1、工兵中隊1(欠小隊1)、衛生隊1/3,移動至伊洛瓦底江西岸之興實達(顯雞打,Hinthada)附近集結。其受領之「一般任務」,為「經伊洛瓦底江右(東)岸地區向勃郎方向前進,準備隨時得以轉進至左(西)岸」。[18]

而師團之步兵第33旅團(以下稱「荒木部隊」),編配步兵第214聯隊(聯隊長作間喬宜大佐,以下稱「作間部隊」)、工兵第33聯隊主力、山砲第3大隊(欠中隊1)、獨立速射砲的11中隊(主力)、衛生隊1/3等部隊,

---

16 同上注,頁444;惟所載登陸曼谷時間為「三月下旬」有誤,應作「三月上旬」。按同書,頁356所載,以上部隊係於2月4日~8日,由南京搭乘13艘船,於16日~21日逐次抵達澎湖馬公,再於3月6日~8日間登陸曼谷。
17 《緬甸攻略作戰》,頁444~445。
18 同上注,頁445。

於 3 月 25 日昏終,沿伊洛瓦底江東側之「勃朗公路」北進;其餘之師團主力,則隨後跟進。[19]

師團其餘部隊,包括新配屬之獨立的 21 旅團砲兵隊 (15cm 口徑榴彈砲及 10cm 口徑加農砲各 1 中隊,全摩托化),及獨立輜重兵第 51 大隊 (馱馬第 3 中隊),在荒木部隊後跟進。師團司令部則於 26 日夜,由庇古出發,經奧克波,於 27 日夜,進至賽工 (只光,Zigon)。[20] 觀察所見,這個時候師團除了擁有少量「裝甲砲兵」概念的「自走砲」兵力外,並無「戰車部隊」。1942 年 3 月 24 至 26 日,日軍第 33 師團與當面英軍行動,如圖 4-1 示意。[21]

19　同上注。
20　同上注,頁 445~446。按,同書,頁 445,載師團司令部「由同古出發」,顯係「庇古」之誤;因為當時同古在國軍第 200 師手中。
21　本圖係根據上述狀況自繪。

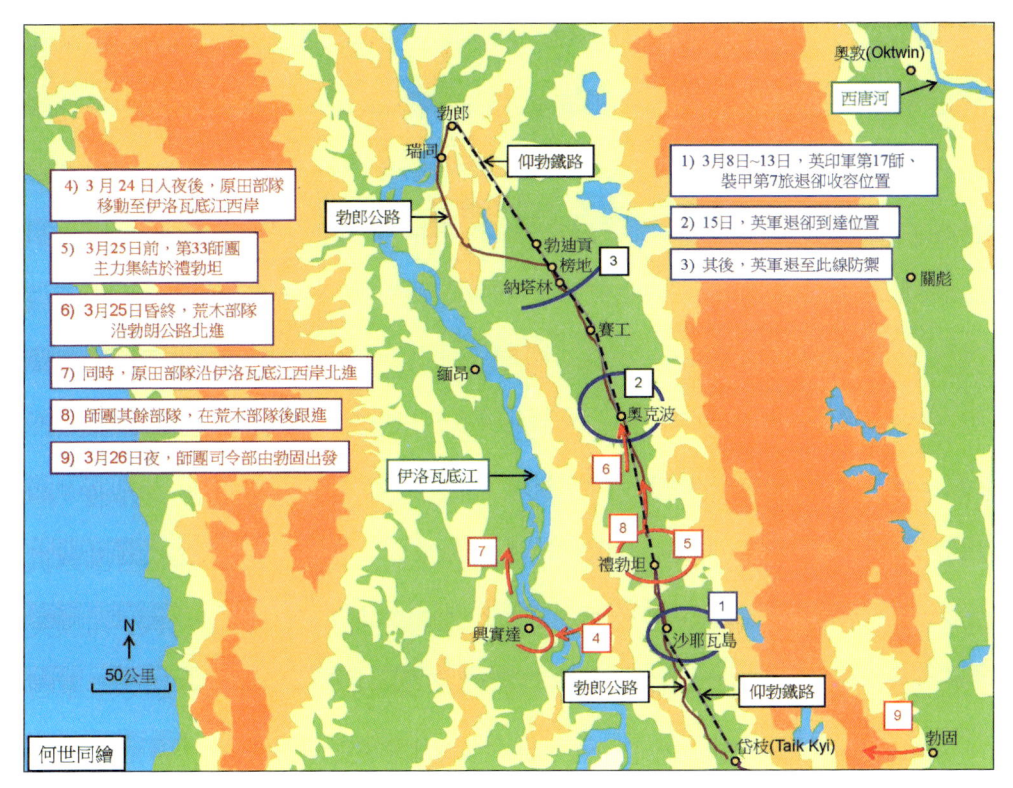

| 第四章 | 日軍向伊洛瓦底江方面的追擊　　　第一節 | 英軍退入伊洛瓦底江流域

圖 4-1 ／ 1942 年 3 月 24 至 26 日，日軍第 33 師團與當面英軍行動示意

　　自此，日軍沿伊洛瓦底江對英緬軍之「追擊」加「攔截」作戰，於是展開。不過，令日軍萬萬意想不到的是，由泰、緬邊境一路打來順風順水、如入無人之境的日軍第 33 師團，居然在仁安羌，被一支裝備簡陋、兵力微小、看來毫不起眼的「中國遠征軍」步兵團擋了下來；這就是國軍戰史中的「仁安羌大捷」，見後文詳論。

第二節

日軍一路尾隨追擊英軍

日軍第15軍於1942年3月8日進入仰光後,即積極準備進行北上作戰。3月15日,第55師團由代庫出發;3月25日,第33師團從禮勃坦、興實達之線出發。兩師團各自為同古及勃郎之攻略,開始北進。[22]

在此之前,英軍之航空部隊駐守於仰光及同古機場,妨礙日軍第15軍的地面進攻,日軍在渡過西唐河之前,地面部隊之晝間行動受到很大限制,已述於前。按照日方的說法,自日軍占領庇古後,由於配屬第15軍之第5飛行集團「連日攻擊奏效」,戰場上空之「制空權」,終於落入「我(日)軍」之手。[23] 不過,這個說法有問題;因為根據前述飯田司令官的回憶,第5飛行集團所以能獲得「空優」的原因,應非其第5飛行集團「連日攻擊奏效」,而是英緬空軍早在2月下旬西唐河戰鬥開始時,就已經撤離了仰光(見前文)。況且,第5飛行集團是在第15軍占領仰光後,才進駐附近機場,支

22　《緬甸攻略作戰》,頁451。
23　同上注。

援第 15 軍的作戰。[24]

先是，當 2 月 27 日日軍剛占領西唐河以東地區時，其第 5 飛行集團第 4 飛行團 (團長河原利明少將)，即空偵發現馬魏有南北兩處「前所未知」的機場，停有小型機 22 架、中型機 4 架、及大型機 1 架；隨後，第 10 飛行團 (團長廣田豐少將) 又對馬魏實施偵察，亦顯示該處約停放小型機 50 架。由於當時英緬空軍已撤離仰光，因此日軍判斷馬魏應是英軍飛機之疏散基地，而予嚴密監控。[25]

日軍占領仰光後，第 5 飛行集團司令部立即進駐仰光，為掌握緬甸制空，以支援第 15 軍之北進作戰，集團長乃於 3 月 21 日，下令出動兩波 151 架次飛機 (戰鬥機 73、轟炸機 78)，22 日再出動兩波 179 架次飛機 (戰鬥機 102、轟炸機 77)，大舉空襲馬魏機場。英軍遭此猝擊，損失慘重，只得將所剩飛機 20 架 (小獅型 6、戰斧型 3、暴風型 11) 緊急撤到阿洽布 (位置見圖 3-8) 機場。[26]

而日軍為了澈底摧毀英軍在緬甸的空軍兵力，第 5 飛行集團又於 23、24 日，接著出動 106 架次飛機 (戰鬥機 27、轟炸機 79)，攻擊阿洽布機場；於是將殘存飛機，再後撤至印度東孟加拉省的吉達港 (吉大港，

---

24 同上注，頁 253。
25 同上注，頁 451~452。該飛行集團於 1942 年 4 月 15 日，改稱第 5 飛行師團；見同書，頁 889。
26 同上注，頁 453~456、461。又，史編局，《抗日戰史・滇緬路之作戰》，頁 26，亦載：「21 日，敵機 59 架襲擊英馬格威 (即馬魏) 之空軍基地，英方損失慘重」，可參。按，第 5 飛行集團司令部原駐台灣，1 月 24 日轉移至曼谷；見《緬甸攻略作戰》，頁 170。

Chittagong，今屬孟加拉共和國) 躲避。[27]

惟英國空軍在日軍連續空襲之後，走而復返，仍繼續使用馬魏基地，故有 3 月 31 日空攻摧毀瑞同 (Shwedaung) 日軍虜獲品之行動 (見後文)。於是，日軍於當天黃昏時分，即出動 82 架次飛機 (戰鬥機 57、轟炸機 25)，又對馬魏機場實施第 3 次的大規模空襲。[28] 經過此次空襲，緬甸之英國空軍主力被澈底摧毀，於是緬甸南部之「制空權」，才完全落入日軍之手。[29] 其實當時整個盟軍在緬甸的空軍兵力，只剩下陳納德在雷允 (壘允，屬雲南瑞麗) 基地的 8 架「飛虎隊」防禦型驅逐機而已；然此兵力既少，距離戰場又遠，支持第一線戰鬥之能力極為有限，遂使得整個緬甸上空，惟任日機縱橫翱翔。[30]

伊洛瓦底江方面，第 15 軍為增強第 33 師團之火力與機動力，又新配屬給該師團獨立混成第 21 旅團砲兵隊 (15cm 榴砲及 10cm 加砲各 1 中隊，汽車編成)，及獨立輕輜重兵第 51 大隊 (轄駄馬中隊 3)。[31]

3 月 25 日日沒後，荒木部隊從禮勃坦出發，沿勃郎公路北進，在未遭遇抵抗的情形下，於 27 日進入那塔林南側；28 日發動拂曉攻擊，擊退在

27　《緬甸攻略作戰》，頁 456。
28　同上註。
29　同上註，頁 455。
30　蔣緯國，《抗日禦侮・滇緬路作戰》，頁 27。又，1942 年 4 月 10 日，蔣介石委員長由臘戍返重慶，中途在昆明下機，令陳納德即赴壘允指揮「美空隊」(即飛虎隊)，每日 3 次，每次 3 架，以支援國軍在彬馬那之作戰。見：抗戰歷史研究會編輯，《蔣中正日記─民國三十一年》，頁 51，4 月 10 日條。
31　《緬甸攻略作戰》，頁 446

那塔林的英軍約 300 人，29 日晨到達帕底工(勃迪貢，Padigon);[32] 站在日「料敵從寬」立場，判斷此應是英印第 17 師的一個營級部隊。

而原田部隊亦於 3 月 25 日黃昏，由伊洛瓦底江西岸的興實達出發，但出發後即失去連絡。該部隊於 27 日夜到達敏翁(緬昂，Myanaung)，主力於 28 日夜由塔羅克摩(Tayothmaw)附近渡過伊洛瓦底江，進入東岸，其第 3 大隊(大隊長平泉悌輔少佐，配屬山砲中隊 1)為「左側支隊」，仍沿江之西岸，向勃郎西方前進。當原田部隊東渡之後，師團曾接獲其位置報告，之後又失去連絡。原田部隊就在此敵情、友軍完全不明的狀況下，向瑞同急進；其前衛之第 2 大隊(大隊長佐藤操少佐，配屬速射砲小隊 1)，於 29 日 0900 時，居然在英軍全然無備之狀況下，輕易占領了瑞同。[33]

日方對此狀況的說法是：與此同時，英軍由戰車約 30 輛、火砲約 20 門、汽車至少 200 輛組成之機械化大縱隊，正自納德林沿勃郎公路後撤，行至瑞同，被剛占領瑞同之佐藤大隊所阻，又急速調轉，欲在「仰勃鐵路」線上尋求退路；於 29 日到達帕底工，與荒木部隊意外發生「遭遇」，引起激烈戰鬥。由於英軍與日軍都對狀況不明，而日軍原田部隊與荒木部隊間也通信斷絕，互不知情，三方遂沿公路兩側進行混戰，荒木部隊一時處於被動而陷入苦戰，英軍由榜地突進而來，原田部隊之速射砲全被英軍戰車摧

32　同上注。
33　同上注。

毀。[34]

其後，狀況逐漸明朗，日軍第33師團遂以步兵第213聯隊第1大隊（大隊長有延巖，以下稱有延大隊）及獨立混成第21旅團砲兵隊，急馳至榜地(Paungde)，支援荒木部隊作戰。戰至傍晚，榜地方面英軍退去，荒木部隊追擊至德貢(Thegon)，有延大隊及砲兵隊則沿勃郎公路（仰光至勃朗），西向瑞同挺進。[35]

3月30日晨，有延大隊及砲兵隊到達瑞同附近，協力原田部隊攻擊當面英軍；日沒時分，英軍不敵，放棄武器、車輛，向勃朗方面退去。[36]據日軍資料：本戰日軍共虜獲戰車22輛、裝甲車30輛、汽車163輛、火砲20門、機槍53挺，英軍「棄屍」約500具，俘虜113名。但此一數量龐大的虜獲武器與車輛，卻成為次(31)日英軍空襲之目標，遭到嚴重破壞；不過，日軍還是得到了巨大利益，包括師團原本之「輕裝甲車中隊」，立即變成了「戰車部隊」，輜重兵聯隊亦獲取多輛「六輪傳動」大卡車，在爾後之「沙漠作戰」中，發揮了很大的運輸功用。[37]惟在英軍空攻之後，日機立即還以顏色，於當天1750時至1800時，第3次空襲馬魏，已如前述。

3月31日，沿伊洛瓦底江西岸前進之原田部隊第3大隊，占領新地(Sinde)，意在阻止英軍向西渡河逃走。4月1日，空偵發現英軍有撤出勃

---

34 同上註，頁446~447。此應為英印第17師及裝甲第7旅之部隊。
35 同上註。
36 同上註，頁448~449。
37 同上註，頁449。按，從阿藍廟至仁安羌地區，有甚多沙磧之地；見圖4-3、4-7所示地形。

郎之徵候，4月1日師團長下達進攻命令；4月2日0300時，原田部隊進入勃郎市區，然英軍早已放棄勃郎，向東北方向退去。[38]1942年3月25日至4月2日，日軍第33師團進攻瑞同及勃郎狀況，如圖4-2示意。[39]

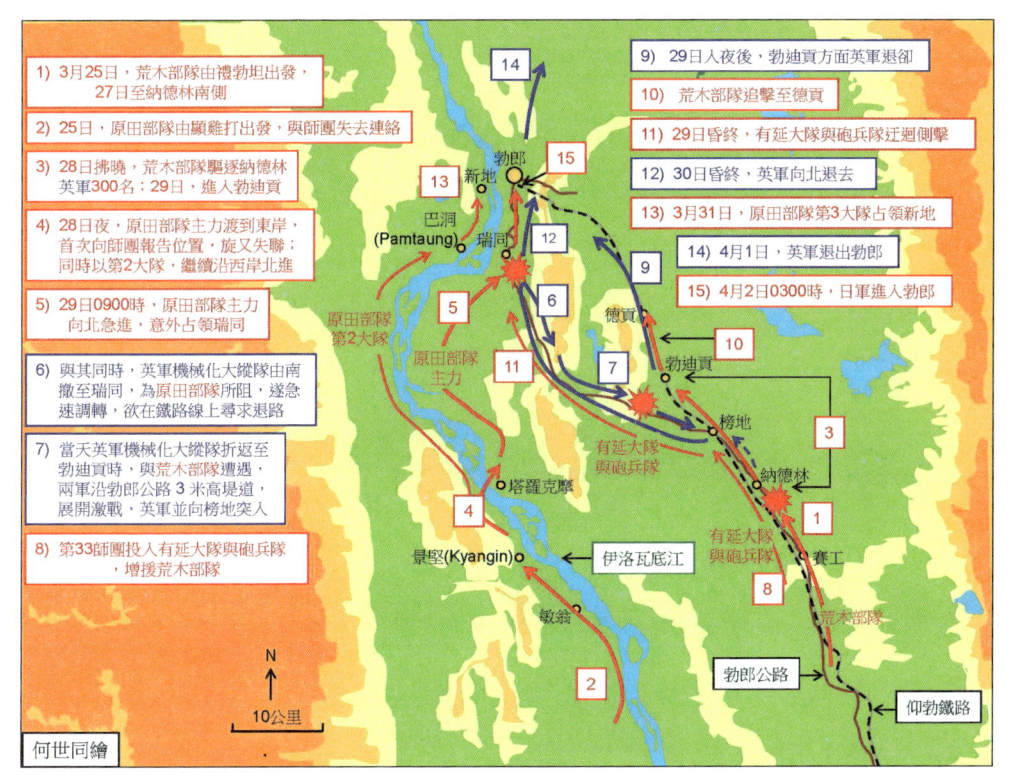

圖4-2 ／ 1942年3月25日至4月2日，日軍第33師團進攻瑞同及勃郎狀況示意

38　同上注。
39　本圖之調製，係根據上述狀況，並參考：同書，頁450，插圖33「第三十三師團之瑞同及勃朗附近戰鬥概圖」。

第三節

日軍攔截英軍於仁安羌

　　1942 年 4 月 1 日，當日軍第 33 師團正對勃朗市區發起攻擊之際，師團長櫻井省三頃接獲第 15 軍飯田司令官之命令；要旨為：「貴師團繼續執行現行任務，並準備得以沿伊洛瓦底江地區向八莫方向之突進。」師團之「現行任務」，係指對仁安羌之攻略而言；「向八莫方向突進」，則是預告師團「曼德勒會戰」後的追擊方向。[40] 根據日方的記述：仁安羌附近為豐富的產油地帶，其周邊為「沙漠」；由馬魏通往仁安羌之主要作戰道路，為一條柏油路，另外就是伊洛瓦底江的水路，作戰地區除了車輛外，人、馬越野行動不受限制，但問題在於飲水。[41]

　　惟 2014 年 10 月，筆者曾走訪現地，觀察所見，地區雖有大片「沙地」，但並非「一望無際」，其間又錯落許多乾涸的河床與密林，恐不足以稱之為「沙漠」，筆者姑謂其為「沙磧地」。

40　《緬甸攻略作戰》，頁 502。
41　同上注，502~503。按，「在於飲水」，意指「缺乏飲水」。

據第 33 師團參謀井田正孝中佐的「第三十三師團之作戰」手記所載：馬魏與仁安羌之間，完全是「無人地帶」，一滴水都沒有；仁安羌附近標高差雖不過 50 公尺左右，但地形起伏，極為錯綜複雜，又由於浸蝕作用形成的地隙，多係斷崖，使得到處都是自然的「反戰車壕」(見照片 6、7)。[42] 筆者認為，這可能是英軍戰車不能脫離道路而行動，及無法發揮應有戰力的原因。

照片 6／ 501 高地附近到處都是天然「反戰車壕」[43]

---

42 同上註，頁 508~509。
43 資料來源：張鑄勳將軍提供，收入劉放吾將軍紀念網 (www.liufangwu.com)。

照片 7 ╱ 從 501 高地向南眺望仁安羌附近地形 [44]

　　4月2日,日軍第33師團占領勃郎,英印第17師退向50公里外的阿藍廟,日軍又向北急追,於4月7日攻占阿藍廟。[45] 師團長在瞭解當前狀況後,遂律定各攻擊部隊,於4月9日日沒後,一齊自阿藍廟之線前進,發動對仁安羌之攻略作戰;其兵力運用計畫概為:[46]

44　舒宏艦提供。
45　同上注,頁502。
46　同上注,頁503~504。按,頁503,載:荒木部隊「沿伊洛瓦底江『左岸』前進」,應作「右岸」;又,其輜重聯隊之多數汽車,來自鹵獲;見:同上注,頁505。

一、荒木部隊：

指揮官步兵旅團長荒木正二少將，以其旅團司令部，指揮步兵第213聯隊〔欠第2大隊〕、山砲第33聯隊〔欠3大隊及第6中隊〕、工兵第33聯隊主力獨立速射砲第5中隊、衛兵隊〔欠3分之2〕等部隊；沿伊洛瓦底江右岸前進，首先攻略馬魏。

二、原田部隊：

指揮官步兵第215聯隊長原田凍大佐，除所屬之步兵第215聯隊〔欠第3大隊及第4中隊〕外，增配輕裝甲車隊、獨立速射砲第11中隊、山砲第7中隊、獨立混成第21旅團砲兵隊、工兵1中隊〔欠1小隊〕、野戰高砲第51大隊1個中隊等部隊；針對薩土瓦（應在日軍前進軸線之右，確實位置不詳）及淡溫夷（按，即東敦枝）方面之敵，掩護師團之右翼，並牽制該方面敵軍，以利師團主力之作戰。

三、作間部隊：

指揮官步兵第214聯隊長作間喬宜大佐，除所屬步兵214聯隊〔欠第1大隊〕外，增配山砲第3大隊〔欠第7中隊〕、工兵1小隊等部隊；力求秘匿企圖，一舉急襲攻略仁安羌，並切斷敵之退路。

四、師團司令部及直屬部隊：

由師團長櫻井省三中將指揮，包括步兵214聯隊第1大隊、第215聯隊第3大隊及師團勤務支援部隊，在荒木部隊後方跟進；另以獨立工兵第26聯隊〔大小動力艇約50艘〕，沿伊洛瓦底江實施躍進，準備隨時得以擔任兵力運輸。又以輜重兵聯隊之汽車部隊，於作戰首日先對作間部隊，繼之對原田部隊，提供運輸支援。

由於當面英軍正處於「退卻」狀況，因此日軍此次作戰的性質，就是「追擊」。為了擴大「追擊」效果，第 33 師團只留了跟隨師團司令部前進的 2 個步兵大隊 (步兵第 214 聯隊第 1 大隊、第 215 聯隊第 3 大隊) 為「預備隊」，而將所有戰鬥部隊都投入「追擊」；其兵力大致區分為「正面追擊」與「迂迴追擊」兩部分。

前者由**荒木部隊**擔任，概沿伊洛瓦底江東岸而上，「壓迫」並「牽制」英軍之退卻行動；後者由**原田部隊**與**作間部隊**負責，為師團之主攻，向東行「大迂迴運動」，一方面防止東敦枝方面英軍側擊，一方面「超越」正面退卻英軍，期能先英軍到達仁安羌，阻斷其退路，造成「包圍殲滅」效果。

準此追擊構想，**原田部隊**先期以一部推進至雷提特 (Lettet)，掩護作間部隊之前進；原田部隊之主力則於 4 月 9 日日沒時分，由阿藍廟出發，到達伊卡特 (Egayit) 後，再由汽車運輸，於 10 日晨集結於雷提特。當時在東敦枝附近有英軍戰車 30 餘輛，在其西的道路上，也有散置的部隊；[47] 這也可能是在第 33 師團的 3 支攻擊部隊中，唯有原田部隊編配有「輕裝甲隊」，俾便「反裝甲作戰」的原因。根據史林姆的回憶，在東敦枝附近的英軍，就是英印軍第 17 師；[48] 而由戰車 30 餘輛之狀況看來，料敵從寬，應是英軍裝甲的 7 旅的一個戰車營 (squadron)。

於是，**原田部隊**於 4 月 11 日日沒時分，以其步兵第 1 及第 2 大隊，攻

---

47 同上註，頁 504。
48 William Slim, *op. cit*, p.72.

擊克克瓦 (Kokkogwa) 及沙特丹 (Thadodan) 之英軍陣線；但至 12 日，日軍卻反遭英軍包圍，陷入苦戰，原田大佐遂令該兩大隊，乘夜退至道路以南 2 公里之線，占領陣地，監視英軍。不過奇怪的是，此後當面英軍未再有積極行動，並逐次退出了戰場；師團長認為原田部隊之任務已達成，乃將其召回，於 16 日上午到達伊洛瓦底江畔的敏剛衛 (Migyaungye)，準備向仁安羌方向以「水上機動」前進。[49]

荒木部隊方面：由於大部分兵力剛由中國華東地區轉來，尚不適應熱帶氣候作戰，而且馬匹仍未運到，只能臨時徵用當地牛車搬運山砲，影響追擊行動。但 4 月 9 日傍晚自阿藍廟出發後，還是在 12 日拂曉，突破新榜衛 (Sinbaugwe) 約 150 人的英軍敵陣地，並於 13 日晨占領了敏剛衛，並準備向因河 (Yin Stream，Yan Pel Creek) 之線繼續發起攻擊。[50]

根據日軍的戰鬥情報：英軍在因河北岸之馬魏構成防禦「主抵抗線」，以一部約 700 人，在南岸占領陣地；北岸之英軍，係擁有戰車 10 餘輛、砲 10 餘門及高砲數門之有力部隊約 1 千人，惟陣地簡陋，似無認真抵抗之企圖。[51] 而當時英軍在緬甸僅有 2 個步兵師與 1 個裝甲旅，既然英印第 17 師與裝甲第 7 旅一部在東敦枝，那麼另外的英緬第 1 師和裝甲第 7 旅主力，

49　《緬甸攻略作戰》，頁，504~505。按，克克瓦的反擊成攻，可以說是英軍在一路敗退下，唯一足堪告慰的一場戰鬥；史林姆還以此認為，英印第 17 師仍然「充滿戰力」(full of fight)、且「十分振奮」(quite pleased)。見：William Slim, *op. cit*, p60.
50　《緬甸攻略作戰》，頁 505~506。
51　同上注，頁 506。筆者「情報判斷」之概念，英軍兵力位置為：因河以南為加強營 1，因河以北為配屬有戰車、砲兵的步兵旅 1，馬魏則為英緬第 1 師及裝甲第 7 旅主力。

自然就在馬魏方面了。

　　4月14日晨，**荒木部隊**擊退因河南面英軍；15日夜晚，渡過因河，向東迂迴，擬對馬魏英軍主陣地發起側背攻擊。不過，山砲聯隊的「拉砲牛車」，卻在步兵向前推進的時候，出現了「不太管用」的狀況，迫使該聯隊放棄牛隻拉砲，改以人力替代，力求急速前進，惟仍無法跟上步兵行動。16日0400時，荒木部隊突破英陣地左翼；17日0500時，占領了馬魏。[52]然而，在日軍佔進入馬魏之前，英軍已主動退卻；井田正孝中佐對當時場景的描述是：「具有高度機動力之敵軍，不屑一顧行動遲緩之荒木部隊，悠然全身而退。」[53]

　　不過，當日軍還在砲兵跟不上的困難狀況下，欲強渡因河之時，新到任才1個月的史林姆軍長，已在4月15日1300時視察過仁安羌之後，即以不願讓油田與煉油廠「完整地」(intact) 落入日軍之手為由，對其下達了爆破的命令；1百多萬加侖的原油，熊熊燃燒，火燄高達5百多英尺。史林姆回憶當時景況：伴隨著滿耳的爆炸和滿眼的火光，機械設備、通信設施和房屋，紛紛崩塌；整片土地被一個巨大的黑色煙幕籠罩著，煞是奇特又恐怖。[54]

52　同上注，頁506。筆者判斷，拉砲牛隻出現「不太管用」狀況，因是受到槍砲聲驚嚇所致。
53　同上注。
54　William Slim, *op. cit*, pp.61~62. 注意！英國人寧願焚燒掉汽油，也不給中國軍隊使用。

照片 8 ／ 1942 年 4 月 16 日，英軍爆破仁安羌油田景況

作間部隊方面：於 4 月 9 日自阿藍廟出發，即在右翼原田部隊的掩護下，車運至雷提特西方集結；12 日，渡過因河，向仁安羌方面挺進。根據井田正孝中佐的手記：作間部隊渡河後，在「沙漠地帶」經過 3 天 4 夜的行軍，白天炎熱不說，夜間溫度也在華氏 90 度（按，攝氏 32.2 度）左右，部隊最感痛苦的是缺水。前進途中，每隔 4 至 8 公里，會有數間「破爛房子」的部落散在，或可獲得若干飲水，但為秘匿企圖，部隊只好儘量避免接近；結果沿圖上的河流前進，惟河流亦虛有其名，可說絕大部分為乾河，連餵

馬之水都得苦心張羅。官兵就在此一酷熱中，肩揹重裝備，渾身汗流及塵埃，在森林中穿梭，默默地「強行軍」。[55] 4月7日至15日，日軍追擊狀況如圖 4-3 示意。[56]

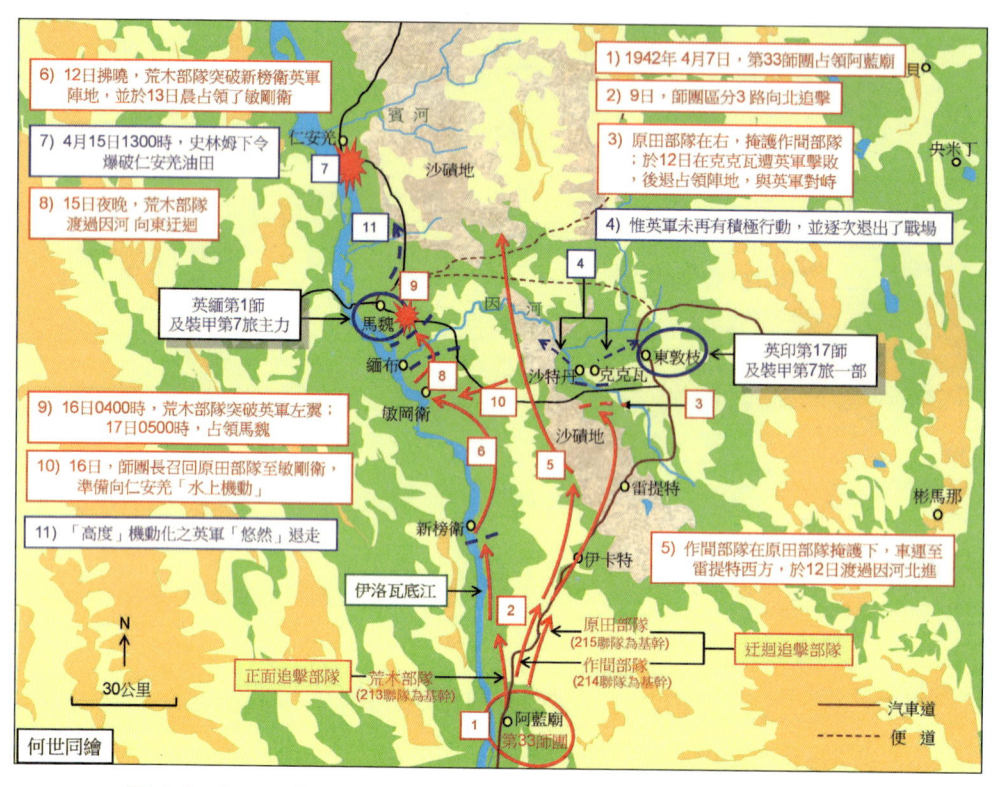

圖 4-3 ╱ 1942 年 4 月 7 日至 15 日，日軍第 33 師團追擊狀況示意

---

55 《緬甸攻略作戰》，頁 506~507。又，所謂「強行軍」，係增加每日行軍時間，但不增加行軍速度之行軍。
56 本圖參考：同上注，頁 511，插圖 41「仁安羌攻略作戰經過概圖」。

4月16日午夜，作間部隊進入距離仁安羌東方約5公里處，發現遠方幹道上，有來往頻仍車輛之前燈光照；根據附近居民所說，擁有戰車之「部分敵人」，似已通過「賓河鐵橋」，退至賓河以北地區。於是作間大佐遂變更原來攻略仁安羌之計畫，將兵力分成兩半，決定在賓河南北兩地點切斷幹道，令第3大隊（大隊長高延隆雄少佐，以下稱高延大隊）挺進至賓河北岸的克敏村（Kyemyin）附近，占領陣地，並率領主力，向仁安羌東北角「三叉路」突進。[57] 按，賓河之上原有一座公路鐵橋（見照片9、10）[58]，是當時溝通賓河南北交通的唯一橋樑，但因老舊，於2014年興建水泥新橋（見照片11）[59] 後已拆除。

照片9／原溝通賓河兩岸交通之鐵橋（遠方為北岸，2014年已拆除）

照片10／由賓河北岸舊鐵橋東端眺望南岸，油田清晰可見

57　同上註，頁507。
58　資料來源：劉放吾將軍紀念網，拍攝時間2011年11月。
59　同上註，拍攝時間2018年7月。

照片 11 ／ 2014 年賓河新橋建成、舊橋拆除後，兩岸航拍景況

　　4月17日晨，高延大隊及作間部隊主力雙雙奇襲成功，分別俘獲約 80 及 200 名英軍，並各自占領所望目標，切斷了賓河南北兩地交通；根據日軍的記錄，這些俘虜均為英軍後方勤務部隊，而其戰鬥部隊之主力，目前仍從南方退卻之中，尚未通過仁安羌。[60]

　　事實上，英緬第 1 師的「後方梯隊」(rear echelons)，早已在裝甲第 7

60　《緬甸攻略作戰》，頁 507。

旅的戰車掩護下,安全地經由「油田區」,機動運輸到了離仁安羌以北 25 英里的歸約 (Gwa Cho)。而史林姆於 16 日,也將他的「軍指揮部」(Corps Headquarters),從賓河移到歸約;據他回憶:當天晚上(應包括次日凌晨)日軍就身穿緬甸陸軍服,突擊了他們剛撤離的地方。[61] 然而,日軍為何要身穿緬甸陸軍服?史林姆沒有說明,筆者判斷應是指一直走在日軍前面的「緬甸獨立志願軍」。

又根據史林姆的回憶:17 日「早間」(early hours),當英緬第 1 師正從仁安羌以南「疲憊地」(wearily) 北上時,聽到日軍正「先一步」(ahead of) 到達鎮上的消息;史考特師長乃於「入夜後」(during the night),開始調整兵力,將他那些已經「又累又渴」(tired and thirsty) 的手下,「集結」(concentrate) 在仁安羌「南郊」(southern outskirts)。[62] 此一記述,也大抵對得上日軍當天的說法,同時亦標示了英軍「被困」的概略位置;值得注意的是,史林姆只說了英軍「又累又渴」,但沒有提到「飢餓」。

17 日,賓河北岸曾發生戰鬥。日方的記載是:隨伴戰車 10 餘輛之英軍 1 千人,向高延大隊正面發起逆襲,但為高延大隊「奮戰予以擊退」;入夜後,大隊主力奉命撤回南岸,以增強聯隊主力之戰力,俾因應 18 日北退英軍到達後之可能戰鬥,在賓河北岸只留下了第 9 中隊。[63] 此中隊,則於

61　William Slim, *op. cit*, pp.61~62;文中,歸約作 Gwegyo。
62　William Slim, *op. cit*, p.62.
63　《緬甸攻略作戰》,頁 508。

18 日為劉放吾所率領的國軍新 38 師 113 團所驅逐，後文再論。

但史林姆的說法是：賓河以北，更多日軍出現於「軍部舊址」；此時，由 Pryce 上校率領的尼泊爾 Kurkhas 族士兵，加上一些 West Yorkshires 軍隊和幾輛來自南岸的戰車，一起發起反擊，肅清了沿路的敵軍，但後者在靠近賓河北岸「淺灘」(ford) 的地方，成功地「建立了封鎖」(established a block)。[64] 令人不解的是，英軍既然能以「步戰協同」兵力，主動「肅清」沿途敵軍，但為何不一股作氣將北岸日軍完全消滅，還留下一個「殘局」，要「央請」中國軍隊來幫忙收拾（見後文）？其實史林姆的說辭充滿了矛盾與誇張；例如他說：「他們還用反擊奪回的高射砲，一天之內打下了 7 架日本飛機。」[65]

另一方面，作間大佐為了準備攻擊即將由馬魏方面退卻而來之英軍主力，到達仁安羌後，立即在其東北角（各道路之集合點）配置聯隊直屬部隊及第 2 大隊（大隊長杉浦鍵太郎），作為「主抵抗線」（即「主陣地」）；並以部落（指敦貢、推崗，Twingon）之「中央三叉路口」附近為「前方據點」，配置山砲第 3 大隊（大隊長中井正少佐，欠第 7 中隊），而由賓河北岸撤收回來的高延大隊，則納入中井正之指揮。[66] 也就是說，日軍已「攔截」

64　William Slim, *op. cit*, p.63.
65　*Ibid* p.62.
66　《緬甸攻略作戰《，頁 508。按，日軍之大隊，相當於盟軍之營級部隊而略大；此為步砲「大隊群」（即「營群」）概念之編組，由砲兵大隊長出任「群」指揮官。另，William Slim, *op. cit*, p69，估算賓河南岸至 Twingon 距離為 1 英里，實際為 2.4 公里。

退卻英軍於賓河之線。4月17日夜，日軍作間部隊在賓河南北之兵力部署，如圖4-4示意。[67]

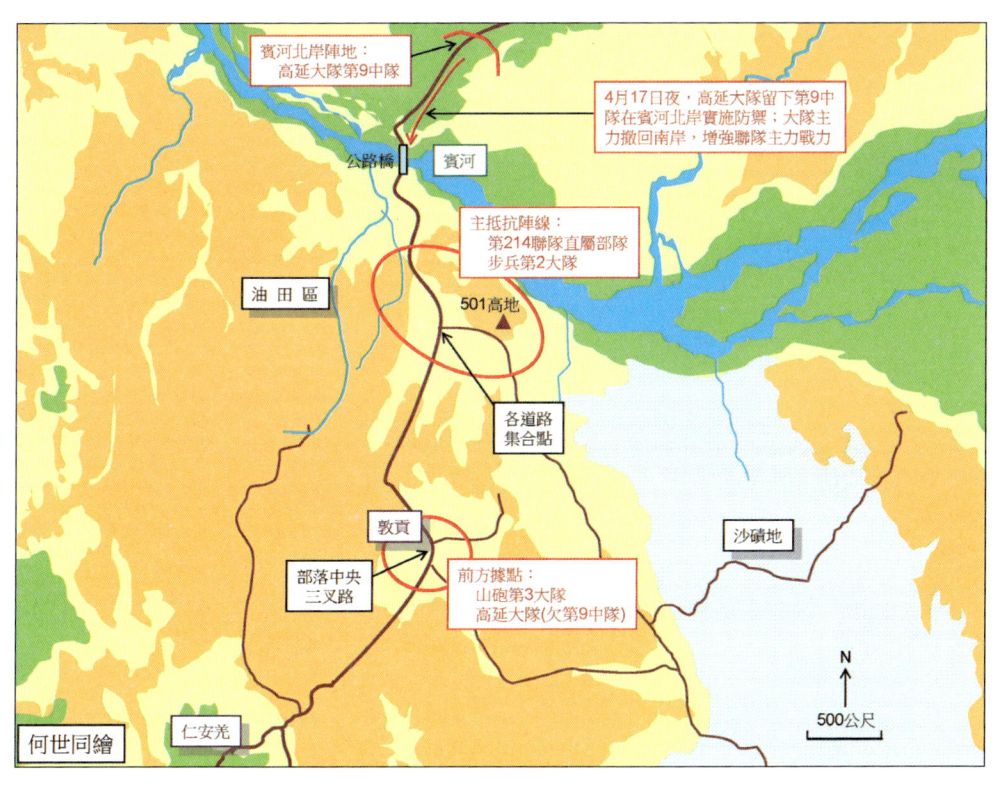

圖4-4 ／ 1942年4月17日夜，日軍作間部隊在賓河南北兵力部署示意

---

67 本圖之調製，係根據上述資料，及google 2016年仁安羌附近衛星空照地圖。

第四節

英軍難逃被日軍「包圍殲滅」命運

　　4月18日晨，從馬魏方向退卻而來之英軍，逐漸進入仁安羌地區，首先遭遇日軍中井陣地之抵抗。日軍「判斷」，此部英軍約有戰車15輛、火砲15門、汽車300輛，兵力4千人；[68] 筆者認為，此數目，應是出於敦貢日軍對進攻敦貢英軍「投入兵力」之「目視判斷」。

　　仁安羌之地形特性，及其對戰車越野行動之限制，前文已述。當時除了市區散在之樹林以外，出了市區就是遍野不見一棵樹的不毛之地，而油井林立，爆破後的油庫冒起衝天黑煙，更蔚成奇觀；[69] 加上晝間氣溫高達華氏114度（攝氏45.6度），整個戰場一片荒蕪，刻正籠罩在煙幕下，而且沒有水。[70]

　　但是過了賓河，由北岸一直延伸到蒲甘（Pugam，緬甸古都，南距仁

68　《緬甸攻略作戰》，頁508。
69　同上注，頁508~509。
70　William Slim, *op. cit*, 67.

安羌約 80 公里) 一帶，則是植被率高、戰車通行無礙的平坦地形 (見照片 12)；和南岸的沙磧與天然「反戰車壕」地形相較，大大不同。

照片 12／賓河北岸至蒲甘間地形地貌狀況 (筆者攝於 2014 年 10 月 10 日)

根據日軍記述的 4 月 18 日戰況：英軍是以戰車為先頭，反覆強行突破幹道，但均為中井部隊所阻，無法前進；而逸出之英軍，則轉往東側道路，逐次向聯隊主力方面移動，於是攻防焦點就落在於仁安羌東北角「各道路集合點」附近。日軍認為，除非英軍能突破此點，否則車輛無法前進；因此後者雖陷入困境，但攻勢有增無減。[71]

戰鬥中，英軍曾努力向敦貢推進，但在炎陽高照、塵土飛揚，日軍飛機、火砲、機槍不斷制壓下，數度攻擊都無功而退；英緬第 1 師史考特師

---

71 《緬甸攻略作戰》，頁 509。

長乃於 18 日 16 時 30 分，電史林姆求援。[72] 入夜後，英軍停止行動，作間也開始整頓陣線，集結全力於東北角，包括命令中井部隊後撤，以備次日之戰鬥。[73]

又據日軍記述，此時賓河北面之敵，亦「奮勇來攻」，使第 9 中隊不得不後退至賓河之線；[74] 不過，此「奮勇來攻」之「敵」，不是英軍，而是劉放吾率領的國軍第 113 團 (後文再論)。[75] 史林姆回憶當時英軍的處境，是「在沒有水源的情況下，被砲兵、迫擊彈及空襲，圍困在一隅之地」；[76] 此「一隅之地」，即前述英緬第 1 師史考特師長所說的「仁安羌南郊」。1942 年 4 月 18 日，中、英軍在仁安羌附近戰鬥狀況，如圖 4-5 示意。[77]

---

72 William Slim, *op. cit*, p.68. 另，Bisheshhar Prasad, "*Indian Armed Forces in World WarII—The Retreat From Burma, 1941-1942*" (Stee Sarasmaty Press LTD, Calcutta, 1954), pp.290~294. 亦可參，惟其將戰鬥時間，錯植為 4 月 17 日。
73 《緬甸攻略作戰》，頁 509~510。中村部隊雖後撤，但應保有設在敦貢附近的俘虜營。
74 《緬甸攻略作戰》，頁 509。
75 史編局，《抗日戰史‧滇緬路之作戰》，頁 68。
76 同上注，頁 69。
77 本圖根據上述狀況自繪。

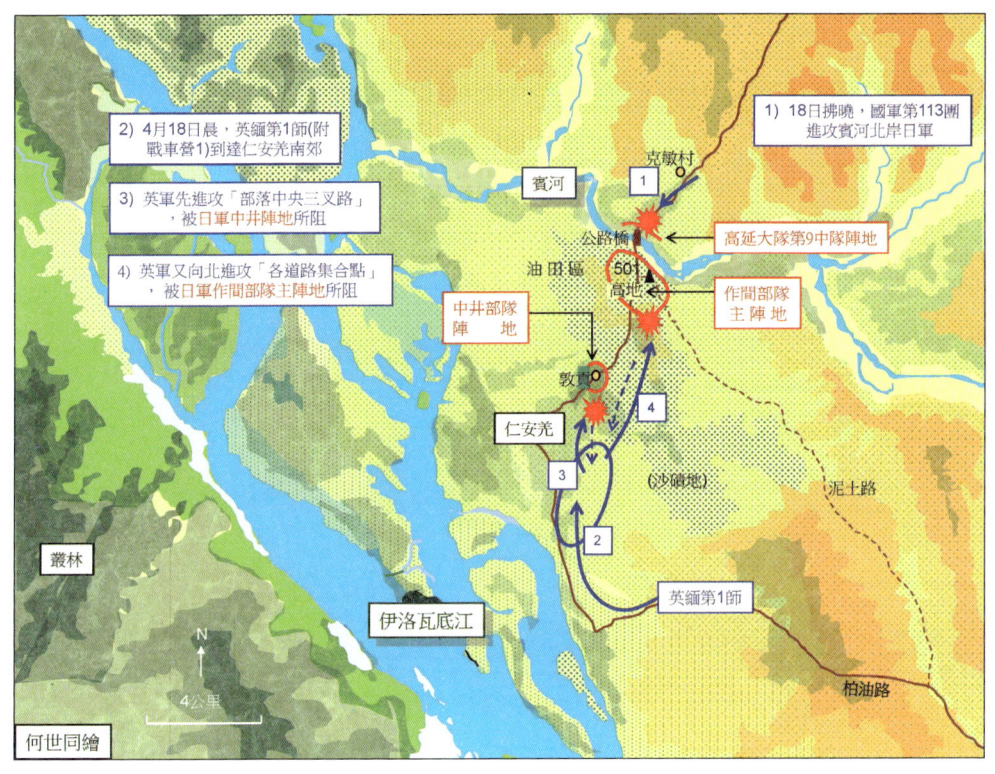

| 第四章 | 日軍向伊洛瓦底江方面的追擊　　第四節 | 英軍難逃被日軍「包圍殲滅」命運

圖 4-5／1942 年 4 月 18 日，中、英軍在仁安羌附近戰鬥狀況示意

　　先是 17 日晨，當櫻井師團長獲悉作間部隊占領賓河南北兩岸之時，即動用預備隊，以原屬作間聯隊之第 1 大隊 (大隊長德重房夫)，利用獨立工兵第 26 聯隊支援的舟艇實施水上機動，17 日夜由馬魏出發，沿不熟悉的伊洛瓦底江水道，溯航而上，18 日傍晚到達仁安羌南端，與中井部隊會合。[78] 亦即，德重大隊趕上了 19 日的戰鬥，也使得作間部隊在這時候，才

78　《緬甸攻略作戰》，頁 509。

擁有自己的完整步兵聯隊。

　　第 33 師團其餘部隊的行動是：**荒木部隊**，17 日自馬魏出發，在炎熱與缺水狀況下，進入馬魏與仁安羌之間「完全無人」的地帶，中暑與病患層出不窮，終於在獲得防疫與給水支援後，始得再起追擊，而於 19 日下午進入仁安羌。**原田部隊**，則於 17 日傍晚由敏剛魏出發，在獨立工兵第 26 聯隊的支援下，行水上機動；18 日晨登陸緬布（敏巫，Minbu)，19 日夜重新出發，20 日晨到達仁安羌。[79] 以上兩部隊，均未參加 19 日晝間的仁安羌戰鬥。1942 年 4 月 18 日以後，日軍第 33 師團陸續到達仁安羌附近兵力，如圖 4-6 示意。[80]

79　同上註，頁 509~510。
80　本圖參考：《緬甸攻略作戰》，頁 512，插圖 42「仁安羌附近戰鬥要圖」。

圖 4-6 ／ 1942 年 4 月 18 日以後，日軍第 33 師團陸續到達仁安羌附近兵力示意

　　4月18日晝間，仁安羌英軍在日軍1個聯隊（欠1個大隊）「攔截」的時候，都無法自行脫離而向北逃逸；若1天之後，日軍第33師團另兩個聯隊陸續到達，則仁安羌英軍必定遭到「包圍殲滅」。況且當時英軍正處於缺水、疲勞、恐懼及緬甸士兵軍心動搖的狀況下（見後文）；除非「奇蹟」出現，否則英緬第1師及裝甲第7旅一部，勢難逃被殲滅命運。而這個「奇蹟」，果然在此關鍵時刻出現，那就是劉放吾率領國軍第113團的及時救援。

如果不是劉放吾的國軍第113團及時在4月19日晝間投入，擊潰日軍作間部隊，攻占仁安羌，擋住了日軍第33師團對英軍的追擊與攔截，則不止英緬軍在仁安羌的部隊必被殲滅，甚至連在東敦枝的英印第17師及裝甲第7旅另部，勢亦難逃被殲或投降的命運。若無國軍第113團救援，緬甸英軍被日軍殲滅之假想狀況，如圖4-7示意。[81]

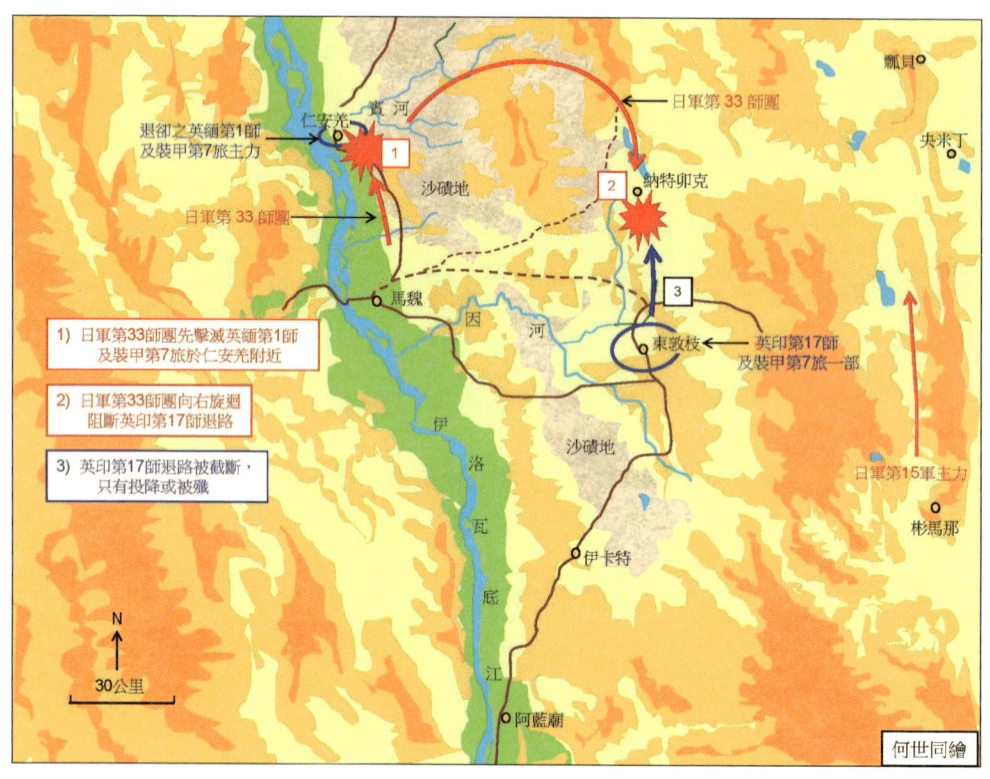

圖4-7／若無國軍第113團救援，緬甸英軍被日軍殲滅之假想狀況示意

81　本圖係根據上述狀況自繪。

第五章

劉放吾團長創造了「仁安羌大捷」

第一節｜劉放吾團奉命前往應援英軍

第二節｜賓河北岸的戰鬥

第三節｜賓河南岸的戰鬥

第四節｜「仁安羌大捷」改寫了二戰歷史

1942年4月19日,「中國遠征軍」新編第38師第113團上校團長劉放吾,以1個小型步兵團的劣勢兵力,與簡陋的武器裝備,在敵人有空優之狀況下,於敵陣前強渡賓河,擊潰日軍1個編配有砲兵、工兵的加強步兵聯隊,解救英軍1個步兵師及1個裝甲旅一部脫困,一直被視為是一個「奇蹟」;然而,這個無法用「兵學理論」解釋的「奇蹟」,卻「真實存在」。這是中國軍隊自「甲午戰爭」以來,第一次「境外作戰」中的第一場勝仗,更是中國軍隊揚威「國際戰場」的一次指標性作戰,歷史意義格外重大。

第一節

劉放吾團奉命應援英軍

1942年4月14日晨2時，英緬軍司令亞歷山大將軍，在美苗（位置見圖3）面告「中國遠征軍」代表侯騰將軍，說明仁安羌方面英軍垂危情形，要求「中國遠征軍」迅速加以援助；[1]國防部史編局《抗日戰爭·滇緬路之作戰》，載當時英軍狀況曰：

> 當敵我在羅衣考、棠吉各處鏖戰之際，敵第三十三師團約兩個聯隊即分沿伊洛瓦底江北進，繞至英軍後方，佔領仁安羌油田，切斷英軍歸路，遂將英緬軍第一師全部及戰車營一部，包圍於仁安羌以北地區。同時以一部約一個大隊的兵力佔領賓河右岸渡口，阻絕英軍之增援。此時在賓河右岸與敵掙扎之英軍，僅有殘餘步兵連及裝甲旅之戰車山砲各一部，而被圍之英軍則已陷於糧彈俱盡飲水絕源之苦境，危急萬分。[2]

---

[1] 史編局，《抗日戰史·滇緬路之作戰》，頁67；蔣緯國，《抗日禦侮·滇緬路作戰》，頁219，所載略同。

[2] 史編局，《抗日戰史·滇緬路之作戰》，頁67。

侯騰將軍接到亞歷山大的求援後,立即向「中國遠征軍」羅卓英司令長官報告;又根據《抗日戰史‧滇緬路作之戰》所載:羅乃於當天(14日)17時,令新編第38師第113團,由該師副師長齊學啟率領,赴巧克柏當(喬克巴唐,Kyaupadaung,位置見圖 5-5),歸英軍「第1軍團軍團長」(實則為英緬軍第1軍軍長,見前文)史林姆指揮。[3]

　　不過,4月14日伊洛瓦底江方面的實際狀況是:日軍的「**正面追擊部隊**」還在因河以南,「**超越追擊部隊**」尚在酷熱沙漠地帶中「強行軍」,英緬第1師剛準備放棄馬魏,乘車北去。亦即,不論日軍的「追擊」,抑或英軍的「退卻」,均未到達仁安羌,已詳於前。因此,亞歷山大以英軍狀況緊急,要求國軍援助或許是真,但若如《抗日戰爭‧滇緬路之作戰》所載,當時英軍已被日軍「包圍於仁安羌以北地區」,那就與事實不符了。

　　然此與事實不符的載述,居然出現在「官版」抗戰史書上,確實令人難以置信;而以此版本,對照三軍大學編著之另一部「官版」抗戰史書《抗日禦侮‧滇緬路作戰》,更發現兩者此部分之內容,幾乎全同;[4]原來,前者初版於1966年5月,後者問世於1978年10月,後者全抄了前者。若再以此比對成書於1946年3月之《緬甸蕩寇志》,又赫然發覺,此書所撰「仁

3　同上注;蔣緯國,《抗日禦侮‧滇緬路作戰》,頁219,所載同。注意!受英軍史林姆指揮的是第113團,不是新編第38師。

4　蔣緯國,《抗日禦侮‧滇緬路作戰》,頁219。按,此書為蔣緯國擔任三軍大學校長時,由戰史教官共同編撰而成,故亦可視其為「官版」。

| 第五章 | 劉放吾團長創造了「仁安羌大捷」　　　第一節 | 劉放吾團奉命應援英軍

安羌之戰」部分，竟是上述兩部「官版」史書之所本。[5]

《緬甸蕩寇志》曾於 1955 年「孫立人案」時被列為「禁書」，1992年 8 月隨孫案平反而重刊，更易其名為《中國軍魂—孫立人將軍緬甸作戰實錄》。[6] 作者孫克剛，為新編第 38 師師長孫立人之姪，時任該師政治部上校副主任，1942 年 3 月隨孫立人入緬，參加了兩次緬戰。據原書〈前言〉所述：書中資料大部分是親眼所見，一部分取之於戰鬥紀錄，和實地作戰官兵的談話；自稱：「拿歷史學的眼光來看，應該算是原始材料。」[7] 該書初版時間，距離「仁安羌之戰」不及 4 年，在因戰亂而資料散失，復再蒐不易之狀況下，所言內容確實彌足珍貴，可補史載不足。遺憾的是，孫氏並未親身參與「仁安羌之戰」，然對得自聽聞與訪談而來的相關情節記述，並未查證，諸多演義，刻意虛美其叔，致失客觀，或稱精彩，但為史不足，反成以訛傳訛、混淆真相的源頭；後文有專節評述該書。

5　孫克剛，《中國軍魂—孫立人將軍緬甸作戰實錄》，頁 4~5。
6　同上註，頁 I，〈重刊前言〉。按，作者畢業於北平師範大學歷史系，孫立人任陸軍總司令時，為其辦公室少將主任，1967 年逝世，此〈重刊前言〉，為其子孫善治撰於 1992 年清明節。
7　同上註，頁 V，〈前言〉。

撥雲見日 仁安羌故事考

圖 5-1／孫克剛所著《緬甸蕩寇志》及其重刊《中國軍魂・孫立人將軍緬甸作戰實錄》

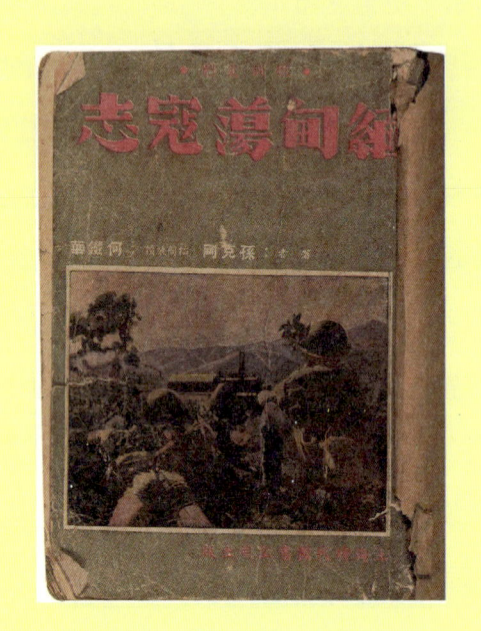

1946年3月，孫克剛所著之《緬甸蕩寇志》

1992年8月《緬甸蕩寇志》重刊，更易書名為《中國軍魂－孫立人將軍緬甸作戰實錄》

　　新編第 38 師的前身，是國民政府財政部稅警總團，參加過 1937 年的「淞滬會戰」；1938 年 8 月移駐貴州都勻、獨山附近整訓。1942 年 1 月，以總團 6 個團中的第 2、3、4 團，改編為新編第 38 師，總團長孫立人改任師長，副總團長齊學啟改任副師長，參謀長為何鈞衡，納入第 66 軍作戰序

| 第五章 | 劉放吾團長創造了「仁安羌大捷」　　　第一節 | 劉放吾團奉命應援英軍

列，準備入緬作戰。[8] 該師除編配步兵第 112、113、114 團外，另轄特務團、學兵團、幹部教練所、及直屬單位等。[9] 同年 3 月 11 日，該師由駐地到達貴州興義誓師，然後徒步行軍近半月至昆明西南之安寧縣 (今屬臨滄市)，向第 66 軍張軫軍長報到，並於 4 月 28 日起，車運進入緬甸；4 月 5 日，全師到達「滇緬公路」之末站，連接通曼德勒鐵路處的臘戍。[10]

孫立人將軍非黃埔出身，是國軍中極少數美國大學畢業，又進入美國軍校學習軍事的優秀將領；但他在擔任新編第 38 師師長以前，並未歷練過「野戰部隊」職務。有關孫立人將軍的生辰，說法不一；根據曾任孫立人將軍「隨從秘書」的沈克勤，在其所著「孫立人傳」中所載，孫將軍生於 1900 年 (光緒 26 年)11 月 17 日 (農曆)。[11] 又根據 2000 年 11 月 11 日「孫立人將軍百歲冥誕暨逝世十週年」時，新竹清華大學網站的「年表」所載，

8　何鈞衡，〈轉戰中印緬戰區的新編第三十八師〉，收入：杜聿明・宋希濂等著，《遠征印緬抗戰》，頁 110。另，劉偉民，《劉放吾將軍與緬甸仁安羌大捷》(香港：今日出版社，2007 年 5 月，4 版 1 刷)，頁 17~18，所載同 (該書封面及劉放吾將軍肖像，見圖 7-7)；按，作者為劉放吾將軍次子，本書初版時間為 1995 年 1 月 30 日。
9　何鈞衡，〈轉戰中印緬戰區的新編第三十八師〉，收入：杜聿明・宋希濂等著，《遠征印緬抗戰》，頁 110。
10　劉偉民，《劉放吾將軍與緬甸仁安羌大捷》，頁 20 有關新 38 師入緬過程，可參：孫克剛，《中國軍魂─孫立人將軍緬甸作戰實錄》，頁 1；惟載該師由安寧出發之時間，為 27 日晨，與劉書相差 1 日，師先頭到達臘戍的時間，為 4 月 2 日。
11　沈克勤，《孫立人傳》(封面見圖 6-14)(台北：台灣學生書局，2005 年 6 月 1 日，增訂 1 版)，頁 15。按，作者曾任孫擔任台灣防衛司令時的宣傳科長，其後並任孫之隨從秘書，與孫關係密切；見該書，「作者介紹」欄。

孫將軍生於「民前十二年〔一八九九年，光緒二十五年〕十月十七日」。[12]但在自填的維吉尼亞軍校「學籍表」中，又不一樣，後文有詳述。

孫立人將軍的求學過程，概為：1915年9月，進入北京「清華學校」(Tsing Wua College) 所辦的「留美預備學校」就讀；總共修業8年，分「中等科」(相當於「初中部」) 和「高等科」(相當於「高中部」) 各4年，等同「大學預科」；畢業後，就順理成章的保送往美國深造。[13] 孫將軍在「清華學校」之「初中部」成績單，見照片5-2左。[14]

1923年8月17日，孫將軍由上海乘坐美國「傑克遜總統號」郵輪，公費赴美留學，同行者有梁實秋與齊學啟。9月1日，抵達西雅圖後，孫將軍再乘火車東行赴印地安納州的西拉法葉城，進入普渡大學 (Purdue U.)，插班就讀「土木系」三年級。孫將軍的入學時間是1923年9月11日，填寫的出生日期是1901年10月17日；[15] 比沈克勤所說年紀，年輕了1歲。孫將軍在普渡大學「土木系」畢業的時間，是1925年6月9日；[16] 總共唸了4個學期、1年8個月。值得注意的是，4個學期均開有「軍訓」課程，

---

12 高宗魯，〈孫立人在美國求學的經過〉，收入：《傳記文學》(台北：傳記文學雜誌社，2001年4月11日)，第78卷，第4期，頁104。以下本文第2次出現時，僅列作者與篇名。按，作者為孫立人將軍的長期「仰慕者」；吾人由上註，頁103，所載：他對孫將軍的「事功是十分敬仰的，這種敬仰由來已久。」可以看得出。又，作者為留美學者，曾任康州大學經濟學教授，2006年逝於美國。
13 沈克勤，《孫立人傳》，頁15；及高宗魯，〈孫立人在美國求學的經過〉，頁105。
14 翻拍自：高宗魯，〈孫立人在美國求學的經過〉，頁105。
15 同上註，頁106~107。
16 同上註，頁107。

但孫將軍都沒有修習。[17]

　　1926年2月1日,孫將軍獲准進入「維吉尼亞軍校」就讀,他在「學籍表」上親筆填寫的出生時間是「1903年12月2日」(見圖5-2右);[18]這又比沈克勤《孫立人傳》中說的年紀小了3歲,比自己在普渡大學時填寫的年紀小了2歲。據高宗魯說:「孫將軍為什麼這樣做?吾人不得而知」;又說:那是因為美國軍校「入伍生」有「年齡限制」的關係;並以「幾經周折,煞費苦心」來形容孫將軍的心路歷程。[19]事實上,當時他的「實際年齡」已經26歲,若不「隱瞞年齡」,就進不了軍校;筆者也理解孫將軍為追尋「人生目標」,而「不得不」的做法。

　　孫將軍在維州軍校唸了3個學期,總共1年4個月;1927年6月15日,獲得維吉尼亞軍校「文學士」學位,結束在美國3年9個月的求學歲月。[20]1929年2月,孫將軍回到南京,在紅紙廊的「中央黨務學校」,擔任第1期學生中校大隊附和教官;[21]開啟在中國的軍旅生涯。

17　同上注。
18　翻拍自:同上注,頁109。
19　同上注。
20　同上注,頁110。
21　同上注。

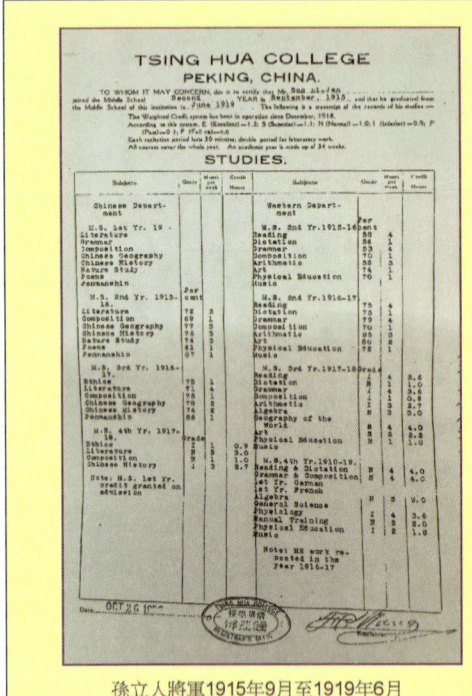

孫立人將軍1915年9月至1919年6月　　孫立人將軍1926年2月1日就讀維吉尼亞軍校時
在「清華學校」初中部之成績單　　　　　　親筆填寫的「學籍表」

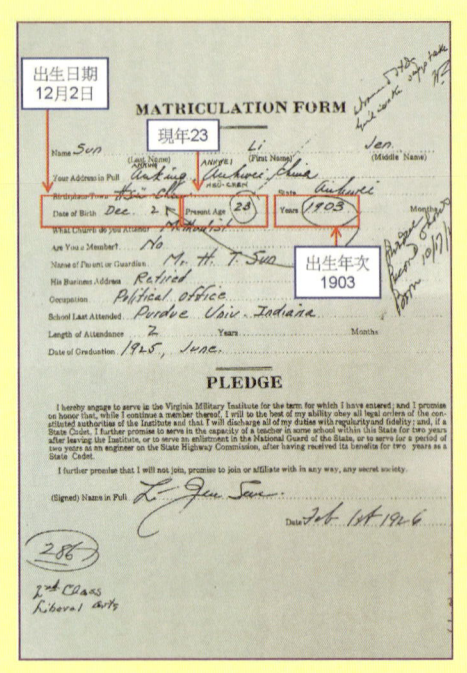

圖 5-2／孫立人將軍清華學校初中部「成績單」與維吉尼亞軍校親填之「學籍表」

1942年4月7日，孫立人將軍所率領的新編第38師，除留置第114團第1營，警衛臘戍機場外，全師向曼德勒推進。[22] 而該師自開抵曼德勒後，即遵「遠征軍」司令長官部命令，由原隸第66軍，改歸第5軍軍長杜聿明指揮。[23] 根據孫克剛書所載：

22　孫克剛，《中國軍魂—孫立人將軍緬甸作戰實錄》，頁153(原書《緬甸蕩寇志》，頁3。
23　史編局，《抗日戰史・滇緬路之作戰》，頁80。筆者認為，此地屬「配屬」或「作戰管制」性質，在建制上仍屬第66軍。

部隊進駐曼德勒的前三天，蔣委員長曾親自飛到曼德勒城東四十英里的梅苗，召集入緬國軍將領舉行軍事會議，決定派孫立人將軍擔負守衛曼德勒的責任，會後親赴曼德勒視察；對於怎麼構築工事？怎樣清除街道？怎樣救災保民？都有詳盡指示，並指出皇城左面的小山好像紫金山，伊洛瓦底江好像長江，曼德勒有如南京的形勢，而保衛曼德勒也和保衛南京同樣的重要。他說完了話，把手中一幅曼德勒全圖遞給孫將軍，孫將軍立刻領悟到最高統帥的意旨，他用挺立的姿勢雙手接過了這幅地圖，從堅定不移的眼光中，表達出他接受任務，和誓與陣地共存亡的決心。[24]

但是，《孫書》所載之蔣委員長相關行動，與後者之日記比對，實有甚大出入。蔣介石委員長4月5日至4月8日之日記，所載如下：

4月5日：

本日清明節，不能回鄉掃墓⋯⋯十一時與妻等啟機，先飛昆明加油，午餐⋯⋯下午三時，再由昆明起飛，六時半至臘戍，會見所部，處理軍事、政治、糧秣與外交各事，十二時方睡。據報，英軍阿蘭廟向麥櫃撤退，而曼德勒〔即瓦城〕毫無防守準備，彼自無兵力防守，而又不准我軍入城構築工事，作固守之備，余自帶兵作戰以來，從未見有如

---

[24] 同上注，頁151~152(原書《緬甸蕩寇志》，頁1~2)。又，「皇城」應作「王城」，蓋緬甸未出過「皇帝」。梅苗，即美苗。

此糊塗懈忽之軍情也,可歎。[25]

4月6日:

　　十時後,與妻乘車由臘戍出發⋯下午三時半到美苗休息後,七時約會亞歷山大與史蒂華(按即史迪威)兩將軍,商談軍務。余對英軍撤退阿蘭廟表示不滿,坦白斥責其無此戰例也,事後腦痛殊劇⋯。[26]

4月7日:

　　本日上午先見史參長(即史迪威),討論英軍作戰處置,與緬甸後方勤務太不健全之危狀;再見羅、杜、戴各將領,討論作戰計畫,決定在平曼納為中心與敵決戰,不問英軍之退卻如何,即以緬東北為後方根據,並確保瓦城為之畸角。下午與妻及羅、杜到瓦城之舊宮城,其城形一如紫金城(按即紫禁城)⋯瓦城周圍全部形勢,略如我南京,高山、平原、大河皆備也。晚回美苗,宴亞歷山大。[27]

4月8日:

　　上午召見甘麗初、孫立人各軍師長,垂詢第六軍方面敵情,乃知棠吉經毛奇通同古公路,並未破壞,使敵軍由同古進佔毛奇,以致我主力軍之後路棠吉大受威脅。甘軍長無識無膽,視其狀,頗形恐慌,亦無主意,余乃面授處置,使之星夜趕回防地。再授孫立人曼德勒五

25　抗戰歷史文獻研究會編,《蔣中正日記—民國三十一年‧1942》,頁49,4月5日條。按,隨行者,有蔣夫人、羅卓英與史迪威等人。
26　同上註。
27　同上註,頁50。羅、杜、戴,按指羅卓英、杜聿明、戴安瀾。

> 萬分一地圖，面示防守要略，及曼德勒被炸大火後，屍體遍地無人埋葬，及預防疫症各點，令其下午與史、羅赴實地設防⋯下午手擬杜軍長覆函，處置完畢後，往新築機場視察工程，乃見斬伐幾株樹木，而並未有一點進行；問其工人之數，約六十人，午後四時即須停工，如此情形，何能開闢機場？史氏稱，美苗機場十三人可以完工，是乃受英方之欺負，而又欺騙我也，可痛極矣。[28]

由上述蔣介石委員長日記所載看來，帶孫立人去曼德勒布防者，是史迪威與羅卓英，而不是蔣委員長本人；當然，蔣委員長也不可能在曼德勒對孫立人現地交付任務，現地頒授地圖，並現地告訴孫「曼德勒形勢如南京」，更不用說美苗沒有機場。孫克剛書顯然杜撰了若干情節，演義了一些故事，似乎意在抬高蔣介石委員長對其叔孫立人的重視程度。

其實，孫克剛只說對了一件事，那就是，通常蔣委員長「召見」部屬，不可能寫入日記的「被召見者」反應；亦即，蔣在美苗召見孫，面令孫防衛曼德勒時，孫當著蔣面，要與曼德勒「共存亡」，並「保證達成任務」的「宣誓」。「服從」是軍人的「天職」；孫既已向蔣當面「宣誓」要與曼德勒「共存亡」，但才不到 10 天，怎麼可以在「未奉核准」的狀況下，忘掉自己所作「宣誓」，擅自離開這個自己要與之「共存亡」的曼德勒，等同「抗命」，去到「與任務無關」的賓河地區，去做「與任務無關」的

---

28 同上注。棠吉，即東枝；棠吉經毛奇通同古之公路，見圖 3-8。甘麗初，為第 6 軍軍長。

事情 (見後文詳述)？

4月15日，亞歷山大將軍又以沿伊洛瓦底江北進之日軍第33師團主力，已越過勿外 (即馬魏)，其第214聯隊攻占仁安羌 (按，其實17日晨才攻占，見前文) 為由，感到國軍僅派遣1個團支援，兵力不足；復在美苗與史迪威、羅卓英舉行會議，要求國軍增派援軍。我方當即允派新38師2個團，以1團至納特卯克 (納茂，Natmauk，位置見圖5-5)，另1團至巧克柏當，援助該方面英軍作戰。此際，羅卓英司令長官即一面令增援部隊迅速行動，一面向軍委會呈報上述狀況 (電文見圖5-3)；至17日晨，奉到蔣介石委員長電令核准，斯時該兩團已於16、17日，先後到達各該指定地點。[29] 由於第113團於14日出發，因此16日先抵達；而第112團則晚了1天，15日出發，17日才到位。[30] 根據沈克勤《孫立人傳》所載：第113團接獲命令後「連

---

[29] 史編局，《抗日戰史・滇緬路之作戰》，頁67。按，軍委會駐臘戍參謀團長林蔚中將，於4月15日發出急電，向蔣介石委員長報告此兵力調動狀況；原件存於台北國史館，典藏號：002-090105-00008-060。原件影本，收入：周琇環等編，《中國遠征軍》，頁121。同電亦向蔣報告：「文 (12日) 日三十三師主力似沿依洛瓦底江北攻過馬格威」，情報有誤；蓋12日日軍第33師團僅只原田部隊過因河，至15日荒木部隊才進入馬魏。另，蔣緯國，《抗日禦侮・滇緬路作戰》，頁220，載：三十八師之「另兩團增援」，應作「另一團增援」。

[30] 郭汝瑰・黃玉章主編，《中國抗日戰爭正面戰場作戰記・下冊》(南京：江蘇人民出版社，2001年)，頁1128，載113團於16日下午到達巧克柏當；及中國第二歷史檔案館編，《抗日戰爭正面戰場》(南京：江蘇古籍出版社，1987年)，頁18。

夜乘車奔趕」。[31]

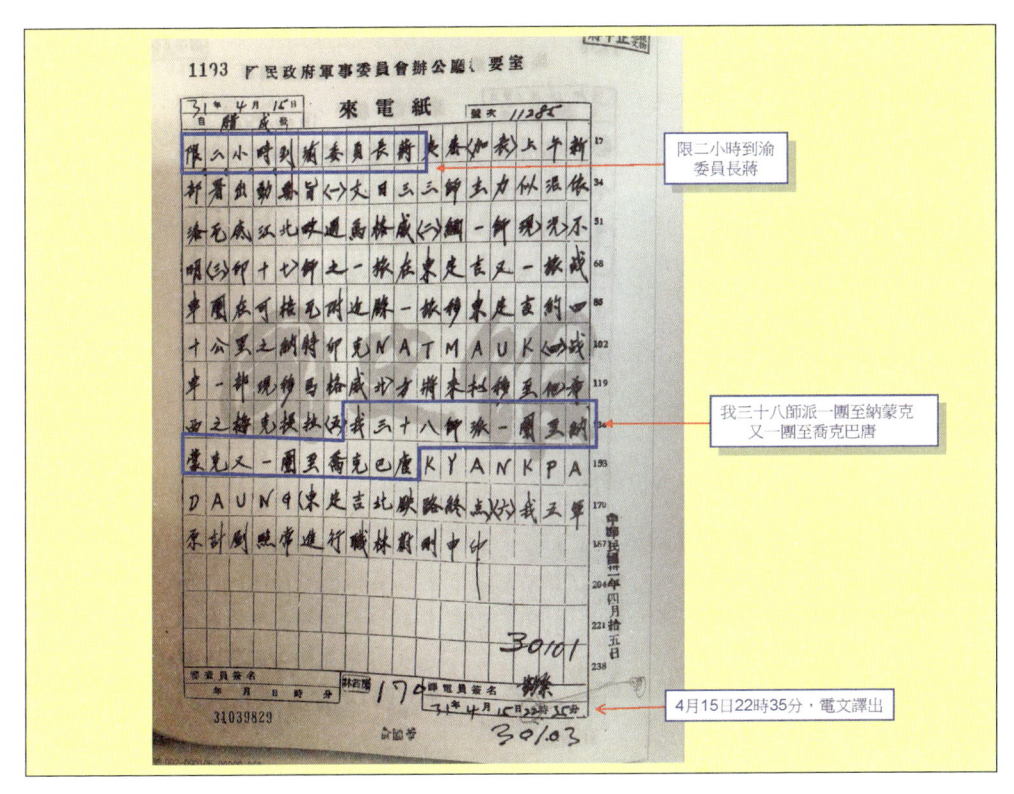

圖 5-3／1942 年 4 月 15 日，林蔚電蔣委員長報告調派

31　沈克勤，《孫立人傳》，頁 147。又，曼德勒距巧克柏當與納特曼克之距離，均在 2 百公里以上 (見圖 5-5)，即使「強行軍」2 天也無法到達，故必定以汽車運輸。但車輛由英軍或國軍第 5 軍提供，則無資料可查；按，當時第 5 軍為國軍唯一「機械化軍」，編配有「機械兵團」1。見：蔣緯國，《抗戰禦侮・滇緬路作戰》，頁 251，附表 1-2；及史編局編，《抗日戰史・滇緬路之作戰》，頁 16 後，插表 2-2「中英聯軍指揮系統表」，載第 5 軍、第 66 軍均轄有「輜重兵團」，應有汽運部隊之能力。又，根據第 112 團第 1 營營長丁滌勳的回憶，第 113 團是「分乘八十輛汽車向拼墻河開去」，可參見丁著〈悲壯激烈的湖康河谷反攻戰〉；收入：杜津明、宋希濂等著《遠征印緬抗戰（原國民黨將領抗日戰爭親歷記）》，頁 263。

新 38 師兩個團支援英軍作戰原件影本

　　據史林姆的回憶：4 月 17 日上午，他在歸約的軍指揮所，正面對仁安羌方面「不容樂觀」(not encouraging) 的情勢時，忽然聽到中國第 38 師第 113 團已到達巧克柏當的消息，精神為之「一振」(greatly relieved)，立刻跳上吉普車，「衝」(dash) 去見他們的團長，以向他下達命令。史林姆在村裡一間殘存房子的樓上，見到了「清瘦但看上去堅毅」(slight but tough-looking) 的劉放吾團長，兩人通過一名能說流利中文的英軍「連絡官」(liaison officer) 介紹握手後，旋即攤開地圖，言歸正傳。史林姆在敘述戰況的過程中，對劉放吾印象是「聰明機智」，很快瞭解史林姆想要表達的事情；那就是，史要劉團立即搭乘已備妥的卡車 (lorry)，迅速開往賓河，然後再回頭接另一個團（第 112 團），在 18 日清晨渡河攻擊，以呼應英緬第 1 師的突圍。[32]

　　但劉放吾團長表示，未接到孫立人師長指令前，他不能離開巧克柏當；史林姆向劉團長解釋，即便師長孫將軍在，一樣歸他指揮，他也會下同樣命令，孫會照作。然後，雙方就這樣僵持了 1 個半小時，終於在史幾乎要「絕望」(desperate) 的時候，劉團長突然露出微笑，說：「好吧，我們開始行動。」[33] 至於劉團長為何改變主意？史林姆猜測，在兩人對談間，那些

32　William Slim, *op. cit*, p.63.
33　*Ibid*, pp.63~64.

進出房間的官兵,已將消息送達孫師長,並獲同意。然而,這位史林姆口中的「我的中國兄弟」(my Chinaman)一旦開始行動,簡直「無懈可擊」(no complaints);事實上,在往後幾天裡,史林姆相當激賞劉團長的表現。[34]

多年後,劉放吾將軍出示了一份已泛黃、但字跡依舊清晰的史林姆簽名手令(見圖 5-4),[35] 內容直譯成中文是:「致 113 團團長劉放吾上校:茲派貴官率領全團,乘汽車至賓河地區,在該處,你將與安提斯准將會合,他將以所有戰車配合你;你的任務是,攻擊並消滅賓河北岸約 2 英里公路兩側之敵。威廉‧史林姆中將,17 日 1100 時。」[36]

34　*Ibid*, p.64.
35　資料來源:劉放吾將軍紀念網。另,劉偉民,《劉放吾將軍與緬甸仁安羌大捷》,頁 16;及劉偉民,〈八十年前今天〉,收入:財團法人馬英九文教基金會編,《中國遠征軍第一次入緬作戰 80 週年座談會論文集》(台北:財團法人馬英九文教基金會,2022 年 7 月),頁 10,亦載此手令影本。手令中,安斯提斯(John Henry Anstice)准將,是英軍裝甲第 7 旅旅長。史林姆簽名落款為 Lt.-Gen(中將),惟根據前引《被遺忘的盟友》,頁 397 所載,當時史林姆還是少將,在其後的戰鬥中,才升了中將;本書作者為牛津大學中國現代史與政治學教授,聖十字學院研究員,牛津大學中國抗日戰爭研究計畫主任,其說法應可信。不論史林姆當時是少將也好,中將也罷,都不重要,沒有進一步論述之重要。
36　中譯文見:劉偉民,《劉放吾將軍與緬甸仁安羌大捷》,頁 22~23。又,根據史編局,《抗日戰史‧滇緬路之作戰》,頁 67;及蔣緯國,《抗日禦侮‧滇緬路作戰》,頁 220 所載:113 團奉到史林姆命令的時間,也是 17 日 11 時。

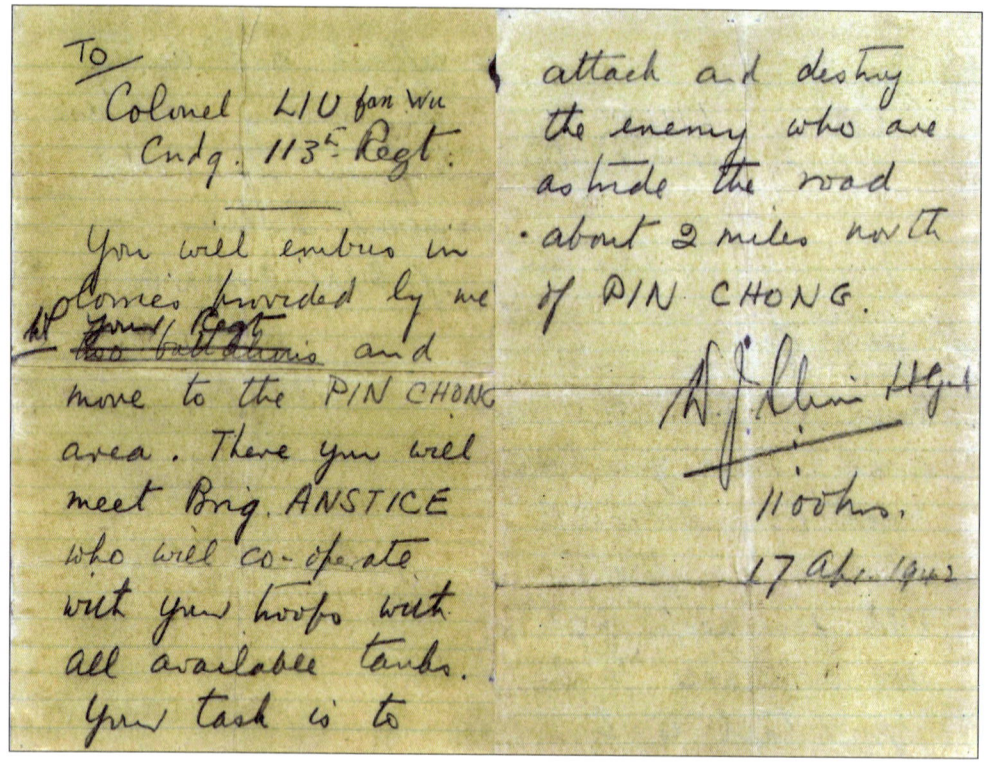

圖 5-4 ／ 1942 年 4 月 17 日，史林姆面交劉放吾團長之「手令」原件影本

　　此文件，證實史林姆於 4 月 17 日午前，來到第 113 團在巧克柏當的團部；也證明史林姆下給命令去援救仁安羌英軍的，是第 113 團團長劉放吾上校，而孫師長是接獲劉團長報告後，才由曼德勒跑到瓢貝，再來到賓河（見後文）。1942 年 4 月 17 日晝間，賓河北岸態勢及各地距離，如圖 5-5 所示。[37]

37　本圖綜合日方及史林姆說法繪製。又，史林姆給劉放吾之命令中謂「賓河北岸約 2 英里公路兩側之敵」，是概略數字，應指克敏村以南。

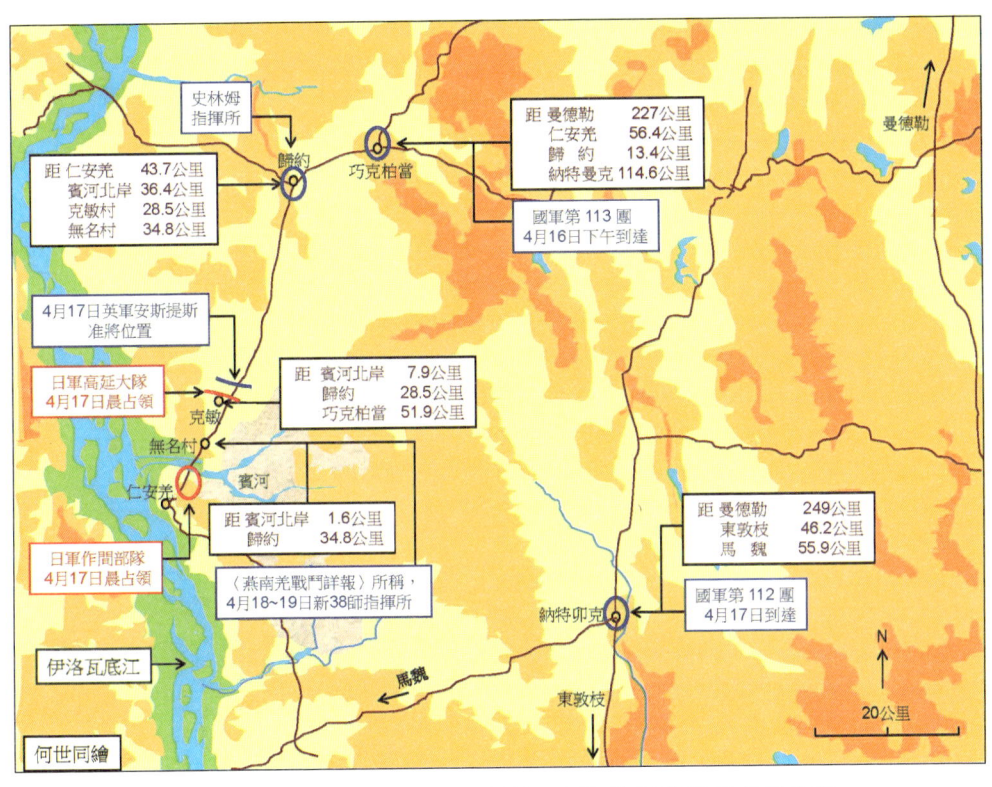

圖 5-5 ／ 1942 年 4 月 17 日晝間，賓河北岸態勢及各地距離

　　至於為什麼劉團長要向孫師長請示？據劉回憶：「我並不知道新 38 師劃歸史萊姆（即史林姆）指揮，他的命令又寫在很隨便的一張紙條上，很難令人相信。況且，當年在上海戰役時『拉夫』的情況十分普遍，因此師長在部隊從貴州興義出發時，即一再叮囑不能隨便聽別人命令，所以一直到以無線電與孫師長聯絡確定後，我們馬上奉命行事。」[38] 不過，史林姆還

38　劉偉民，《劉放吾將軍與緬甸仁安羌大捷》，頁 23。

是騙了劉團長,因為根據亞歷山大、史迪威與羅卓英的協定,劃歸史林姆指揮的是新38師的第112、113團,而不是整個新38師。這個道理其實很簡單,新38師守衛曼德勒是蔣委員長當面下給孫立人的命令,羅卓英司令長官怎敢讓整個師離開曼德勒,去歸英軍指揮?況且,羅卓英司令長官於動用新38師兵力後,還立即向蔣委員長報告。

或許會有人認為,劉團長接到史林姆「手令」後,第一時間是以無線電向孫立人師長請示,因此第113團的行動是受孫師長指揮;其實不然。因為第113團並不在司令長官部的指揮通信系統內,所以遇狀況只能向師部報告,再由師部轉呈司令長官部裁決。亦即,新編的38師在第113團配屬英軍後,僅能擔任第113團與司令長官部間「狀況傳達」的角色而已。

惟對上述狀況,《抗戰禦侮‧滇緬路作戰》所載是:「中國遠征軍長官部乃令新編第三十八師之第一一三團,由副師長指揮迅赴喬克巴黨,歸英軍第一軍團長指揮」,已如前述。但同書又載:「…派遣已到達曼德勒之新編第三十八師,歸英軍第一軍團長指揮,十七日十一時,該師師長孫立人將軍率領一個團,到達巧克巴黨。」[39] 非惟不知何據?抑且前後矛盾;更讓一些對軍事欠缺基本概念、對史學沒有起碼修養的人,用來斷章取義,杜撰故事,益加模糊真相。[40]

39　蔣緯國,《抗日禦侮‧滇緬路作戰》,頁188。
40　例如:盧潔峰,《仁安羌解圍戰考》(北京:解放軍文藝出版社,2015年4月),頁271;又,此書作者對人物之評述,顯有極端「針對性」,失卻「客觀中立」,更有史料選取與解讀上的思維邏輯問題,不足論矣。

值得注意的是，史林姆在第 113 團指揮所向團長下達命令時，並沒有提到副師長齊學啟。按史編局《抗日戰史‧滇緬路之作戰》所載「113 團由該師副師長率領赴喬克巴唐」的說法，齊副師長當時一定要在現場才對，否則就是「擅離職守」；而且在史林姆待在的第 113 團團部的 1 個半小時中，理應出來與史林姆會面，參與整個談話過程，甚至收下史林姆的命令，並負責向師長報告與請示，才合理。更何況，齊與孫是「清華學校」同窗，同時赴美（見前文），留美後又同時轉學軍事，兩人情同手足；[41] 如果當時齊學啟在第 113 團團部坐鎮，以其英文程度，必能像後來孫立人與史林姆見面時一樣，直接以英語溝通，何須透過連絡官翻譯？要之，就是齊學啟根本不在第 113 團，亦即《抗日戰史‧滇緬路作戰》誤植了狀況。

此外，若按《緬甸蕩寇志》所載：第 112 團和第 113 團「先後奉命由齊副師長率領，開赴納特曼克與巧克柏當兩地佈防」；[42] 即是，齊副師長先於 16 日帶第 113 團到巧克柏當後，立刻返回曼德勒，再於 17 日帶第 112 團到納特曼克。但是，巧克柏當距離曼德勒 227 公里，來回 554 公里（見圖 5-5），加上裝載與下卸時間，以當時的車輛與道路條件，即使沒有空襲顧慮，採密集隊形，司機不吃飯、不休息，或「雙駕駛」換手開車，亦絕不可能在一天多的時間內辦到。

---

41 劉偉民，《劉放吾將軍與緬甸仁安羌大捷》，頁 97。按，齊學啟就讀的是諾維奇軍校 (Norwich Military Academy，在佛蒙特州)。
42 孫克剛，《中國軍魂─孫立人將軍緬甸作戰實錄》，頁 4。

又根據孫立人的回憶，當司令長官部下令由齊副師長率領第113團馳援英軍時，以自己「坐守空城」而感「啼笑皆非」，遂只令第113團連夜先行出發，讓副師長齊學啟留守曼德勒，自己至司令長官部請求親自前往指揮。[43] 蓋新編第38師守備曼德勒，是蔣委員長當面下給孫立人的命令，何等重大！若該師正、副師長同時離開曼德勒，出了問題，恐怕連司令長官羅卓英都擔當不起。

因此，有關孫師長與齊副師長同時出現在仁安羌戰場的記述，應是虛構；如沈克勤《孫立人傳》所載：「17日黃昏時分…進入攻擊準備位置，齊副師長命令一一三團，要在十八日攻占拼牆河北岸及渡口…齊副師長指示部隊暫不渡河，待師長到後再作決定…」，[44] 即是杜撰。

至於劉放吾與師部連絡，為何要花上1個半小時？筆者認為，那是為了防範日軍截聽破解，無線電通信均使用「密碼」，對方收到後再譯成「明語」的關係；一來一往，相當費時，況且新38師「無權決定」第113團的行動，還要向「遠征軍」司令長官部請示才行，又得花些「轉呈」與等待「批示」的時間。

---

43 劉偉民，《劉放吾將軍與緬甸仁安羌大捷》，頁88；及郭汝瑰‧黃玉章主編，《中國抗日戰爭正面戰場作戰記‧下冊》，頁1128，所載略同。
44 沈克勤，《孫立人傳》，146~147。

第二節

賓河北岸的戰鬥

　　1942 年 4 月 17 日午前，新 38 師第 113 團劉放吾團長於奉到史林姆「手令」後，即派遣該團副團長曾琪隨同英方戰車隊長，先赴賓河右 (北) 岸附近偵查地形，自己則率領該團向賓河兼程前進，至 19 時到達目的地，即作攻擊準備；此時，英方賦予輕戰車 (18 噸)12 輛，及火砲 3 門，「協力」該團之攻擊行動。[45]

　　前述「目的地」，應是進入「攻擊準備位置」前的「集結地區」；以當時日軍高延大隊已占領克敏村的狀況看來，此「目的地」當在克敏村之北若干距離外。但克敏村距賓河北岸 7.9 公里 (約 5 英里，位置見圖 5-5)，曾副團長似不可能繞過日軍陣線，去偵察賓河右岸地形；筆者認為，曾副團長應是在克敏村北附近偵察，俟團長到達後，向其報告當面狀況。

45　史編局，《抗日戰史・滇緬路之作戰》，頁 68；及劉偉民，《劉放吾將軍與緬甸仁安羌大捷》，頁 23~24。惟後者載「17 日午後到達戰鬥地區」，與前者「19 時到達目的地」，略異；筆者認為，若 113 團之目的地在克敏村之北 2 公里，則距巧克柏當約 40 公里，車行約 1.5 小時，以該團 12 時 30 分受命計算，概可於 17 時前車運到達。

17 日日沒後，日軍作間部隊撤回高延大隊，在賓河北岸只留了該大隊的第 9 中隊，已如前述。18 日拂曉，第 113 團在英軍戰車及火砲支援下，發起攻擊；[46] 劉放吾團長的攻擊部署是：以第 1 營（營長楊振漢）在左，第 2 營（營長魯廷甲）在右，兩營並列為一線，第 3 營（營長張琦）為預備隊，團長隨第 1 營行動。[47] 由於該團官兵奮勇突進，激戰至 12 時許，即將賓河北岸之敵全部擊潰，殘敵渡河逃竄。[48] 日方的記述是：「（十八日晨）北方之敵（按，此即第 113 團）亦奮勇來攻，使第九中隊不得不後退至賓河之線」。[49] 對照史林姆的回憶：「(18 日) 中國部隊打到了賓河，清除了北岸的敵軍，但沒能解決淺灘上的『路障』(road-block)」。」[50] 三方說法，大致相符；日方所說的「賓河之線」，係指在南岸的防禦線。賓河兩岸地形狀況，見照片 13、14。[51]

46　史編局，《抗日戰史・滇緬路作之戰》，頁 68。
47　劉偉民，《劉放吾將軍與緬甸仁安羌大捷》，頁 25。
48　史編局，《抗日戰史・滇緬路之作戰》，頁 68。另，邱中岳，《遠征》（台北：邦信文化，1990 年 12 月），頁 224，所載略同；作者畢業於軍校 16 期，曾任職於新 22 師，參加了兩次緬戰，退役時為陸軍少將。
49　《緬甸攻略作戰》，頁 509。
50　William Slim, *op. cit*, p.67.
51　資料來源：中國遠征軍網 (https://www.yuanzhenglan.cn)。

照片 13／在公路橋上向西所拍「非雨季」之賓河流水及河床狀況 (左為南岸)

照片 14／由賓河北岸眺望南岸，右邊突出部為 501 高地

先是，新編第 38 師師長、兼曼德勒守備司令孫立人將軍，於 4 月 17 日晨，來到巧克柏當。根據史林姆的回憶，他是 17 日「晚些時候」(later in the day)，在孫立人將軍剛抵達巧克柏當之時，兩人見了面；孫將軍以稍帶美國口音的英文，與史林姆交談，史對孫印象很好，還以為孫是中將，孫也「不無驕傲地」(right proud) 告訴史，他畢業於美國維吉尼亞軍校。[52] 史稱其與孫見面的時間點，應是第 113 團離開巧克柏當後，車運至賓河方面「攻擊準備位置」的時候。

不過，根據《緬甸蕩寇志》所載，孫立人是從曼德勒直接去賓河前線，到達的時間是 18 日拂曉；另據《孫立人傳》所載：孫 18 日凌晨 2 時 10 分還在瓢貝（瓢背，Pyawbwe，位置見 6-17）司令長官部，於 18 日天快亮時，趕到賓河前線。[53] 筆者認為，史林姆可能是在孫立人 18 日凌晨趕赴賓河前線途中，於巧克柏當與孫立人見了面。

至於孫立人如何能來到賓河前線？這是一個最關鍵的問題。如果孫立人不來，那麼，毫無爭議，「仁安羌大捷」就是劉放吾打下來的。但是孫立人來了，給了後者「攬功」的機會，才造成這段歷史真相的扭曲與掩蓋。關於這個問題，《緬甸蕩寇志》略而不談，後文的〈燕南羌戰鬥詳報〉不痛不癢帶過，皆出於私心「曲筆」所致。

先是，孫立人師長在第 113 團出發後，曾以電話向羅卓英司令長官請

52　William Slim, *op. cit*, p.65.
53　沈克勤，《孫立人傳》，頁 146。

| 第五章 | 劉放吾團長創造了「仁安羌大捷」　　第二節 | 賓河北岸的戰鬥

求,欲親率該團前往馳援英軍,未被批准。[54] 但孫立人並不死心,根據曾任孫立人秘書的沈克勤,引述孫立人後來的說法:16 日晚上 9 點,孫立人趕到瓢背遠征軍司令長官部,找羅卓英司令長官理論,但未見得羅,由參謀長楊業孔將軍出面,拒絕了孫的要求;惟孫一直跟楊「磨蹭」到次 (17) 日清晨 2 點 10 分,還是堅持要去,並願「自行負責」。[55] 惟據〈燕南羌戰鬥詳報〉所載:「(師長)馳赴瓢背,向長官羅請示須親往指揮,『初尚未允』…反復痛陳至深夜『四時始允』…」(見後文);兩書對同一件事的說法,顯然兜不攏,前者說未見到羅卓英,後者卻說見到了羅卓英。筆者認為,這件事應是〈燕南羌戰鬥詳報〉先扯了謊,後來《統馭學初稿》又在「前謊」的基礎上,扯了「後謊」。

筆者認定兩書在這件事上「扯謊」的原因是:一個少將師長,在那樣戰區司令長官能槍斃軍長的「威權領導」年代 (如第 2 戰區司令長官閻錫

54　劉偉民,《劉放吾將軍與緬甸仁安羌大捷》,頁 88;按,此為作者引台北《時報週刊》連載《孫立人回憶錄手稿》中孫氏自述。又,孫立人將軍自 1948 年~1951 年,在鳳山對「第四軍官訓練班」第 15~19 期學員,及國軍在台幹部約萬人,講授「統馭學」;由毛傑上尉、黃變三上校現場記錄,再經辦公室主任孫克剛少將等人彙編整理,繕成《統馭學初稿》。其書後為沈敬庸書所收,定名為《中國軍魂―孫立人將軍鳳山練軍實錄》(台北:台灣學生書局,1993 年) (以下簡稱:孫立人,《統馭學初稿》):上述內容,見:頁 II,〈出版說明〉。另,同書,頁 546,載孫立人自述:「我在曼德勒布置才兩天,那晚上就奉到上面命令,叫我派一團受第五軍指揮,派一團增援仁安羌,受英軍指揮,自己帶一團守曼德勒,我認為這種五馬分屍的方法,不能表現戰力,而且分散後,曼德勒一定無法可守。所以,十一時半接到命令,十二時即趕至上級指揮官處報告。」孫未提先以電話請示長官部,准其親至賓河指揮,但遭拒絕事。
55　沈克勤,《孫立人傳》,頁 145~146。沈書此段文字,全抄自孫立人,《統馭學初稿》,頁 546。

213

山處決第 61 軍軍長李服膺），竟無視軍法，在「大敵當前」之「戰地」，敢半夜擅自離開「責任地區」191 公里（曼德勒至瓢貝距離，見圖 6-17 所示），跑去跟他的上將直屬長官，「反復痛陳」自己意見，到次日凌晨 4 時，讓上將長官整夜不得休息；這是筆者服務軍旅 30 年，當到「空降特戰部隊」少將指揮官，想都沒敢想的「虛幻故事」。或許孫克剛心裡也明白〈燕南羌戰鬥詳報〉對這件事情「杜撰」過了頭，所以「這麼好的材料」，他也不敢引用在《緬甸蕩寇志》上。

而蔣委員長「親授」孫立人師長守備曼德勒的重責大任，孫師長豈可「擅離職守」，來到未奉「權責上級」核准之地，去做與本身任務無關之事（見後文說明）？這可是「抗命」重罪，在當時環境的氛圍下，即便有宋子文、孔祥熙當靠山，也未必逃得了「軍法論處」。但是，孫師長為何甘冒「軍法論處」之大險，執意要到賓河前線去？他後來在鳳山練兵時，對這件事作出了說法：

> 英人從來未曾指揮過中國軍隊，中國軍隊又從未受英人指揮，上下情意，必難貫通，作戰必無表現⋯結果此一團，必遭消滅。一旦前線挫敗，敵人乘勝來攻曼德勒，我帶一團人守曼德勒，亦必無功，等於坐以待斃，現在我去指揮，力量必大⋯如果此次增援部隊獲勝，那麼守城部隊也就高枕無憂了。[56]

56　孫立人講述，《統馭學初稿》，頁 547。

孫立人師長的意思是：中國軍隊受英人指揮，沒有前例，雙方溝通也困難，若第113團挫敗，曼德勒就守不住了，如果他親自去指揮作戰，力量必定很大，一定會獲勝，曼德勒就能高枕無憂；言下之意，這場仗要打贏，非得「會說英語」的他親自出面，去跟英國人溝通「上下情意」不可。事實上，後來第113團靠「不會說英語」、須「透過翻譯」的劉放吾團長指揮，打了大勝仗，但孫立人師長的曼德勒還是沒有守住，那是因為日軍從臘戍和仰曼鐵路兩個方向打過來的關係；可見孫師長的思維與判斷，並不正確。

　　此外，孫立人師長決定要去賓河前線的時間點，是在劉放吾團長接到史林姆「手令」，用無線電向師報告狀況之後（見前文）。或許受美國軍校「養成教育」的孫立人將軍，在美國軍人特有「熱情」、「浪漫」與「任性」的「軍隊文化」薰陶下，有著一股想頂著美國軍校畢業頭銜，去會見英軍指揮官的「躍躍欲試」衝動；所以才不顧本身職責，離開駐地，連夜趕到瓢貝司令長官部請示，即便未能奉准，還是決定「自行負責後果」（與「抗命」等義），堅持前往賓河。

　　惟孫立人師長有這樣的心思，當然不會明講，但就藏在他所說「英人從未指揮過中國軍隊，中國軍隊又從未受英人指揮」，致「上下情意，必難貫通，作戰必無表現」的這句話，及在其一見到史林姆的時候，「不無驕傲地」(right proud)告訴史，他畢業於美國維吉尼亞軍校等的細節裡。

　　不過，孫立人恐怕沒有真正意識到，在傳統中國的「軍隊文化」裡，身為「戰場指揮官」的他，「擅離職守」遠離「責任區」2百多公里外達4天之久的嚴重性。事實上，當時第5軍正準備進行「平滿納（彬馬那、平

蠻那，Pyinmana，位置見圖3-8、6-16)會戰」[57]，孫立人的新編第38師，除了奉蔣委員長命令戍守曼德勒外，還擔任第5軍的「總預備隊」，並負責軍「側背掩護」的任務。[58]設若他到賓河前線的時候，剛好第113團戰敗，甚至被日軍殲滅，或在他離開曼德勒這幾天裡，日軍由其他方面來攻，新編第38師未能達成上級(第5軍)交付的「總預備隊」與「側背掩護」任務，追究起來，孫立人將軍大概難逃死罪。

抗戰期間，師級以上「戰場指揮官」，或「違抗軍令」、或「不戰而退」、或「作戰不利」，遭到軍法處決者，不乏其例。例如：「忻口會戰」守天鎮(山西大同東)的第61軍軍長李服膺、「徐州會戰」守濟南的山東省省主席兼第3集團軍總司令韓復榘、「武漢會戰」守馬當要塞的第167師師長薛蔚英、「長衡會戰」守長沙的第4軍軍長張德能等人，都因此被軍法速審槍決，他們絕大多數階層都比孫立人將軍高。

但這樣的下場，並沒有發生在同樣是「違抗軍令」的孫立人身上，那可能是因為劉放吾創造了「仁安羌大捷」，轉移了上級追究孫立人「擅離職守」注意的緣故；如果劉團長打了敗仗，孫師長必脫不了干係，勢逃不過軍法究責。因此筆者認為，孫立人將軍此生最該感謝的人，就是他的部下劉放吾團長；但是令人很難想像的事情，是孫立人師長竟會掠奪劉放吾

---

57 「平滿納會戰」之準備與放棄，見：史編局，《抗日戰史‧滇緬路作之戰》，頁47~54。
58 史編局，《抗日戰史‧滇緬路之作戰》，頁49、52。按，當時新38師已歸第5軍指揮(見前文)。

團長對他的「救命戰功」。

史林姆又回憶：第二天(18日)早上，他與孫立人探討了「攻擊的細節」(details of the attack，按此即「解圍計畫」，見後文)，在場還有裝甲第7旅旅長安斯提斯准將；原來史林姆只是將賓河北岸英軍所有的戰車與火砲，用以「支援」(in support of)孫師，現在改成了「置於指揮之下」(under command of)，等同「配屬」。史還得意地認為：據他所知，孫是第一位實際領導盟軍砲兵及裝甲部隊(雖然只有微不足道的戰車12輛、火砲3門)的中國將軍，這可讓他在中國人面前大大地長了「臉」((his 'face' with his own people was accordingly vastly enhanced)；[59] 著實反映了英國殖民主義者「莫名其妙」的「優越心態」。

筆者認為，當時史林姆一定不清楚，此刻新編第38師對其「建制」第113團「暫無指揮權」，更以為即使孫師長來了，也要歸他「指揮」，然後再由他「指揮」第113團。所以，4月17日午時，當史林姆在巧克柏當首次見到劉團長時，才會對劉說出「即便師長孫將軍在，一樣歸他指揮，他也會下同樣命令，孫會照作」的話(見前文)。因此，在4月18日早上，他與孫師長探討「攻擊的細節」時，才會有上述的說法；當然，這也不排除是一番光明堂皇的「外交辭令」而已，因為事實上，這些戰車與火砲終究還是交給劉放吾團長來「指揮」。

59　William Slim, *op. cit*, p.65.

再者，戰場狀況瞬息萬變，戰機稍縱即逝，指揮官必須全程守在戰場，俾隨時掌握戰機，處置狀況，應敵制變，才能贏取勝利。因此可以確定的是，18日拂曉才匆匆趕來的孫立人師長，在沒有親自掌握「作戰準備」過程，又未建立「指揮官通信網」(見後文)的狀況下，勢無法立即接手「指揮」已在進行中的第113團戰鬥。所以，18日在賓河北岸戰鬥的指揮者，是劉團長，而不是孫師長。史林姆之對孫立人的角色認知，顯有錯誤。

4月18日早上，英軍軍長史林姆與孫立人師長探討的「解圍計畫」，大致(roughly)是：在英緬第1師試圖向北突圍之際，中國部隊南下抵達賓河，清除淺灘上的「路障」(road-block)，並從後消滅攔截英軍退路的日軍。[60]

但是，史林姆仍有點懷疑「那位即將指揮攻擊」(who was to lead the attack)的中國團長，是否會竭盡全力？或出現昨(17)日受命時的遲疑？於是將他的憂慮告訴了孫立人；孫立刻說：「我們走，去看看」(Les's go and see)，於是一行來到了團部，見到該團的各營都已經完成了攻擊準備。團長似乎看出了史對他的不放心，於是眨了一下眼，然後對史說：「走！我們到一個營部看看。」一行又去了營部(筆按，應為劉跟隨前進的第1營)。在相當接近前線的營部，團長透過孫立人的翻譯，向史說明各連的部署；史確信中國軍隊很重視這場戰鬥，並表達自己相當滿意後，正要準備後退，團長又要史「去一個連部走走」。[61] 史回憶道：

60　*Ibid*, p.66.
61　*Ibid*, pp.66~67. 注意！史林姆所說的「指揮攻擊」者，是劉放吾團長，不是孫立人師長。

> 我不確定在攻擊即將開始的一刻，我是否該接近連部？但這次是為了自己的「面子」，我不得不涉水而去；我們到了連部沒有多久，攻擊的槍砲聲頓時起響，這些中國軍人沒有任何遲疑…日軍在中國部隊打破他們防線時反應很大，但他們的子彈射得太高，瞄得不準。上校轉身看著我，我真擔心他會說到一個排部去，所幸他未作如此要求，僅是望著我露齒而笑。只有優秀幹練的軍人，才能在槍林彈雨中面無懼色，露齒而笑。[62]

在視察過程中，史林姆軍長一行曾經「涉水」，加上稍後下了兩小時的大雨（見後文），表示第113團並沒有後述因「缺水」而衍生的一些狀況。至於敵軍射擊彈著「太高」，而且打得「不準」；則應不是一般「訓練精良」的日軍，恐是正在幫日軍作戰的「緬甸獨立志願軍」所為。

史林姆軍長又回憶：「中國部隊打到了平墻河（按，即賓河），清除了北岸的日軍，但並沒有解決淺灘上的路障；甚至戰車，都由於河床上的軟泥（見照片15)而沒法靠近，不能驅散防禦的日軍。孫將軍忙著準備另一場攻擊，再加上我們之間的通訊極差，各部隊『混在一起』〔mixed up〕，我相信他也無法如願重新發動攻擊。」[63] 這個時間點，當在18日午後，孫立人應正跟劉放吾團長討論後續的渡河作戰問題，也就是史林姆所說的準備「另一場攻擊」。

62　*Ibid*, p.67.
63　*Ibid*.

照片 15／賓河河床上的軟泥，使英軍支援之戰車無法靠近(遠方為南岸)[64]

當時英緬第 1 師已到達仁安羌「南郊」，並於清晨 6 時半，向日軍作間部隊占領的仁安羌東北角陣地發起攻擊，在砲兵部隊掩護下，取得了一些進展，但因缺乏子彈，部分部隊開始後退。[65] 此一描述，概同於前述日方記載。

64　資料來源：中國遠征軍網。
65　William Slim, *op. cit,* p.67.

4月18日16時30分，史考特以無線電告知史林姆，謂其部隊因為缺水，及持續的行軍與戰鬥，已經「力不可支」(exhausted)；挨過今 (18日) 晚沒有問題，但如果隔天 (19日) 早上仍沒有水喝的話，部隊會因過於虛弱而無法重新進攻。因此，他要求史林姆准許其部隊毀掉武器與裝備，晚上突圍出來。[66] 但是，沒有武器裝備，又如何突圍？

史林姆對史考特的連絡，僅能靠著裝甲第7旅指揮所的無線電，通向配屬於英緬第1師戰車營的1個小通信分遣隊進行；在條件允許的情況下，兩人一直以「密碼」(code) 通話。由於史林姆與史考特過去在同營、同團服務過，又同駐過印度，雙方成了「密友」(close friend)；因此兩人使用日本人聽不懂的尼泊爾語，「混雜」(interloaded) 一些諸如孩子們的年齡、在印度期間住的小平房數量等私人信息，作討論事情的代碼；他認為這樣做，可以讓日軍看不出名堂。[67]

當史林姆戴著耳機在「van」(一種有蓬蓋的卡車) 裡，聽到史考特要毀棄武器裝備的請求後，呆坐思考了一陣子，話務員則屈膝蹲在一旁焦急地望著。史林姆思考過後，對史考特說：他已下令，讓中國軍隊利用一切可用的火砲與坦克，在第二天 (19日) 重新發起攻擊，英緬師再同時突圍，這樣就不必犧牲掉寶貴的武器裝備，況且晚上突圍很容易被友軍誤傷。史考特聽了，只好勉強同意堅持到第二天；他還特別叫著史林姆的小名：「比

66　*Ibid*, pp.67~68.
67　*Ibid*, pp.23、66

爾！看在上帝的份上，快讓中國軍隊進攻吧！」[68] 史林姆的記述，透露了他對所處情境的不抱樂觀，及史考特需要中國軍隊救命的急迫盼望，同時也旁證了他已向第113團團長下過了「重新攻擊」的命令；但攻擊時間是「次日」，而非《緬甸蕩寇志》所說的「立刻」。[69]

又當史林姆懷著相當沮喪的心情走下通信車時，車外站著「小半圈子」(a litter half-circle) 的人，包括軍部的一兩名參謀、裝甲旅的一兩名軍官、孫立人和幾名中國連絡官，都在默默地看著史林姆；這個時候，史林姆不知說什麼才好，他「感覺很是無助」(feels very much alone)。當時天氣轉陰，兩個小時後 (應接近午後 7 時) 開始下雨，而且是傾盆大雨，史林姆躲進卡車車下避雨。[70]

史林姆在回憶中沒有提到孫立人是否也在英軍指揮所避雨？但第113團劉放吾團長早先接獲史林姆「次日重新攻擊」的命令後，必然會向師長報告，並開始按照「指揮程序」，偵察地形、草擬作戰方案、召開作戰會議、完成計畫及下達命令。各連、營級部隊長，受命後亦概依此程序，指揮其部隊，力求在入夜之前，能見度尚佳的時候，完成攻擊準備的必要事項；包括：任務協調、人員編組、裝備檢整、沙盤 (或圖上) 推演、精神動員，並爭取時間，充分休息，以利次日之作戰，這些都是屬於「軍隊指揮」的

68　*Ibid*, p.68.
69　孫克剛，《中國軍魂—孫立人將軍緬甸作戰實錄》，頁 5。
70　William Slim, *op. cit*, p.68~69.

範疇。[71]

　　週密之準備，是攻擊成功的要件，指揮官應親自偵察地形、敵陣，以為策定攻擊計畫與攻擊指導之基礎。[72] 而在這段「戰場指揮官」必須「親自為之」與「全程參與」的「作戰準備過程」，孫立人師長似因忙於跟史林姆的協調與互動，而完全由劉放吾團長自行去做，孫頂多只能給團長一些原則提示，或透過團長的報告，瞭解狀況；但那是「指導」，不是「指揮」。惟在史林姆與史考特以尼泊爾語作代碼通話時，孫並不在話機旁，而是在聽不清談話內容的車外等著；因此，一些有關此時孫立人要史林姆向史考特「傳話」、並帶「保證」救援成功，甚至還與史考特直接對話的記述，都是杜撰。[73]

　　根據《抗日戰史‧滇緬路之作戰》所載：18日12時，第113團擊潰賓河北岸日軍，殘敵渡河逃竄，右翼(第2)營「先行渡河跟蹤追擊」；[74] 但這麼重要的狀況，卻不見載於日方記錄，及史林姆回憶。事實上，根據劉放吾的回憶：第113團19日拂曉渡河攻擊的兵力部署，是以3個營並列，

71　張鑄勳，〈仁安羌大捷戰場巡禮—國軍第一一三團揚譽國際的作戰〉，收入：張鑄勳主編，《抗日戰爭是怎麼打贏的》(桃園：國防大學，紀念黃埔建軍90週年論文集，2015年5月)，頁321。作者為退役中將，筆者陸軍官校37期同學，曾任步兵學校校長、國防大學副校長兼戰爭學院院長，國立政大外交系兼任副教授，為大軍作戰與小部隊戰術專家。
72　陸軍準則編審指導委員會，《陸軍聯合兵種指揮》(龍潭：陸軍總部，1983年5月)，篇5，〈作戰‧攻擊〉，頁5-14。
73　這些記述，至少包括：史編局，《抗日戰史》，頁68；沈克勤，《孫立人傳》，頁148~149；而其共同源頭，就是孫克剛，《緬甸蕩寇志》，頁5~6所述。
74　史編局，《抗日戰史‧滇緬路之作戰》，頁68。

以第 2 營在右，第 3 營在左，第 1 營在中央為主攻；[75] 也就是說，團以賓河北岸為「攻擊發起線」，3 個營並列進攻，等於否定了第 2 營已先行渡河的說法；惟此說法，係根據〈燕南羌戰鬥詳報〉而來 (有關詳報內容，見後文)。《抗日戰史・滇緬路之作戰》接著又引〈燕南羌戰鬥詳報〉所載：

> 此時，英軍第一軍團斯列姆軍團長，又接到被圍之英緬第一師斯考特無線電話⋯乃再要求我軍繼續攻擊，速解英軍迫切之圍，孫立人師長見賓河左 (南) 岸一帶地形於敵有利，而我僅有兵力一團，力量實感不足，如在敵瞰制之下，遽行晝間攻擊，不惟難以達成解圍目的，反足召致不意之損害⋯乃決定於十九日拂曉繼續攻擊，然英軍斯列姆 (即史林姆) 軍團長，仍堅請立即攻擊，經我孫師長說明利害，並促其速電告被圍之師，務必再堅忍一日⋯即戰至最後一人，亦必達成救出被圍英軍之目的而後已，斯列姆軍團長深受感動⋯十六時三十分，在於賓河右岸一千六百公尺之公路附近無名村內指揮所，下達作戰命令⋯此際，我孫師長與英軍斯列姆軍團長研究明日拂曉攻擊之部署，孫師長主張以重點指向敵之右側⋯但斯列姆軍團長以被圍之英軍係在仁安羌東北側⋯堅請主攻改由我右翼施行⋯十八時⋯乃依據與英方之協議，下達明日拂曉攻擊命令。[76]

按照史林姆的回憶：18 日 16 時 30 分，孫立人正於史林姆所在的通信

75　劉偉民，《劉放吾將軍與緬甸仁安羌大捷》，頁 91。
76　史編局，《抗日戰史・滇緬路之作戰》，頁 68～69。

車外等著,但怎麼會在同一時間,跑去公路旁的「無名村」下達命令呢?其後,史林姆也沒有跟孫立人討論過第113團變動攻擊部署的事,孫立人又怎麼會更改計畫,再去「無名村」下第二次命令呢?而且前令與後令之間,只隔了90分鐘,不合常理;難道這90分鐘,正是孫立人跟史林姆研究「攻擊重點」調整的時間嗎?那為何孫不在下第一次命令前,就與史林姆協調好?而要在下好命令後,再去找史林姆討論?第113團在18時第二次受命後,又如何能在入夜前、大雨中,完成應有的「攻擊準備」工作呢?因此史林姆與孫立人兩人之中,必有一人錯誤,但史林姆沒有在這件事上說謊的必要;惟以此對照《緬甸蕩寇志》所載,卻高度一致,原來後者又是前者所本。[77] 然而《緬甸蕩寇志》還不是源頭,真正的源頭是〈燕南羌戰鬥詳報〉,見下章詳論。

再論孫立人開設「師指揮所」的問題。根據《抗日戰史·滇緬路之作戰》記載,孫立人的「師指揮所」開設在離賓河北岸約1千6百公尺公路附近之「無名村」,爾後隨戰鬥之進展,推進至賓河河(北)岸;[78] 其推進時機,當在第113團「團指揮所」推進到賓河南岸之過程中。惟「指揮」靠「通信」,攻擊戰鬥中的師、獨立旅級以上部隊的「通信」,通常以有、無線電為主,以傳令、聲號、視號為輔;團、營以下部隊「通信」,則以口令、聲號、視號為主,以有、無線電、傳令為輔。按,「中國遠征軍」在入緬

---

77 孫克剛,《中國軍魂─孫立人將軍緬甸作戰實錄》,頁5~6。
78 史編局,《抗日戰史·滇緬路之作戰》,頁68~69。

作戰時，每個軍都有 1 個通信營；[79] 可支援各師作戰。但每個師只有 1 個通信排（包括有、無線電），電台的無線電力不過 15 瓦特，師長的通信網只及於團，不達於營。[80]

4月17日午後，孫立人將軍在「未獲上級同意」狀況下，自曼德勒來到巧克柏當，即便不缺運輸車輛（按，除非上級支援，當時一個師通常只有一輛1/4T吉普車），但為考慮防衛曼德勒需求，隨行之參謀、通信人員及器材，必極有限。而孫師長一方面要處理曼德勒師部的狀況，一方面又不能脫離司令長官部的掌握，恐不具備在賓河附近開設「戰鬥（機動）指揮所」的太大條件；要之，功能上也僅止於對劉團的「連絡」而已。

事實上，師直屬部隊及第112團，4月20日才趕到仁安羌附近，並未參加4月19日在賓河南岸的戰鬥。[81] 對於4月18日孫立人師長如何在賓河北岸建立「師指揮所」的問題，《抗日戰史》、《抗日禦侮》、《緬甸蕩志》、《孫立人傳》均未載；而孫立人師長既有能力在賓河北岸建立「師指揮所」，那又何必在4月19日清晨要坐著印度人開的水車到第一線（見後文）？難

---

79 同上注，頁 16 後，插表 2-2「中英聯軍作戰指揮系統表」。
80 雲鎮，〈懷念孫將軍〉，收入：《中國軍魂—孫立人將軍永思錄》（新北市：孫立人將軍紀念館籌備處，1992年12月），頁135。轉引自：張鑄勳，〈仁安羌大捷戰鬥巡禮—國軍第一一三團揚譽國際的作戰〉，頁324。雲鎮曾隨孫立人撤退至印度，參加了雷姆伽(Ramgarh) 的訓練。
81 史編局，《抗日戰史‧滇緬路之作戰》，頁77後，插表第8，〈新編第三十八師仁安羌戰鬥人馬傷亡表〉附記二。又據112團機槍第2連少尉排長王少潔回憶：該團是在4月20日晨，抵達賓河北岸，接替113團防務，亦可旁證112團到達賓河之時間；見：國防部史政編譯局編纂，《抗戰時期滇印緬作戰（一）—參戰官兵訪問紀錄（上）》（台北：國防部史政編譯局，1999年6月30日），頁439。

道「師指揮所」內連一輛師長要用的車輛，都調不出來嗎？要之，就是根本就沒有「師指揮所」的存在。

一般而言，師長的「指揮官通信網」只達團長，團長的「指揮官通信網」，則通所屬各營及配屬、協同作戰之各部隊；因此，只有一個團作戰時，師長在「師指揮所」瞭解戰況，適時對團長下達指示，稱為「指導」。當戰況需要或緊急時，師長有可能來到「團指揮所」，甚至「親臨第一線」，提示重點或督戰，但仍屬「指導」或「鼓舞士氣」性質。團長則以「團指揮所」的參謀功能和通信設施，從事計畫、管制及協調所屬各部隊的兵力、火力運用，掌握部隊，遂行作戰，以達成任務，是為「指揮」。[82] 以只有一個團作戰的「仁安羌之戰」來看，劉團長是「指揮」，孫師長頂多是「指導」，其角色區分甚明，不能混淆。

而「命令」的種類很多，即使如《抗日戰史・滇緬路作之戰》所載孫立人師長在18日16時30分和18時，對第113團下了兩次「命令」，但就師長立場言，其性質為「賦予任務」、「明示構想」或「更改決心」，還是「指導」；就第113團而言，則都是「受領任務」。團長於受領上級命令後，依據師長的「指導概念」，進行任務分析、兵力區分、火力分配，完成作戰準備，進而發起攻擊，遂行戰鬥。問題是，同樣的「任務」，史林姆已賦予，何須孫立人再重複？況且以當時的狀況，孫只能指揮到團，

82　張鑄勳，〈仁安羌大捷戰場巡禮─國軍第一一三團揚譽國際的作戰〉，頁324。

團以下之營，以及配屬的英軍，還是要團長指揮。

再者，一個團的作戰，除非師長帶來支援兵力與火力，而團長又是新手，否則不可能出現由師長親自指揮「團作戰」之情事發生；就劉放吾參加過「淞滬會戰」，孫立人又輕車簡從而來，加上前述通信問題等狀況觀之，「仁安羌之戰」並沒有非師長「親自指揮」不可的理由與條件。進而言之，由於最瞭解當時戰場狀況者，是始終站在第一線的團長，就算師長不來「指導」，團也能照樣作戰，照樣創造應有的戰果。

固然師長在「攻擊發起」前來了，但他並未參與「攻擊準備」工作，也非全然瞭解當面狀況。若拉著團長下「指導棋」，反而會讓團長綁手綁腳，影響其「指揮」。因此，筆者認為，團長才是本戰的主角與靈魂人物，用通俗的話說，孫立人只是「可有可無」的「插花」角色；若將戰勝功勞全攬在一個對該團「並無指揮權」的師長身上，則對真正指揮作戰的團長而言，何其不公平？

第三節

賓河南岸的戰鬥

　　4月19日凌晨4時30分，完成各項「攻擊準備」事宜的新38師第113團，全部渡過賓河，迄拂曉時分，已迫近賓河南岸日軍陣地，並開始發起攻擊；[83] 為「仁安羌之戰」揭開序幕。《抗日戰史・滇緬路之作戰》對此戰的過程與結果，記載如下：

> ⋯我右翼部隊不久即將敵第一線陣地完全佔領，漸進入山地，敵旋增援逆襲，於我既得陣地附近，反復爭奪，戰況至為激烈。時我火力旺盛，敵兵死傷沉藉，我第三營張琦營長倍極英勇，於指揮該營衝鋒之際，壯烈成仁。激戰至十四時，卒將五零一高地佔領，旋逐漸進展，遂將油田區之敵完全擊潰，克復所有油田。十五時，救出被圍之英軍，及美傳教士、新聞記者等五百餘人⋯被圍之英軍全部約七千餘人，傍晚均獲解救，經我左側，向賓河右岸陸續安全退出，該部英軍

83　史編局，《抗日戰史・滇緬路之作戰》，頁70。

已潰不成軍⋯當其渡過北岸見我官兵時,均豎大拇指示意,並高呼中國萬歲,蔣委員長萬歲⋯惟該英軍已無再戰能力,乃轉向敏揚集結休整。[84]

這是自日軍發動「南方作戰」以來,唯一能逃過被殲滅,而「死裡逃生」的英國在東亞殖民地軍隊,應該好好感謝國軍第113團的「救命之恩」。惟筆者對英軍至賓河北岸,始見國軍的記載,覺得未能完整描述當時狀況,有讓人誤以為史林姆所說中國軍隊「未按時」發起攻擊,及英緬第1師「自行突圍」為真(見後文)的模糊空間。惟從圖5-6所示之國軍第113團攻擊方向與路線看來,在賓河南岸的戰鬥過程中,國軍怎麼可能與英軍相遇?而英軍脫逃至賓河北岸始見國軍之說法,亦屬合理。因此筆者認為,這部官修《抗日戰史》,應該多寫幾個字,將這些狀況說明清楚,免生疑慮。又根據《緬甸蕩寇志》所載:

十九日,東方魚肚白色還沒有出現,攻擊便開始了⋯這一場火網中夾雜著白刃肉搏的大戰,從午前四時繼續到午後三時,敵人的三十三師團完全被擊潰了⋯下午五時,我軍克服了仁安羌油田區域⋯我軍首先將被俘的英軍、美傳教士,和新聞記者五百餘人解救脫險⋯接著英軍⋯七千餘人和一千多頭馬匹,都在我軍的安全掩護下,從左翼向拼墻河北岸退出⋯一路對著我們的官兵,個個都豎起大拇指高呼

---

[84] 同上注。按,英緬第1師休整之處,在普巴山(Mount Popa,現已闢為旅遊休憩區),位於巧克柏當東北17公里,地屬敏揚(Min Gan);見:William Slim, *op. cit.*, p.72。

中國萬歲、蔣委員長萬歲。[85]

其中許多情節，《抗日戰史‧滇緬路之作戰》都原文照錄。第113團渡河攻擊的主要目標，是501高地（位置見圖5-6）；該高地能瞰制賓河橋及附近渡河點，為作戰地區「攻所必取、守所必固」的「地形要點」，但未見於《緬甸蕩寇志》；另在《孫立人傳》中，作「502高地」。[86]

劉放吾回憶：「4月19日攻下501高地後，等於控制了戰鬥的主動權，也將日軍包圍英軍的態勢打破。」[87]對於張琦營長的不幸殉國，劉放吾團長有感傷，也有遺憾；他說：「張琦中彈後，被抬下來還有口氣，他對我說：『團長，我不行了。』戰爭中極力搶救，張琦不久即因傷勢過重陣亡，我派了一艘機帆船，將張的遺體運往後方，因航道受阻，只能水葬。」[88]

不過，根據新38師工兵營第2連連長唐皇的回憶：1942年5月7日，師部已轉進至曼德勒以北的塞克港（位置不詳），傍晚奉齊學啟副師長命令，率領調用自師部警衛連之士兵12人，押運得自日軍之兩艘中型輪船，

85　孫克剛，《中國軍魂—孫立人將軍緬甸作戰實錄》，頁6。按，被擊潰之日軍，是1個聯隊，而不是1個師團。另據〈燕南羌戰鬥詳報〉所載：「…（午後）三時，救出被俘之英軍及傳教士新聞記者五百餘人。」（見圖6-3，頁6，原件影本），〈詳報〉又載：「被俘之英軍五百餘人及被困之美新聞記者傳教士等數人，亦安全救出。」（見圖6-6，頁11，原件影本）或許前後文對美籍新聞記者與傳教士人數之記述不明，故《緬甸蕩寇志》及《抗日戰史》引用了前者說法。不過，根據《緬甸攻略作戰》，頁507所載，4月17日晨，日軍在賓河南北岸的戰鬥中，共俘虜英軍約280人。而史林姆的說法，則是：國軍奪取敦貢村後，救出的戰俘及傷員是200多名（見後文），兩者都未提美國傳教士及新聞記者事，又此事無關戰局發展，故不再作進一步考證。
86　沈克勤，《孫立人傳》，頁153。
87　劉偉民，《劉放吾將軍與緬甸仁安羌大捷》，91。
88　同上註，頁25。

開往八莫；船上除裝載彈藥、補給品外，還有107名逃難華僑，以及在仁安羌戰死之營長張琦屍體(由蔣元負責押送)，船上總負責人為盛均上校，及英、美連絡官馬丁、韓圖瑞(譯音)。上船後即啟航，沿伊洛瓦底江而上，晝夜不停；經過兩日，張營長屍體發臭，大家協議置於小船運載，以繩繫大船繼續航行。11日晚，船抵達卡薩(位置見圖3-8)時，發現繩子不知何時已斷了？小船也不知漂流何處？[89]張琦營長之遺體，由是「失蹤」。

按，因日軍於4月29日占領「滇緬公路」末站臘戍，截斷「遠征軍」之「補給線」，加上指揮作戰的史迪威於5月4日落跑印度，致「遠征軍」群龍無首，指揮系統瓦解，陷入「各自為戰」的混亂局面。[90]時第113團奉命掩護第5軍轉進，已逐次退守卡薩以西山地；[91]對張琦營長遺體後送的過程，可能未獲得正確資訊，才錯將張琦的「水上失蹤」，當成了「水葬」。4月19日，國軍第113團解救英軍狀況，如圖5-6示意；[92]仁安羌、501高地、敦貢、及4月19日英軍脫困路線航拍，見照片16。[93]

---

89 國防部史政編譯局編纂，《抗戰時期滇印緬作戰(一)─參戰官兵訪問紀錄(上)》(台北：國防部史政編譯局，1999年6月30日)，頁599~600。
90 當時狀況，見：何世同，《堅苦卓絕》，頁418~420。
91 第113團轉戰卡薩之狀況，見：史編局，《抗日戰史‧滇緬路之作戰》，頁90。
92 本圖根據上述資料調製。另，同上註，頁78後，插圖第13「仁安羌戰鬥經過要圖(民國三十一年四月十八日至四月十九日)」所示賓河北岸有新38師之「師指揮所」符號，與事實不符，後文有論。
93 資料來源：劉放吾將軍紀念網，拍攝時間2018年7月。圖正上方為「南偏東」約30度。

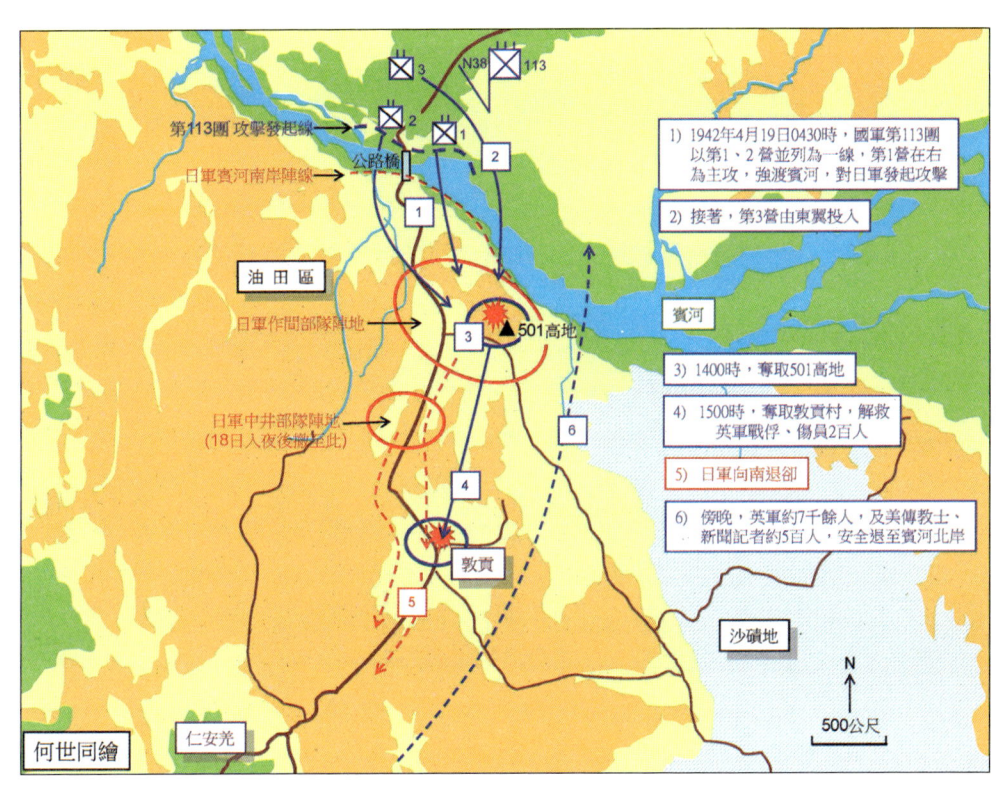

| 第五章 | 劉放吾團長創造了「仁安羌大捷」　　第三節 | 賓河南岸的戰鬥

圖 5-6 ／ 1942 年 4 月 19 日，國軍第 113 團解救英軍狀況示意

233

待換圖

照片 16／仁安羌、501 高地、敦貢、及 4 月 19 日英軍脫困路線航拍

　　日方對 4 月 19 日「賓河南岸戰鬥」的記述是：「…晨，敵再度集中全火力於東北角，發起攻擊，展開一場激戰。另一方面，位於北方之賓河之敵似乎再增強兵力，聯隊長不得已再增援一個中隊至該方面。」[94] 按，此「賓河之敵」，應指國軍第 113 團之投入，但日方顯欲忽略國軍在本戰鬥中的角色，僅以「中國軍之一部〔新編第三十八師之一部約一千人〕似亦馳援

94　《緬甸攻略作戰》，頁 511。

而來」[95]，輕輕帶過。

據《緬甸攻略作戰》載：19日戰鬥一開始，日軍作間部隊即「南北受敵，陷於苦戰中，且因缺乏彈藥，在三叉路之陣地內，一時難阻敵戰車的侵入。」[96] 說明這時候日軍的處境也很艱困，不但和英軍一樣缺乏彈藥；而且仁安羌附近的「天然反戰車」地形，似乎並不足以完全限制英軍戰車的攻擊行動。同書又載：「在此一微妙之戰況變化下，德重大隊(按，18日夜晚始到達，見圖4-6)之側背攻擊，終於變成扭轉戰局之契機，敵之戰志遽然喪失，中午時分到處看見敵人放棄武器及車輛，向北方退卻，其人數逐漸增多，不久敵潰敗而逃。於是，在十九日日沒時分，賓河以南之戰鬥終於落幕。」[97]

此一「賓河南岸戰鬥」之開始與結束時間，中、日兩方記載略同。至於日軍原本「陷於苦戰」，何以德重大隊的一個簡單「側擊」，即可「扭轉戰勢」？而「扭轉戰勢」之後，「敵」(指英軍)之戰志就「遽然喪失」？對此「戲劇性」的轉折，日方戰史顯然過於輕描淡寫。

而作間部隊既看見英軍放棄武器及車輛，向北方退卻，但為何不乘勝追擊？此又與該部隊一路由泰、緬邊境打來的積極精神不符。因此筆者認為真相應是：日軍正被一股巨大力量拉住，故只能眼睜睜地看著英軍脫離戰場，而無法阻攔；這股巨大力量，就是來自北面國軍第113團的攻擊。

95　同上註，頁513。
96　同上註。
97　同上註。

日軍的戰史記述，顯然刻意排除中國軍隊的投入，及其所產生的影響，這應是「面子」問題。

英軍方面：18 日夜晚，史林姆整夜困坐在賓河以北、一個由戰車圍成一圈的營地，不時聽到賓河以南日軍迫擊砲爆炸聲，及看到隨之而來的閃光，史考特的部隊沒有還手，因為他們子彈每槍已不足 20 發，要留著次日突圍使用。日軍還不時派遣步兵，企圖潛入英軍陣地，一些緬甸士兵開始恐慌而放棄陣地，讓留下來的英國和印度軍更加艱難。[98] 但因為 18 日日沒後，英軍已停止攻擊，日軍作間部隊也正整頓戰線，並命中井部隊後撤，以準備翌日之戰鬥；[99] 故此時潛入英軍陣地的部隊，恐又是「緬甸獨立志願軍」，雖無具體戰果，但對為英國人作戰的緬甸士兵而言，則可能成為鼓動其脫逃之原因。

根據史林姆的回憶：19 日晨 7 時，英緬第 1 師「按計畫」發起了攻擊，但國軍第 113 團卻先因沒有「時間觀念」，後又藉口「缺水」，在「討價還價」(a good deal of talk) 下，由天亮拖延到 12 點半，再推遲到 14 點，最後終於在 15 點發起了進攻。而在英緬第 1 師方面，由於敵火猛烈，加上高溫酷暑，又沒有水喝，官兵精疲力盡，突圍再次受挫；不但英緬第 1 旅靠不住，連英印第 13 旅都開始動搖。這個時候，戰車營突然發現了一條往東通向賓河的崎嶇小徑，部隊就由此「舉步蹣跚地」(lurched) 到達賓河，在

98　William Slim, *op. cit.* p.69.
99　《緬甸攻略作戰》，頁 510。

河的岸邊終於見著了中國軍隊。[100]

史林姆特別強調，在午後 3 點前，他與史考特的連絡就中斷了，因此英緬第 1 師的「最後奮力一搏」(last desperate effort)，無法與中國軍隊的進攻相呼應。[101] 言下之意，英軍的「突圍」(break out) 是靠自己，而不是靠中國軍隊；惟史林姆沒有說明的是，為何英軍在 18 日彈藥猶足時無法突圍，現在每槍只剩不到 20 發子彈時，卻可以？事實上，這不是英軍第一次發現通往賓河的小徑，英緬第 1 師在 18 日的戰鬥中，已經有一條「旁路」(by-pass road) 被「清理」(cleared) 出來，「許多裝置」(a good deal of transport) 幾乎運送到了河岸，但在緊要關頭被日軍「攔住」(hold up)；而一支愛爾蘭 Inniskillings 分遣隊「掙扎著」(struggled) 到了岸邊，正興高采烈認為將與中國盟軍相擁的時候，卻被埋伏之日軍消滅。[102]

也就是，英軍在 18 日已經打開一條通往賓河岸邊的小徑，但日軍在那裡又攔截、又設伏，英軍無法通過。19 日，英軍又沿小徑（也許是另條）來到賓河邊，卻能順利渡河逃向北岸，當是日軍已經撤除了攔截與伏擊兵力的關係。但是，日軍為何會在這個時候突然撤攔、撤伏？那不正是第 113 團已攻破日軍賓河防線，使後者必須放棄前述陣地的關係嗎？史林姆所說「在河的岸邊終於見著了中國軍隊」，不就等於被中國軍隊「間接解圍」救了出來嗎？史林姆顯然故意掩蓋了這個事實，恐怕這又是「面子」

100　William Slim, *op. cit.* pp.70~71.
101　*Ibid*, p.71.
102　*Ibid*, pp.67~68.

問題。

惟史林姆也沒忘記誇讚中國軍隊,他說:一旦開始進攻,表現極其出色,奪取敦貢村,救出了 200 多名戰俘和傷員;20 日,第 38 師再次進攻,「使用坦克突穿進入」(with tanks penetrated) 仁安羌 (見照片 17),在英國軍官「見證」(vouch) 下,重創日軍。[103] 只是史林姆只承認第 113 團救了敦貢村的英軍俘虜,及奪回了仁安羌,而在最關鍵的解救英緬第 1 師與戰車營部分,為了「面子」問題,卻選擇了說謊。

照片 17 ／國軍第 113 團官兵在賓河南岸油田區與英軍戰車士兵交談

---

103 *Ibid* p.72.

根據《抗日戰史‧滇緬路之作戰》記載：4月20日9時，第113團在仁安羌油田區以南約10公里之線，與日軍對峙；10時許，擊退日軍約400人逆襲。入夜後，敵大批增援部隊車運到達，我第112團也至，孫立人師長原擬繼續攻擊，惟於21日零時，接到英方羅伯孫上尉送來史林姆下達的退卻命令；國軍即向巧克柏當方向轉進，「仁安羌之戰」遂告結束。[104]

《抗日戰史‧滇緬路之作戰》又載：本戰第113團以1,121人，擊潰日軍第33師團之第124聯隊，救出英軍7千餘人及美國傳教士、新聞記者5百餘人，並擊斃敵中隊長吉柳仲次以下官兵7百餘人，實為「中國遠征軍」入緬作戰史上，在「國際戰場」中，寫下的最輝煌的一頁。第113團付出的代價是，官兵傷亡5百餘人，以及張琦營長壯烈犧牲。[105] 但根據劉放吾回憶，由於當時上級「空缺虛報」的狀況普遍，因此113團實際參戰的人數，只有8百多人；而戰損數為陣亡204人，負傷318人。[106]

---

104 史編局，《抗日戰史‧滇緬路之作戰》，頁72；蔣緯國，《抗日禦侮‧滇緬路作戰》，頁221，所載略同。
105 史編局，《抗日戰史‧滇緬路作之戰》，頁73。有關113團之戰損數據，同上注，頁78後，插表8「新編第三十八師仁安羌戰鬥人馬傷亡表」所載，為官兵傷318人，亡189人。
106 劉偉民，《劉放吾將軍與緬甸仁安羌大捷》，頁40。惟據後文所載，入祀湖南衡陽「南嶽忠烈祠‧享堂」者，為202人。

第四節

「仁安羌大捷」改寫了二戰歷史

1942 年 4 月 19 日，劉放吾團長率領第 113 團，擊潰日軍第 33 師團以步兵第 124 聯隊為基幹，配屬有砲兵及工兵，並享有空中兵力支援的作間部隊，其戰果不僅是救出英軍 7 千餘人及美國傳教士、新聞記者 5 百餘人，讓中國軍隊揚威「國際戰場」，而更值得驕傲與榮耀的是，改寫了第二次世界大戰的歷史。

先是，4 月 17 日晨，當日軍第 33 師團櫻井師團長獲悉作間部隊占領賓河南北兩岸要點之後，立即動用預備隊，實施「水上機動」，增援作間部隊作戰；而正向北運動中的荒木部隊及原田部隊，也將陸續到達仁安羌戰場，已如前述。由此狀況看來，英緬第 1 師及裝甲第 7 旅的 1 個營，在日軍以 1 個聯隊（欠 1 個大隊）「攔截」的時候，都無法自行脫離戰場，向賓河以北逃逸；若 1 天之後，待日軍第 33 師團主力陸續到達（其狀況，見圖 4-6），則被困於仁安羌南沿之英軍，必定遭到「包圍殲滅」；連同在東敦枝的英印第 17 師及裝甲第 7 旅另外 1 個營，因退路被截，勢亦難逃被殲或投降的命運（見圖 4-7）。

幸拜國軍劉放吾第 113 團救援所賜，才使得這些英軍能夠成功脫逃到印度，保存「有生戰力」，成為守住印度、及日後「反攻緬甸」的「種能部隊」。根據史迪威所說，這些英方逃到印度的兵力，約為 3 萬 6 千人，加上邊防軍及武裝警察等，則約 7 萬人。[107]1944 年 3 月 8 日至 7 月 2 日的「伊姆法爾之戰」，英軍完勝日軍，即是這支被國軍拯救部隊的功勞。[108]

與日本海軍「偷襲珍珠港」同步發動的陸軍「南方作戰」，對設定目標的攻略，都超乎預期的順利，不但占領這些西方列強在遠東的殖民地，還虜獲了約 20 萬名的英、美、荷蘭、澳洲、紐西蘭等西方列強的軍隊，並包括了一些總督、指揮官之類人物（見前文）。[109]如果沒有「中國遠征軍」第 113 團創造的「仁安羌大捷」，英軍在緬甸的武裝力量，勢將如同香港、菲律賓、馬來亞、新加坡一樣，遭到被殲或被俘命運，甚至連英緬軍司令亞歷山大、第 1 軍軍長史林姆，都要被關進日本的集中營；英國不但丟了緬甸，而且連印度恐都保不住，其「棄緬保印」企圖，也立即化為泡影。

先是，日軍於攻占新加坡後，約收容了 4 萬 5 千名印度軍俘虜；[110] 筆

---

107 1942 年 6 月 4 日 1230 時，蔣介石委員長暨夫人與史迪威共進午餐談話記錄；收入：周琇環等編輯，《中國遠征軍》，頁 159；原件國史館典藏號：002-020300-00020-065。
108 有關「伊爾法爾之戰」經過與結果，見：日本防衛廳防衛研修所戰史室編撰・黃朝茂譯，日軍對華作戰紀要叢書—45，《伊洛瓦底會戰—緬甸防衛的失敗》（台北：史編局，1997 年 6 月），頁 10~15。伊姆法爾（英帕爾、英拍爾，Imphal），為印度東北部 Manipur 邦首府，位置見圖 3-8。
109 日軍俘虜英、美軍隊數目，見：李德哈特原著，《第二次世界大戰戰史》，冊 1，頁 390(香港)、頁 390(菲律賓)、頁 356~359(馬來亞及新加坡)。
110 《緬甸攻略作戰》，頁 690。

者認為，在印度人民反抗英國殖民統治，爭取獨立運動正風起雲湧之際，這些俘虜應可用於日後對印度方面的作戰。當時「南方軍」處理印度工作之相關業務，統由「南方軍」總部岩畔豪雄大佐為機關長的「岩畔機關」負責。[111]

1942年5月15日，「岩畔機關」安排在曼谷舉行「全遠東印度人代表大會」，作為會場的「席瓦康皇家劇院」，前院擠滿了2千人以上的印度民眾，日本駐泰大使坪上貞二以及德、義兩國駐泰公使，亦以貴賓身分參加會議。從東亞各地前來的百餘名與會人員，代表了東亞2百萬印僑，邁向印度之獨立，徹底對英國抗爭之共同目標。會中並決定設「印度獨立聯盟」總部於曼谷，「印度國民兵司令部」於新加坡，創造了印度人抗英爭取獨立的空前氣勢。[112]

當此「印度獨立之火舌強勢伸入各地」[113]的情勢下，對日軍最有利的狀況，就是先擊滅英國在緬甸的軍隊，攻略整個緬甸後，再以緬甸為跳板，在日軍占領安達曼群島，[114]勢力伸入印度洋，威脅印度南翼側態勢之配合，與推動印度獨立運動風潮之助力下，乘勝從英國人手中奪取印度。

但這樣的有利狀況，卻被國軍「仁安羌大捷」所解救之英軍「有生戰力」回防印度所阻。如果當時日軍能乘全殲英緬軍之際，順勢在雨季來臨

---

111 同上注，頁690、692。
112 同上注，頁692~693。
113 同上注，頁693
114 同上注，頁334~338

之前攻入印度，則有甚大之機會，一路西進至中東，全無阻擋，早期與納粹德國會師，合力擊滅蘇聯。如此一來，以德國、日本加上義大利的「軸心國」力量，必可控制歐亞大陸的「陸權」，立於不敗之地；英、美兩國，充其量只能控制「海權」，中國的抗戰也可能不會勝利，世界歷史將是另外一回事。但是這種狀況並沒有出現，此即「中國遠征軍」第113團創造「仁安羌大捷」的歷史意義，與對全世界人類的偉大貢獻。這樣關係二戰「同盟戰略」成敗的問題，掌握二戰「話語權」的西方列強，居然裝沒看見，令人憤慨。

日軍第 15 軍在 19432 年 3 月 30 日，攻下同古之後，對國軍第 5 軍第 200 師師長戴安瀾的奮勇戰鬥「讚佩不已」，稱其為「值得敬佩的敵人」；[115] 但日軍戰史對國軍第113團「仁安羌之戰」的表現，卻輕輕掠過，吝嗇讚美，似是基於「面子」，或可理解。惟在英軍戰史中，卻完全不提國軍第113團在仁安羌拯救英緬第 1 師及裝甲第 7 旅一部事，則難以想像；[116] 尤其現場指揮國軍投入戰鬥的英軍軍長史林姆，還以不實的謊言，醜化國軍形象，掩蓋國軍功勞，中國人不能接受，後文有專節評論。

更有甚者，連國人對這段歷史的記述，都存有私心，不能客觀中立，秉筆直書，而隨意杜撰，以訛傳訛，致真相不存，異說紛起，更令人唏噓

---

115 同上注，頁 440。
116 例如：李德哈特的《第二次世界大戰戰史》，可謂英國二戰最權威之作，但全然不見對仁安羌國軍解救英軍的相關記述，甚至連中國的抗日戰爭，都不算入二戰。即使是 2014 年才出版的芮納・米德《被遺忘的盟友》，也「遺忘」了國軍創造的這段歷史。

浩歎。

但是青史不會盡成灰，此段原本已被掩蓋、扭曲，與已成新編第 38 師師長指揮「刻板印象」的「仁安羌大捷」，卻因 1963 年香港「冒牌將軍案」的發生，又重新喚起世人注意。透過記者努力不懈的追查，「劉團長」英勇、但鮮少人知的事蹟，才開始「撥雲見日」，真相逐漸重現於青天白日，後文將詳論。

第六章

掩蓋「仁安羌之戰」真相的幾個源頭

第一節｜〈燕南羌戰鬥詳報〉開掩蓋真相之端

第二節｜扣上「師帽子」的「團作戰要圖」

第三節｜《緬甸蕩寇志》等同源資料接力扯謊

第四節｜英緬軍長史林姆的謊言

從英緬軍不戰而放棄仰光，退向伊洛瓦底江流域，以及日軍「兩翼包圍」加上「中央壓迫」的「曼德勒會戰構想」看來，原本被困於仁安羌的英緬軍，在酷熱天氣，彈盡缺水，士氣極度低落，一路敗退，且退路被截斷的狀況下，料將會和香港、新加坡、菲律賓、爪哇等地的西方列強殖民地軍隊一樣，全部成為日軍的俘虜。然而，當此千鈞一髮之際，由於「中國遠征軍」新編第38師第113團在賓河南、北岸戰鬥的告捷，不但解救了被困的英緬軍，還暫時遏阻了日軍在伊洛瓦底江流域一路摧枯拉朽、如入無人之境的攻勢，才使得英緬軍的2個步兵師、1個裝甲旅及一些邊防部隊與警察，能夠成功脫逃到印度，成為守住印度，及日後反攻緬甸的「種能部隊」；其影響之大，可想而知。

　　1942年5月1日傍晚，日軍第15軍司令官飯田祥二郎隨第18師團進入曼德勒，他對當時的情景，有如次的敘述：「曼德勒之敵剛撤離後不久，但市區入口附近有多數居民連同婦女出來迎接，頭上頂著水壺，招待飲水，其中有男孩子揹部隊背包進入隊伍，興高采烈與日本兵並排行進，充滿著一股溫馨氣氛。當日適值為5月1日之水節(按，即「潑水節」)，有人將月桂樹葉沾水向士兵以示祝福，亦有人將樹葉投入我等之座車…此一情景在中國戰場從未出現。」[1] 緬甸曾是印度的一個省，緬甸人的「反英親日」

---

[1] 《緬甸攻略作戰》，頁551~552。按，此「曼德勒之敵」，應指防衛該地之中國軍隊。又，當時中國軍隊入緬協助英軍作戰，被緬人視為帝國主義的「同路人」，故難獲緬人支持；這種狀況，吾人由前述「緬甸獨立志願軍」之協力日軍作戰，即可看出。

| 第六章 | 掩蓋「仁安羌之戰」真相的幾個源頭

情緒反映,應也適用於長期被英國人高壓殖民統治 86 年的印度人身上。[2]

苟無「中國遠征軍」仁安羌之勝,英國不但丟了緬甸,而且在當時印度人風起雲湧爭取獨立的浪潮下,恐也保不住印度;一旦日軍奪得印度,即可以此為跳板,西進與納粹德國會師,第二次世界大戰的歷史可能是另外一回事,已如前述。但是,對於這樁中國軍隊揚威「國際戰場」的事蹟,卻遭到中、英、日三方不同程度的撒謊、杜撰與隱瞞,失去了真相,令人遺憾。

日方戰史對此輕輕掠過,似是基於其 1 個擁有空優支援的加強「平衡兵種」聯隊,被中國軍 1 個小型步兵團擊潰的「面子」問題,或可理解;但英方戰史不但完全不提英緬軍被拯救事,甚至其當時的戰場指揮官還以不實的謊言,醜化國軍,吾人不能接受。尤其甚者,連中方戰史對此戰的記述,都存有長官掠奪部下戰果的私心,隨意扭曲杜撰;影響所及,真正的英雄消失不見了,代之接受榮耀者,竟是其上一級「直屬長官」。像這樣的長官掠奪部下功勞事情,吾人不能原諒,歷史不應放過。本章將論述掩蓋「仁安羌之戰」真相的幾個源頭,並憑證據釐清,以還原其原本面貌,不使青史成灰。

2　1857 年,北印度蒙兀兒帝國統治者 Bahadur Shah II,為英國人所廢,開啟英國對印度的殖民統治。見:王曾才,《世界通史》(台北:三民書局,1993 年 2 月,初版),頁 400。

第一節

〈燕南羌戰鬥詳報〉開掩蓋眞相之端

〈燕南羌戰鬥詳報〉的全名是〈新編第三十八師第一次燕南羌戰鬥詳報〉，收錄於〈第六十六軍新編第三十八師緬甸戰役戰鬥詳報〉（以下簡稱〈新三十八師緬戰戰鬥詳報〉）中，斷限時間為1942年4月至5月；按，「燕南羌」即「仁安羌」。此〈詳報〉一開始，是「緬甸戰役之概述」，內容包括：「衛戍緬京曼德勒」、「燕南羌之戰鬥及掩護盟軍轉進概況」、「繼續掩護盟軍及我軍向北轉進」、「溫早之戰鬥概況」、「轉進情形」、「因拍爾集結待命」、「第一一三團卡薩之戰鬥及轉進情形」、「印度整訓」、及「各次戰役之檢討」等9個綱目。[3]

---

[3] 中國第二歷史檔案館（以下簡稱二檔館）編，《滇緬抗戰檔案‧上》（全三冊）（北京：中國文史出版社，2018年7月），頁225~230。惟其中「第一一三團轉進至印度」及師之「印度整訓」為6月以後事（見頁229），已超出戰鬥詳報紀事斷限。各地位置：巧克柏當，見圖5-5；色格（實皆，Sagaing）、溫早（Wuntho）、卡薩（Katha）、因帕爾（伊姆法爾、英拍爾Imphal），見圖3-8。按，二檔館在南京。又，新編第38師自開抵曼德勒後，即奉「遠征軍」司令長官部命令，由第66軍轉隸第5軍（見前文），但不知為何？其「戰鬥詳報」仍稱「第六十六軍新編第三十八師」；筆者認為，應是建制上仍屬第66軍的關係吧。

這一份〈新三十八師緬戰戰鬥詳報〉，均以「師」為「第一人稱」，按時間順序，冠以編號，一共記述了 5 次戰鬥，分別是：(一)〈燕南羌戰鬥詳報〉、(二)〈巧克柏當戰鬥詳報〉、(三)〈色格戰鬥詳報〉、(四)〈溫早戰鬥詳報〉、(五)〈旁濱 (Paungbyin，位置見圖 3-8) 戰鬥詳報〉。[4] 不過，第 113 團「卡薩之戰鬥及轉進情形」很重要，但卻不見其〈戰鬥詳報〉，僅以「第一一三團卡薩之戰鬥及轉進情形」條，簡單記載其戰鬥狀況如下：

> 本師第一一三團由慈岡乘車至卡薩，掩護第五軍右側。激戰一晝夜，於五月十一日二十時奉命撤退。行至南頃附近，復與敵遭，腹背受敵，損失頗重。迭、經苦戰，未得休息，敵寇尾追不捨。為避免決戰計，乃輾轉進入山地，潛伏待機。敵寇以該團行蹤頓失，山中給養毫無，判斷其必尋求渡江，乃以輕快部隊沿江扼守，控制各渡河地區。該團數次出動，均未成功，乃重回進入山中，攀藤附葛，扶傷忍痛，於五月三日在南先慶〔Nawnksankyin〕偷渡清得溫江（更的宛江、親敦江，Chindwin River），人各一木，束竹為筏，半浮半渡，終得渡過；敵計雖狡，亦望江莫及。六月八日到達印度英帕兒、康漢拔〔Kanglatohgbi〕，歸回本師。[5]

根據劉偉民所說：「卡薩之戰」後，與孫立人將軍清華同窗，又一同

4　同上注，頁 230、255。
5　二檔館編，《滇緬抗戰檔案‧上》，頁 229。慈岡與南頃，位置不詳；南先慶在旁濱北約 110 公里，康漢拔在英拍兒北 22 公里 (位置見圖 3-8)。

留美轉學軍事、情同手足的副師長齊學啟將軍下落不明(後來證明殉國)，孫立人將軍很焦急，造成其父「仁安羌大捷」與「卡薩掩護撤退」的輝煌戰功，卻因此被「完全抹煞」，成為其父一生的「心結」。[6]

不過，劉偉民的說法，或許只可用於「卡薩掩護撤退」之戰，但卻不能用於「仁安羌大捷」之戰。因為，前者或出於孫立人師長對其「摯友」齊副師長失蹤的「私心」，「遷怒」於劉放吾團長，故而不編撰該戰之〈戰鬥詳報〉。後者則不然，不但編撰了該戰的〈戰鬥詳報〉，而且還大書特書；那是為了「完全抹煞」劉放吾團長在仁安羌這場「奇貨可居」的「大捷」中角色，而將所有戰功「據為己有」的原因，後文有詳細論述。

由於「燕南羌之戰」(即「仁安羌之戰」)，是這個階段新編第 38 師所屬部隊入緬的「第一次」戰鬥，遂有〈第一次燕南羌戰鬥詳報〉之名(以下簡稱〈燕南羌戰鬥詳報〉)。該〈戰鬥詳報〉內容區分三項：**第一項**，為「戰鬥前彼我形勢之概要」、「攻擊部署及戰鬥經過」、「戰鬥成績」、「敵之兵力部隊番號並可資參考之事項」、「附錄」等 5 段；**第二項**，為 4 張「作戰要圖」；**第三項**，為武器裝備數量、戰損、傷亡及擄獲等「附表」。[7] 以上除第二項為圖示外，其餘各項均以文字記述。本節先論「文字部分」，下節再論「圖示部分」。

6　劉偉民，《劉放吾將軍與緬甸仁安羌大捷》，頁 97。
7　二檔館典藏：卷宗號 11655，案微縮號 16j-0501，卷宗標題「新 38 師緬戰詳報」)，共 22 頁，筆者翻拍後，自編 1~22 頁次，示於每頁下方中央。

| 第六章 | 掩蓋「仁安羌之戰」真相的幾個源頭　　第一節 | 〈燕南羌戰鬥詳報〉開掩蓋真相之端

又因典藏在南京二檔館的該史料,「紙本原件」受到保護,閱者不能直接觸及,現場查檔只能使用類似顯微鏡之工具,逐頁讀取由「原檔翻拍」之「微縮膠卷」,不但費時,效率低,而且字跡也不很清晰。館方有鑒於此,乃以人工讀取原檔後,再轉換成文字,於 2018 年 7 月,出版了《滇緬抗戰檔案》一書 (全 3 冊);其上冊,收錄了包括「仁安羌之戰」在內的《新三十八師緬戰詳報・第一次燕南羌戰鬥詳報》。[8] 由於該書並非直接複製原件,故整體錯誤不少;[9] 但對作戰全部狀況的了解,提供了很大的便利。

本文所引之〈燕南羌戰鬥詳報〉資料,係館方使用前述方法,翻拍自二檔館典藏的原件;本節論述之「文字部份」,不含與欲論關係不大的第三項,示以 6 張圖片。原圖為黑白,為方便檢視,筆者就分項標題與要點,標以彩色文字與線條;又因原件順序編號顯示模糊 (按,原件頁次編號為 25~46),筆者又省略了一些與論述無關之內容;為便於檢閱與引用,乃自編頁碼,置於圖片下方中央。文字部分 (原件頁次 25~38),見以下 6-1~6-6 等 6 張附圖:

---

[8] 二檔館編,《滇緬抗戰檔案・上》,《新三十八師緬戰詳報・第一次燕南羌戰鬥詳報》,載於冊 1,頁 230~237。
[9] 例如:〈第一次 燕南羌戰鬥詳報〉一開始,在標題上就出現錯誤,將「貴西」(按,即「歸約」) 誤植為「貴西」;見同上注,頁 230。又,本版詳報也缺附圖與附表。

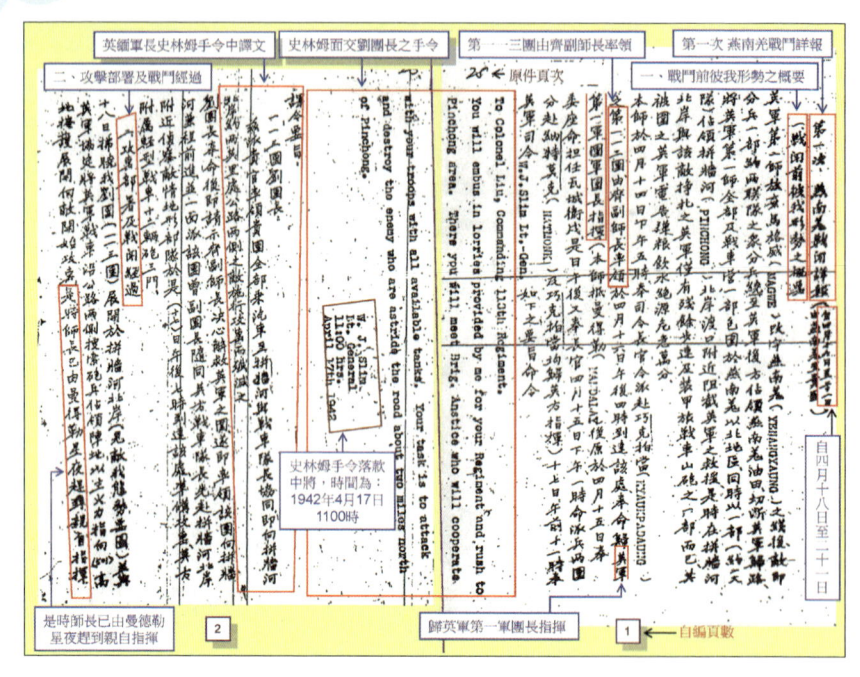

圖 6-1／〈燕南羌戰鬥詳報〉文字部分之（一）

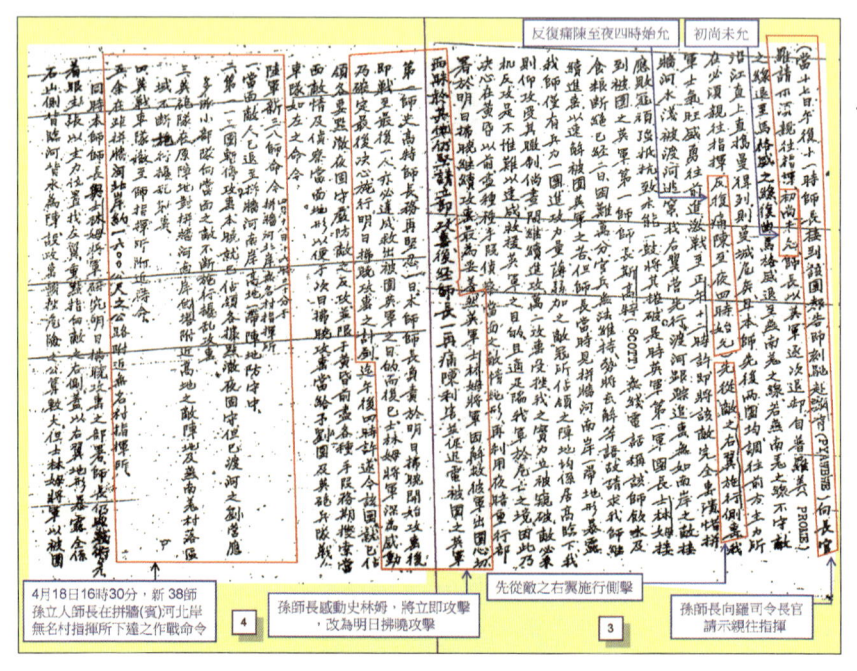

圖 6-2／〈燕南羌戰鬥詳報〉文字部分之（二）

| 第六章 | 掩蓋「仁安羌之戰」真相的幾個源頭　　第一節 | 〈燕南羌戰鬥詳報〉開掩蓋真相之端

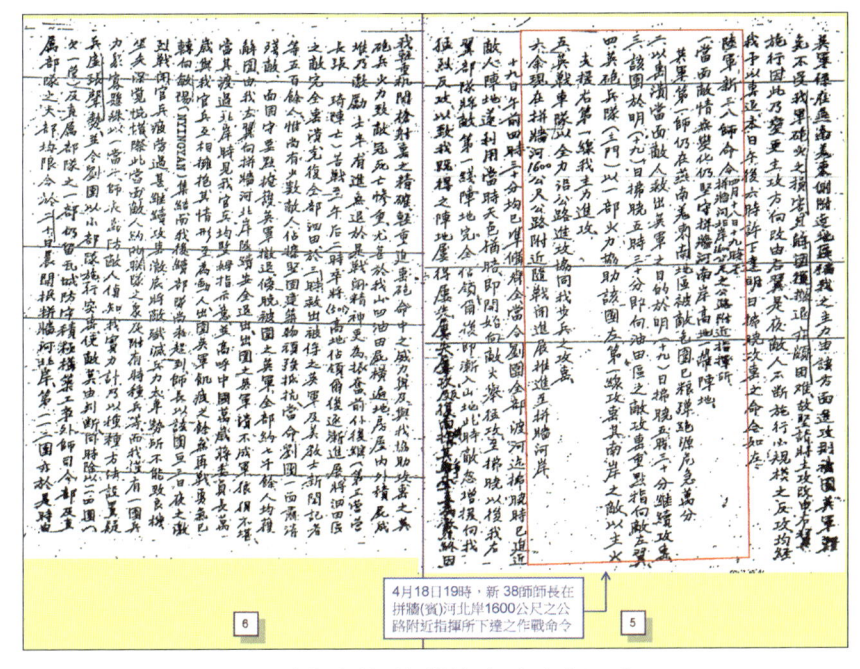

4月18日19時，新38師師長在拼牆（賓）河北岸1600公尺之公路附近指揮所下達之作戰命令

圖 6-3 ／〈燕南羌戰鬥詳報〉文字部分之（三）

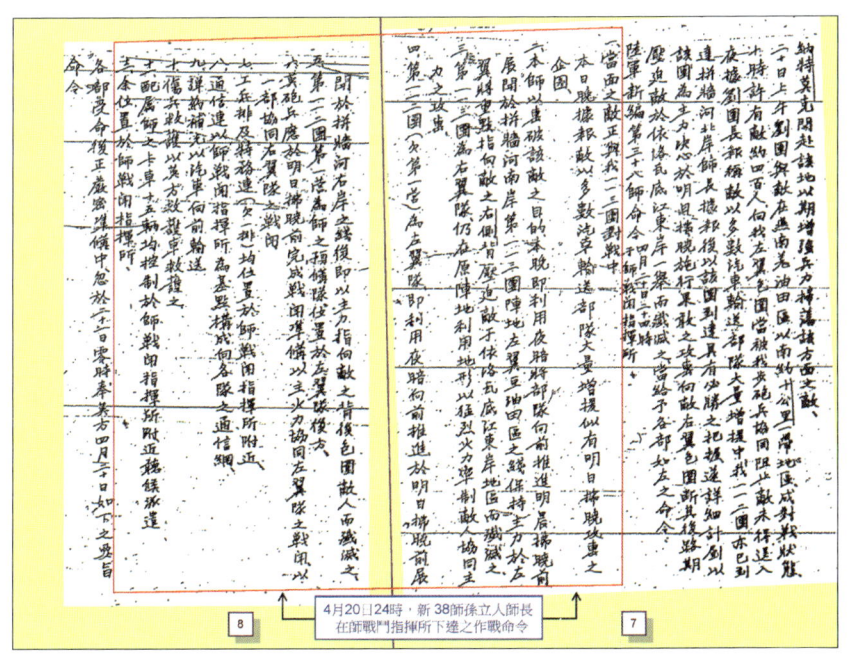

4月20日24時，新38師係立人師長在師戰鬥指揮所下達之作戰命令

圖 6-4 ／〈燕南羌戰鬥詳報〉文字部分之（四）

253

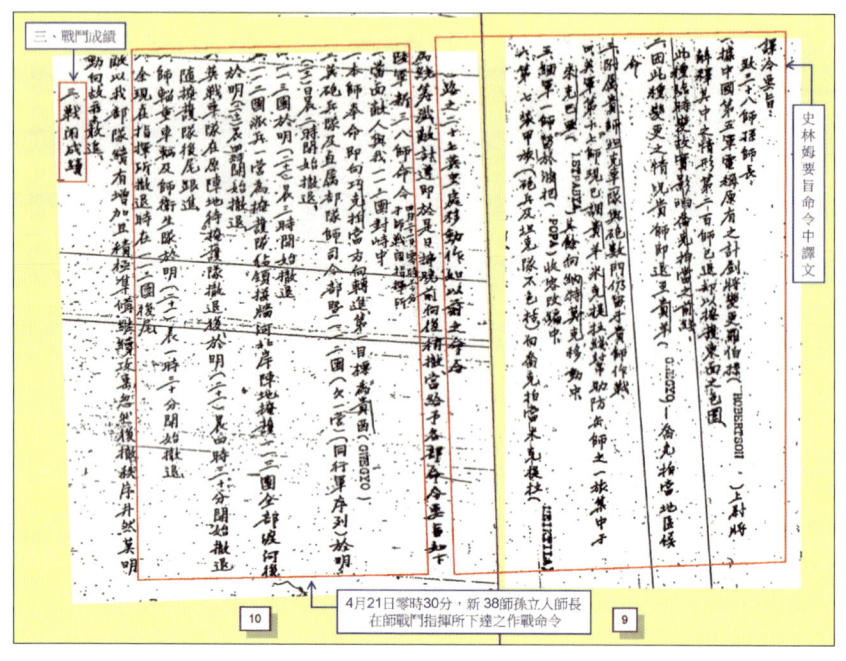

圖 6-5／〈燕南羌戰鬥詳報〉文字部分之(五)

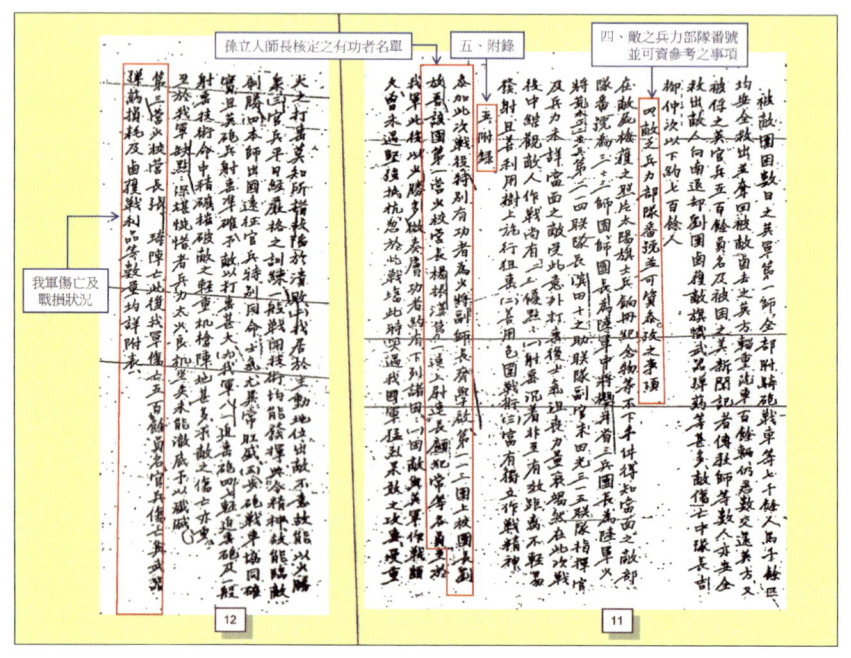

圖 6-6／〈燕南羌戰鬥詳報〉文字部分之(六)

| 第六章 | 掩蓋「仁安羌之戰」真相的幾個源頭　　第一節 |〈燕南羌戰鬥詳報〉開掩蓋真相之端

「燕南羌之戰」是孫立人師長與新編第 38 師所屬部隊，1942 年在緬甸的「第一次」戰鬥，亦為〈燕南羌戰鬥詳報〉所述 5 次作戰中，最著名、也是唯一打勝仗的一場戰鬥紀事，被視為孫立人將軍軍旅生涯的首件戰功。其原件內容，有中文，有英文；中文為「手寫」，英文為「打字」，涵蓋時間為 1942 年 4 月 14 日至 21 日。

〈燕南羌戰鬥詳報〉一開始，先敘述「**戰鬥前彼我形勢之概要**」；內容概為：英軍於 4 月 14 日在仁安羌被日軍 2 個聯隊包圍，及齊副師長率領第 113 團前往馳援，歸英方指揮…云云 (見圖 6-1)；[10] 孫克剛的《緬甸蕩寇志》，幾乎抄錄了所有情節。[11] 職是之故，不論前者「真實性」如何？後者都不能如孫氏所說，當成自稱的「原始材料」來看；但孫克剛對這段歷史真相的扭曲，卻起了巨大的「轉承」與「推波助瀾」作用。其後，又有國防部史編局《抗日戰史・滇緬路之作戰》，與三軍大學《抗日禦侮・滇緬路作戰》不察其繆，相繼照本引之，使得本戰真相，益加混沌模糊。

〈燕南羌戰鬥詳報〉第二段「**攻擊部署及戰鬥經過**」，是〈詳報〉的主要部分；內容概為：孫立人師長向司令長官部「爭取」赴賓河 (拼墻河) 前線「親自指揮」之過程、賓河附近之敵我情勢、第 113 團連日戰鬥之狀況、

---

[10] 二檔館典藏，《新 38 師緬戰詳報》，〈第一次燕南羌戰鬥詳報・一、戰鬥前彼我形勢之概要〉，頁 1(原件頁 25)。為檢閱方便，以下翻拍內容，均使用筆者自編頁次，並附原件頁次。
[11] 見：孫克剛，《中國軍魂—孫立人將軍緬甸作戰實錄》，頁 4~5(錄自原件頁 26~27)。

及師其他兵力到達與奉命轉進等(內容見圖6-1~6-5)。[12] 據該〈詳報〉所載，此其間孫立人師長一共下了4次「作戰命令」；前兩次在「仁安羌戰鬥」開始前，為下節論述重點。後兩次於「仁安羌戰鬥」結束後，雖與本主題關連不大，但也出現許多「扭曲真相」之處，故一併論之。

〈燕南羌戰鬥詳報〉第三段「**戰鬥成績**」，旨在統計本次作戰之戰果(內容見圖6-5~6-6)。[13] 第四段「**敵之兵力部隊番號並可資參考之事項**」，為戰鬥結束後的「情報判斷」(見圖6-6)。[14] 第五段「**附錄**」，意在表揚有功人員、列出致勝原因、檢討缺失、並統計傷亡(見圖6-6)。[15] 其後為4張「**作戰要圖**」，下節說明；[16] 另有5張相關參戰人員和戰損數、擄獲數之「附表」，本書未引列其影本。[17]

根據〈燕南羌戰鬥詳報〉所載：「十八日拂曉我劉團〔一一三團〕展開於拼牆河北岸⋯向敵開始攻擊。是時，師長已由曼德勒星夜趕至，親自指揮⋯」(見圖6-1)；[18] 事情一開始，即將「輕車簡從」遠道趕夜路跑來的

12　二檔館典藏，《新38師緬戰詳報》，〈第一次燕南羌戰鬥詳報・二、攻擊部署及戰鬥經過〉，頁2~10(原件頁26~34)。
13　同上註，〈第一次燕南羌戰鬥詳報・三、戰鬥成績〉，頁10~11(原件頁34~35)。
14　同上註，〈第一次燕南羌戰鬥詳報・四、敵之兵力部隊番號並可資參考之事項〉，頁11(原件頁35)。
15　同上註，〈第一次燕南羌戰鬥詳報・五附錄〉，頁11~12(原件頁35~36)。
16　同上註，〈第一次燕南羌戰鬥詳報・附圖〉，頁14~17(原件頁38~41)。
17　同上註，〈第一次燕南羌戰鬥詳報・附表〉，頁18~22(原件頁42~46)。
18　二檔館典藏，《新38師緬戰詳報》，〈第一次燕南羌戰鬥詳報・二・攻擊部署與戰鬥經過〉，頁2(原件頁26)。另孫克剛，《中國軍魂—孫立人將軍緬甸作戰實錄》，頁5；史編局，《抗日戰史・滇緬路之作戰》，頁68；所載皆同。

| 第六章 | 掩蓋「仁安羌之戰」真相的幾個源頭　　第一節 | 〈燕南羌戰鬥詳報〉開掩蓋真相之端

孫立人師長，定位在「親自指揮」第113團作戰的角色上，就與事實不符，後文有詳論。

在「有功人員」上，〈燕南羌詳報〉載：「參加本次戰役特別有功者，為少將副師長齊學啟、第一一三團上校團長劉放吾、該團第一營少校營長楊振漢、第一連上尉連長顧紀常等各員」(見圖6-6)。在這份「功勞簿」上，孫立人師長完全無視蔣委員長4月21日親自嘉慰劉團長的手令及電文(見圖7-3)，竟自己扮演戰功的「權威分配者」，將戰鬥中「角色模糊」的齊副師長，以及第113團幾個營、連長的份量，當成跟劉放吾團長一樣；師部掩蓋真相，刻意造假，「稀釋」劉放吾團長功勞居心，不言而喻。

進一步看，孫克剛既是新38師〈燕南羌戰鬥詳報〉的作業要角，又是《緬甸蕩寇志》的作者，更是孫立人《統馭學初稿》的「彙編整理者」；因此，這些具有同一人「主觀意識」的著作，在對「仁安羌之戰」的記述上，當然是無法保持「客觀超然」立場的「同源資料」。〈燕南羌戰鬥詳報〉是源頭，為《緬甸蕩寇志》所本，並為《統馭學初稿》所引，有若「近親繁殖」；唯源頭刻意「失真」，其後所本、所引者，必然也跟著「失真」。影響所及，整個「仁安羌之戰」的真相不見了；吾人若不能將其真相還原，任令穢史流傳，則無異是在第二次世界大戰「國際戰場」戰功上的自殘。

吾人又由新38師〈緬甸戰役戰鬥詳報〉中的「印度整訓」與「各次戰役之檢討」看來，其完成時間，應在該師轉進到印度之後。而按照一般師級部隊編寫「戰鬥詳報」的作業程序，是在戰鬥結束後若干時間內，由師屬各部隊及師部相關幕僚提供資料，交作戰部門會簽與綜合彙整；完稿後，

先由參謀長、政治部主任等幕僚主管核閱，再呈師長批示定稿。吾人由孫克剛身為新38師政治部上校副主任，及其與孫立人師長的叔侄關係，理當參與作業和核稿。

而從〈燕南羌戰鬥詳報〉的「人稱」看來，應為師部參謀所撰，但其中一些相關資料，估計是第113團所提供。例如，劉放吾珍藏多年，「從未示於他人」的史林姆「英文手令」，詳報中以「打字體」出現(見圖6-1)；[19] 此資料之提供者，顯然就是劉放吾團長本人，提供的時間也一定是在「仁安羌之戰」結束若干時間後。而4月17日至19日3張「作戰要圖」中的敵我兵力與兵力位置(見後文)，以及作戰經過狀況，因為師部幕僚未參加，故其「原始資料」之提供者，亦當是第113團的參謀群。

總結地說，新38師的司令部參謀，在編寫《緬戰詳報》中的「仁安羌之戰」部分時，保留了一些反映戰場客觀情況的記述，可視為珍貴的戰史資料，經過與「異源史料」比對查驗，能用為研究該作戰之依據與佐證。但更多內容，是為了替孫立人師長製造「親自指揮」功勞的角色，而掩蓋真相，杜撰故事，以假換真，致讓這份原本珍貴的資料，變得不知何者為真？何者是假？令人遺憾。

---

[19] 二檔館典藏，《新38師緬戰詳報》，〈第一次燕南羌戰鬥詳報・一、戰鬥前彼我形勢之概要〉，頁1~2(原件頁25~26)。按，「館藏手令」為英文打字，附中文「譯令要旨」，顯係根據劉放吾珍藏之史林姆「親筆手令」而來(見圖5-4)。也就是說，前者為「轉手史料」，後者為「原始史料」；惟前者稱劉放吾為劉上校(Colonel Liu)，後者則稱劉放吾上校(Colonel Liu fon Wu)，當以後者為準。此外，二檔館編，《滇緬抗戰檔案・上》，頁231，無「英文手令」，只有中譯「打字手令」。

| 第六章 | 掩蓋「仁安羌之戰」真相的幾個源頭　　第一節 |〈燕南羌戰鬥詳報〉開掩蓋真相之端

　　軍隊以「作戰」為主，「作戰」以「求勝」為目的，「打勝仗」是任何戰場指揮官畢生夢寐以求的事功；尤其對當時初次指揮「野戰部隊」、尚無具體戰功的孫立人師長而言，想應會親自指導，並親閱親批這份「奇貨可居」的師屬部隊「打勝仗」之〈戰鬥詳報〉。但是，孫氏叔姪師心自用，尤其是「學歷史」出身的孫克剛，居然「曲筆」編造故事，為了替自己叔叔「塑功」，而刻意「模糊」、「掩蓋」第113團在這場戰鬥中的「唯一」(unique) 角色，讓「指揮」這次作戰的功勞，由劉放吾團長悄悄轉給了孫立人師長，不可原諒。

　　筆者認為，孫立人本有與劉放吾「分享」勝利戰果，在歷史上一同留下美名，又無損其在緬戰中英雄地位的機會，惟卻抵不過「獨吞戰功」的誘惑，竟放任其姪與師部參謀，從「扭曲」〈燕南羌戰鬥詳報〉下手，企圖掩蓋這段歷史的真相。但凡走過，必留痕跡，當真相浮現時，亦必自食「作弊」惡果。

　　再就戰爭史料分級言，概有「原始史料」與「轉手史料」兩種。「原始史料」又稱「一手史料」，具有絕對的「權威性」，是立論無可替代的關鍵，任何「二手史料」，均不得與其牴觸。例如，作戰時的現場「照片」、「紀錄片」、「錄音」，與「電報」、「電話紀錄」、「戰場日記」、「戰場日誌」、「每日戰鬥要報」、「作戰計畫與作戰命令」原件，與「相關人物或當事人日記」，乃至「戰場遺蹟」、「遺留物品」等實體資料與物件，經過嚴謹查證，均可視為「一手史料」。

　　凡「二手」以後的史料，都稱「轉手史料」；依從出的「優先順序」，

又有「二手」、「三手」「四手」…等級別。例如，事後彙整的「戰鬥詳報」、「檢討報告」、「作戰紀要」等文件，就屬於「二手史料」；亦可作立論的依據與基礎。至於一些相關人物的「著作」、「回憶錄」，及非當事人的「日記」、「戰場聽聞」、「採訪口述」，與相關「歷（戰）史書籍」等文獻，則只能視為「三手」（再轉手）或「三手」以後之史料；但經考證，及與其他「異源史料」比對分析後，可當立論之佐證與參考。其運用基本原則是，「低層級」史料，絕對不能否定「高層級」史料。

以 4 月 17 日史林姆交給劉放吾的「英文手寫命令」為例，劉放吾所保存的原件，就是絕對的「第一手史料」；因此，〈燕南羌戰鬥詳報〉所載者，只能算是「第二手」的「轉手資料」而已。兩者對照，出現了一些稱呼與用語上的不同，當然要以前者為準。

不過，做為「二手史料」的「戰鬥詳報」，通常完成於戰鬥結束直後，最能蒐集「原始材料」，完整記述該戰鬥的全過程與結果，可視為廣納「原始材料」的「權威文獻」，所以有時候也被一些研究者當成「第一手資料」來運用。但若「戰鬥詳報」所載與事實不符，如係誤植或無心之過，或可謂其「不夠嚴謹」，尚可原諒。如果是為了圖利某人或達到某項目的，而刻意所為，那就是杜撰、造假與作弊的行為；說得嚴重一點，就是竄改歷史，掩蓋真相，必須追究。

準此，蔣介石委員長於 4 月 21 日，嘉慰第 113 團劉放吾團長的「親筆手令」（見圖 7-3），就是「最高當局」認定劉放吾立下「仁安羌大捷」戰功的「第一手史料」。但像這樣「最原始」、「最權威」史料的內容，卻在「第

二手史料」的新編第38師〈燕南羌戰鬥詳報〉中，為孫立人自己分配的「功勞名單」所替代。筆者認為，這正是這段歷史真相被扭曲、篡改與掩蓋的關鍵；孫氏叔姪，一為師長，一為政治部副主任，應為始作俑者，當負無可迴避的歷史責任。

1942年4月18至19日的「仁安羌之戰」，劉放吾率領的新編第38師第113團經歷了兩次戰鬥；一次是18日的「賓河北岸戰鬥」，另一次是19日的「賓河南岸戰鬥」。由於第113團已奉「中國遠征軍」司令長官羅卓英上將命令，劃歸英方指揮；因此，兩次戰鬥的「戰場指揮官」，都是團長劉放吾，而不是「輕車簡從」、「遠道而來」、且對第113團「無指揮權」的師長孫立人，非常明確，已如前述。但由新編第38師主導編成的〈燕南羌戰鬥詳報〉，為了替孫立人師長量身打造「賓河戰鬥」的「指揮」角色，居然扭曲造假，掩蓋真相，讓「大捷」的榮耀歸於師長，歷史不能接受。〈燕南羌戰鬥詳報〉對4月18日賓河北岸的戰鬥狀況，記述如下：

> …是時，師長已由曼德勒星夜趕至親自指揮，當十七日午後十一時，師長接到該團報告，即刻馳赴瓢貝，向長官羅請示須親往指揮，初尚未允…反復痛陳至夜四時始允。先從敵之右翼，我軍士氣旺盛勇向前進，激戰至正午十二時許，即將該敵完全擊潰。[20]

---

[20] 二檔館典藏，〈第一次燕南羌戰鬥詳報・一、戰鬥前敵我形勢概要〉，頁2~3(原件頁26~27)；及圖6-1~6-2。

在這段記述中,「夜四時始允」,意思是「凌晨四點才被羅卓英司令長官允許」,後面接著就是「先從敵之右翼…」(見圖 6-2);在兩個時空迥異、狀況截然不同的「前後文」之間,並無任何「轉承」狀況,而且也完全沒有提及孫立人是在何時?如何?由瓢背趕到賓河前線,緊接著出現的就是「先從敵之右翼」這個唐突的行動,看來十分奇怪,令人有「不知所云」之感。至於何人?何時?如何?為何?要「先從敵之右翼(按,指攻擊)」,則完全沒有說明。雖然孫克剛在《緬甸蕩寇志》中,加上了孫立人師長到達賓河的時間是「十八日拂曉」;[21] 但除不知其所據為何外,該書對此一關鍵過程的描述,也同樣含混。

「戰場指揮」不是「操場教練」,有「瞬息變化」的「敵情」顧慮,也有須「按部就班」去完成的「指揮程序」,而且鮮有「錯了重來」的機會;因此,姑先不論第 113 團「指揮權」歸誰?就算孫立人師長在 18 日晨間趕到,但並不了解當面「敵情狀況」,也未建立「指揮機制」(尤指「通信網路」),在有團長的狀況下,又如何、為何要立即去「接手指揮」即將進行的賓河北岸戰鬥?對於這個重要問題,〈燕南羌戰鬥詳報〉完全不提,《緬甸蕩寇志》也未作交代。其餘《抗日戰史・滇緬路之作戰》、《抗日禦侮・滇緬路作戰》等書所載,與〈燕南羌戰鬥詳報〉和《緬甸蕩寇志》

---

21 孫克剛,《中國軍魂—孫立人將軍緬甸作戰實錄》,〈仁安羌大捷〉,頁 5。

大體脈絡相承；[22] 其共同點，就是一味認定「指揮」賓河北岸戰鬥的人，是孫立人師長，不是劉放吾團長，後者甚至完全不見。

〈燕南羌戰鬥詳報〉未載孫立人何時到達賓河北岸？但《緬甸蕩寇志》明確地說：孫立人是從曼德勒直接去賓河前線，到達時間是 18 日拂曉（見前文）；似乎在補強前者記述之不足，但未提中途去過瓢貝（位置見圖 3-8）。《孫立人傳》則載：孫師長 18 日凌晨 2 時 10 分還在瓢貝「遠征軍」司令長官部，於 18 日天快亮時，才趕到賓河前線。[23] 然而，瓢貝距離賓河北岸第 113 團「攻擊準備位置」194.6 公里（見圖 6-17），孫立人師長凌晨 2 時許還在瓢貝（〈燕南羌戰鬥詳報〉所載是凌晨 4 時），以當時交通工具與道路狀況，不知如何能在天亮之前趕到賓河第一線？《緬甸蕩寇志》作者孫克剛是孫立人侄兒，《孫立人傳》作者沈克勤是孫立人秘書，兩人都與孫立人關係密切，但兩書對同一件事情的記述，卻各吹各調，令人不解。至於史林姆所稱與孫立人「初會」的時間與地點，史也可能因時隔久遠而記錯，惟無關宏旨，本文不欲再作進一步考證。

又根據史林姆的回憶，4 月 18 日 16 時 30 分，被困在仁安羌的英緬第 1 師突圍失敗後，師長史考特在部隊已「力不可支」的狀況下，曾與軍長史林姆以無線電通過話，除報告戰況之悲觀外，還討論了次日國軍的投入

22　史編局，《抗日戰史・滇緬路之作戰》，頁 68；及蔣緯國，《抗日禦侮・滇緬路作戰》，頁 188。
23　沈克勤，《孫立人傳》，頁 146。

救援的問題(見前文);〈燕南羌戰鬥詳報〉對此狀況,有以下記述:

> …是時英軍第一軍團長士林姆接到被圍之英軍第一師師長斯高特無線電話稱,該師飲水及食糧斷絕已經二日…勢將瓦解等語,故請求我師繼續進擊,以速解被圍英軍之苦。但師長當時見拼墻南岸一帶地形暴露,我師僅有兵力一團,進攻力量薄弱,加之敵寇所佔領之陣地均居高臨下…倘晝間繼續進攻,萬一攻擊受挫,我之實力立被窺破…不惟難以達成救援英軍之目的,且適足陷我軍於危亡之境…因此乃決心在黃昏以前,盡種種手段偵察當面之敵情地形,利用夜暗重行部署,於明日拂曉繼續攻擊最為妥善。然英軍士林姆將軍因解救被圍英軍心切,而昧於其他,仍堅請立即攻擊,後經師長一再痛陳利害,並促迅電被圍之英軍第一師史高特師長,務再堅忍一日,本師師長負責於明日拂曉開始攻擊後,即戰至最後一人,亦必達成救出英軍之目的,士林姆將軍深受感動,乃確定最後決心,施行明日拂曉攻擊之計畫。[24]

值得注意的是,上文所述,完全不見「一一三團」字樣與「團長」角色,而改以「我師」、「本師」、「師長」代之,意在塗抹第113團與劉團長的用心,非常明顯。而〈詳報〉稱,史林姆原「堅請立即攻擊」賓河南岸日軍,以解救被困在仁安羌的英軍,但後來「攻擊發起」的時間,延後到

---

24 二檔館典藏,《新38師緬戰詳報》,〈第一次燕南羌戰鬥詳報‧二、攻擊部署及戰鬥經過〉,頁3~4(原件27~28),及圖6-2。孫克剛,《中國軍魂—孫立人將軍緬甸作戰實錄》,〈仁安羌大捷〉,頁5~6;史編局,《抗日戰史‧滇緬路之作戰》,頁68;所載概同。士林姆,即史林姆。

19日晨；那是因為孫立人向史林姆「一再痛陳利害」，「感動」了史林姆的關係。

惟根據史林姆的回憶，好像不是這麼一回事。在他與史考特師長以尼泊爾語作「代碼」，夾雜「暗語」通話時，孫立人並不在話機旁，而是在聽不清談話內容的車外等著；況且孫即使在話機邊上，但聽不懂尼泊爾語及兩史間的「暗語」，也不會知道他們談了些什麼？當然更不可能使用英文，以「明語」直接與史考特通話。因此，這其實又是〈燕南羌戰鬥詳報〉為了凸顯孫立人師長在這場作戰中的「主宰」角色，而虛構的故事。其後，一些以此為本的著作，除了抄錄該〈詳報〉原文外，還演義出孫立人要史林姆向史考特「傳話」、甚至還與史考特直接以英語對話的情節，也都是「虛美」孫立人師長的杜撰故事。[25]

---

[25] 這些記述，至少包括：孫克剛，《中國軍魂─孫立人將軍緬甸作戰實錄》，頁5~6；史編局，《抗日戰史・滇緬路之作戰》，頁68。另，沈克勤，《孫立人傳》，頁148~149，除照抄〈燕南羌戰鬥詳報〉外，還杜撰出孫立人直接與史考特以英語對話的情節。

第二節

扣上「師帽子」的「團作戰要圖」

〈燕南羌戰鬥詳報〉中的「作戰要圖」一共有 4 張，分別是 4 月 17、18、19、20 日各 1 張 (原件頁次 38~41，自編頁次 14~17)，目的在描述賓河南、北岸戰鬥的全過程，以與「文字部分」相對照；但其內容也和「文字部分」一樣，出現許多「刻意造假」的部分。

又因這 4 張黑白「作戰要圖」，係翻拍自南京二檔館原檔「微縮膠卷」，故多有字跡不清、符號模糊之處；為方便檢閱，筆者乃自加旁注，並以彩色示之。要圖原件之頁次，見於標題左上方；但因標示不顯，筆者亦接續「文字部分」序列，自編頁次，以彩色框示於下方中央，並於該圖「注腳」(footnote) 注以原圖頁次。此外，要圖中的「比例」標注為「1/50000」；也就是說，圖上 1 公分，等於「實地距離」500 公尺。但此「比例」，僅適用於紙本原件大小，惟在經過翻拍或另紙複製之後，已不能顯示現地實際距離；因此，筆者又加「實距離」量尺於圖上，以為彌補。以下是筆者對這 4 張「作戰要圖」內容的評述。

第 1 張：是 4 月 17 日 1900 時，所謂的「**陸軍新三十八師燕南羌附近敵我態度要圖**」；圖中標示的兵力，除了奉「遠征軍」司令長官部命令，劃歸英軍第 1 軍「作戰管制」的新編第 38 師所屬之第 113 團 (以 3 個步兵營為基幹) 外，並無其他任何「師屬部隊」。因此，這是一張標示 4 月 17 日入夜後，第 113 團在克敏村附近「攻擊準備位置」部署的「作戰要圖」，與暫時脫離其建制的新編第 38 師師部，沒有關係。

又由於孫立人師長到達第 113 團「攻擊準備位置」的時間，是 4 月 18 日清晨 (見前文)；時「攻擊發起」在即，即使孫立人師長要來「親自指揮」，也來不及建立「師指揮所」。因此，第一張圖中克敏村的「三角旗幟」符號，當是第 113 團的「團指揮所」，而非其上級新 38 師的「師指揮所」；而發起攻擊在即，「指揮」18 日「拂曉攻擊」者，當然就是第 113 團的團長劉放吾，而不是新來乍到、正陪同史林姆前來該團視導、對該團並無「指揮權」的新 38 師師長孫立人。要圖標題示以「新三十八師」，而不見「一一三團」，就是以「師帽子」扣在「團作戰要圖」上，顯然悖離事實。如果標題的「新三十八師」之後，多加「第一一三團」5 個字，就符合實際狀況了；問題是，這樣一來，功勞就會算到團長頭上。

進而言之，在沒有其他任何「師屬部隊」、沒有「師指揮所」、師長對第 113 團「無指揮權」的狀況下，要圖卻橫空生出「陸軍新三十八師」的標題，完全不見實際在戰場從事「攻擊準備」的「第一一三團」字樣；筆者認為，此即新 38 師〈燕南羌戰鬥詳報〉的「編輯人員」，刻意「扭曲

真相」、「掩蓋事實」的「造假行為」明證。〈燕南羌戰鬥詳報〉中，4月17日的「燕南羌附近敵我態勢要圖」，見圖6-7。[26]

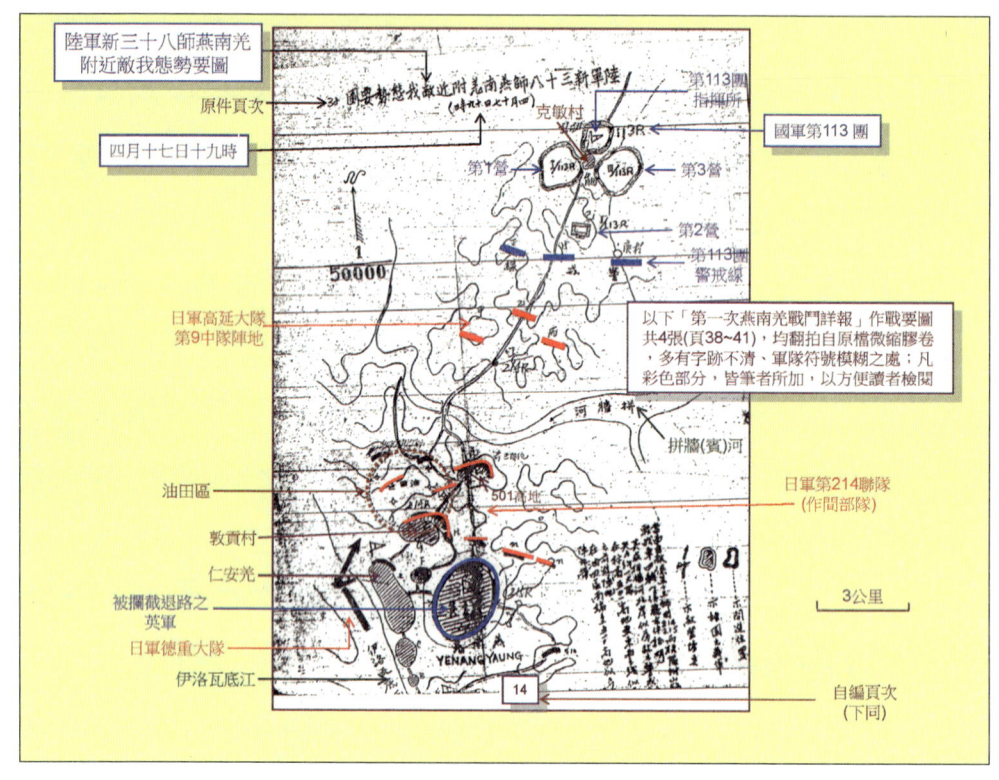

圖6-7／〈燕南羌戰鬥詳報〉中的4月17日「燕南羌附近敵我態度要圖」

26　二檔館典藏，《新38師緬戰詳報》，〈第一次燕南羌戰鬥詳報〉，頁14(原件頁38)。

第 2 張：是 4 月 18 日 0530 時至 2100 時，所謂的「**陸軍新三十八師拼牆河北岸戰鬥經過要圖**」；和前圖一樣，標題人稱仍是「新三十八師」，還是不見第 113 團。圖中所示第 113 團兩營並列之攻擊，及日軍高延大隊的第 9 中隊退向賓河南岸之狀況，同前文所述。

圖中，對日軍發起攻擊的兵力，除了國軍第 113 團外，又在克敏村南方約 2.5 公里公路右側，出現了 1 個「戰車」符號；這是英軍配屬第 113 團的 12 輛戰車，在攻擊戰鬥中的位置。值得注意的是，在克敏村南沿，及克敏村南方約 2 公里的公路右側，各出現了 1 個「指揮所」符號，原圖對此未加說明。

筆者判讀認為，在英軍戰車與第 113 團第 3 營（團之預備隊）附近的「指揮所」符號，應是指隨戰況進展，向前推進的第 113 團「團指揮所」；而在克敏村南沿出現的「指揮所」符號，應是杜撰的新 38 師「師指揮所」。〈燕南羌戰鬥詳報〉中的 4 月 18 日「拼牆河北岸戰鬥經過要圖」，見圖 6-8。[27]

27　二檔館典藏，《新 38 師緬戰詳報》，〈第一次燕南羌戰鬥詳報〉，頁 15(原件頁 39)。

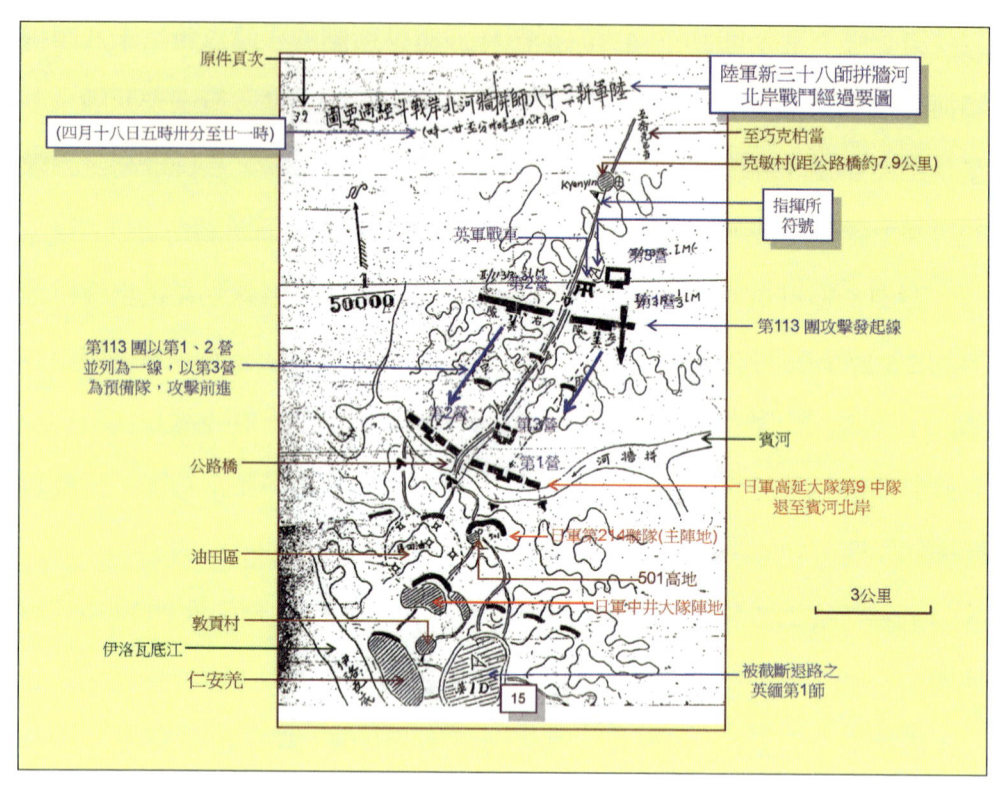

圖 6-8／〈燕南羌戰鬥詳報〉中的 4 月 18 日「拼牆河北岸戰鬥經過要圖」

  第 3 張：是 4 月 19 日 0300 時至 1600 時，所謂的「**陸軍新三十八師拼牆河南岸戰鬥經過要圖**」。本圖顯示第 113 團強渡賓河，對南岸日軍陣地發起攻擊的時間，是凌晨 3 時；擊潰日軍作間部隊，攻占仁安羌，解救英軍，結束戰鬥的時間，是午後 1600 時。這個部分，大致與日軍資料相符。

「戰車」符號仍在第 2 張要圖所示的位置，沒有變動，表示其並未隨第一線部隊行動，在此處對第 113 團的攻擊戰鬥，僅行「火力支援」。此處也應是史林姆於 18 日 1630 時，與英緬第 1 師師長史考特，在車內以無線電通話、戰車圍成一圈的「臨時戰鬥指揮所」，亦是孫立人師長在車外聽不見史林姆通話處，看著史林姆講電話的位置。在第 3 營東側公路上，距離賓河北岸約 200 公尺處 (筆者圖上量取) 的「指揮所」符號，應是第 113 團的「團指揮所」。在第 113 團第 3 營 (預備隊) 東北約 600 公尺 (筆者圖上量取) 處的「火砲」符號，則是英軍配屬第 113 團的 3 門火砲陣地位置。

在英軍戰車位置西南約 2 百公尺 (筆者圖上量取) 的公路西側，出現另一「指揮所」符號；此符號距離賓河北岸約 1,600 公尺 (筆者圖上量取)。對照前述〈燕南羌戰鬥詳報〉所載，正是孫立人師長於 4 月 18 日下午，對第 113 團下達兩次作戰命令的「無名村」；也就是說，此處正是〈燕南羌戰鬥詳報〉杜撰的新 38 師「師指揮所」位置。〈燕南羌戰鬥詳報〉中的 4 月 19 日「拼牆河南岸戰鬥經過要圖」，見圖 6-9。[28]

28　二檔館典藏，《新 38 師緬戰詳報》,〈第一次燕南羌戰鬥詳報〉, 頁 16(原件頁 40)。

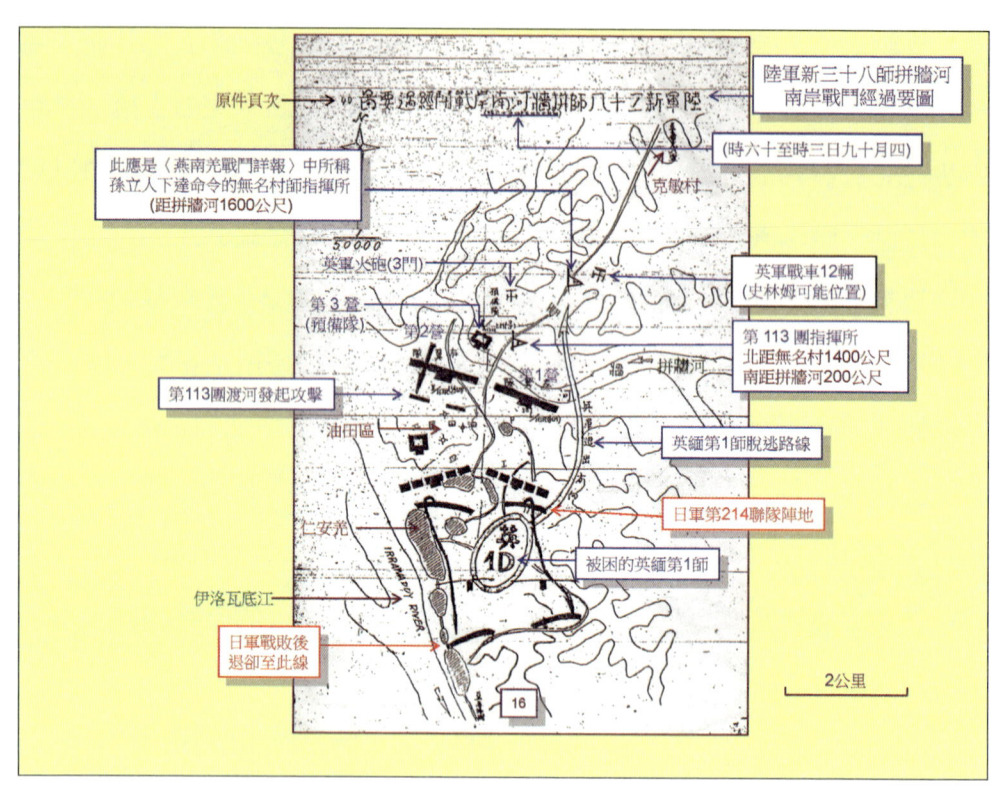

圖 6-9／〈燕南羌戰鬥詳報〉中的 4 月 19 日「拼牆河南岸戰鬥經過要圖」

　　以上〈燕南羌戰鬥詳報〉3 張「作戰要圖」所示，是 4 月 17 至 19 日，第 113 團在賓河南、北岸戰鬥的全過程；筆者觀察所見，並對照前述詳報「文字部分」，有以下析論：

　　當賓河以北日軍肅清後，孫立人師長於 18 日 16 時 30 分，在賓河北岸 1,600 公尺之公路附近「無名村」的「師指揮所」，召集劉團長、英軍砲兵組長及戰車隊長「下達命令」，內容一共 5 條，主旨為「第一一三團**暫停**

攻擊」。[29]〈詳報〉又載：孫立人師長於 19 時，再在「無名村」召集前述人員，第二次「下達命令」，內容一共 6 條，主旨為「明（十九日）拂曉五時三十分**繼續攻擊**。」[30] 這些情節，也都入了《緬甸蕩寇志》與《抗日戰史・滇緬路之作戰》中。[31]

惟按照前述史林姆的回憶，18 日 16 時 30 分，他正在一輛裝甲第 7 旅的通信車內，以無線電「密語」告訴英緬第 1 師師長史考特，謂其已要求劉放吾團長，於 19 日渡河發起「拂曉攻擊」（見前文）；[32] 這時候，孫立人師長正在史林姆講話的通信車外等著。但是，孫立人師長怎麼會在同一時間，出現於 200 公尺外的公路旁「無名村」，召集劉團長等相關人員下達「暫停攻擊」命令呢？難道他有「分身」？其後，史林姆也沒有跟孫立人討論過第 113 團如何攻擊之事，孫立人又怎麼會再去「無名村」，下達次日「拂曉攻擊」的第二次命令呢？而且「前令」與「後令」的主旨，除了「暫停攻擊」與「拂曉攻擊」不同外，其餘內容高度重疊，而時間只隔了 150 分鐘，留下一堆問號。

一般「命令」的下達，概有「合同命令」與「各別命令」兩種方式，

---

29 二檔館典藏，《新 38 師緬戰詳報》，〈第一次燕南羌戰鬥詳報・二、攻擊部署及戰鬥經過〉，頁 4(原件頁 28)，及圖 6-2。
30 同上註，頁 5(原件頁 29)，及圖 6-3。
31 孫克剛，《中國軍魂—孫立人將軍緬甸作戰實錄》，〈仁安羌大捷〉，頁 5~6；史編局，《抗日戰史・滇緬路之作戰》，頁 68~69。
32 筆者按，因當時史林姆已將賓河北岸所有的英軍戰車，交給了第 113 團運用，應包括此戰車分隊的「通信車」在內；故其位置，應在克敏村東北約 200 公尺英軍戰車陣地內。

通常以前者為主;但若受命單位少、無須太多「協調指示」事項,或狀況緊急,或有些受命人員召集不易時,亦可下達「各別命令」。

依當時狀況,如果真的是孫立人師長「親自指揮」作戰,能受其「指揮」的單位,只有第113團,及支援第113團作戰的英軍戰車12輛、火砲3門;因此,受命人員頂多是團長、戰車隊長與火砲組長,再加上一些團部參謀而已。而這個時候,部隊均在陣地內,忙著準備後續戰鬥事宜,且除了戰車隊與在團陣地後方的砲組外,距離無名村「師指揮所」都很遠,往返要花些時間;在這樣的情況下,師長大可親自到「團指揮所」,向團長下達「各別命令」,兼而「鼓舞士氣」,再由團長以既有之通信網,或派遣連絡人員,轉知英軍支援之戰車隊與砲組相關命令。筆者認為,孫立人師長實在沒有必要在戰鬥當前之際,於150分鐘內,把這幾位戰場指揮官找來兩次,下達內容絕大部分重複的「合同命令」,可以說與實戰要求,完全脫節。

筆者更要質疑的是:難道這2個半小時,正是孫立人跟史林姆爭論「暫停攻擊」與「次日拂曉攻擊」問題的時間嗎?那為何孫不在下第一次命令前,就與史協調好?而要在下好命令後,再去找史討論「更改決心」,然後再召集原班人馬,下第二次命令?而第113團在19時第二次受命後,天色已暗,又遇上大雨,如何能摸黑淋雨調整部署,完成「次日拂曉攻擊」的準備工作呢?因此,史林姆與孫立人兩人之中,必有一人錯誤,但史林姆沒有在這件事情上說謊的必要;要之,就是〈燕南羌戰鬥詳報〉為了要替孫立人師長形塑「掌握全局」與「指揮戰鬥」的角色,而杜撰了劇情。

「指揮所」是作戰的指揮中樞,是戰力的啟動馬達;〈燕南羌戰鬥詳報〉

要鋪陳孫立人師長「親自指揮」作戰的戲碼，就一定得有個「師指揮所」才行，而且還要跟劉放吾的「團指揮所」區隔開，才能凸顯此「師指揮所」的地位與作用。於是，這個「師指揮所」，就「被出現」在賓河北岸約1,600公尺公路旁「無名村」內。但開設「指揮所」，也不是說開就能開，而是一定要具備「安全」與「通信」兩大條件。

先談「**安全**」：「指揮所」在「安全」上，必須有「自衛戰鬥」能力，以因應突發狀況；若「指揮所」遭敵猝擊破壞，指揮官未戰先亡，或指揮系統被摧毀，這個仗就不用打了。通常「師指揮所」的「自衛戰鬥」任務，是由「師直屬部隊」負責，或抽調「預備隊」兵力充任；因此，「師指揮所」常置於「預備隊」附近，或「師後方地區」內。師於戰鬥進行中，師長亦可帶著必要之幕僚、通信與警衛人員，編組臨時性的「戰鬥指揮所」或「前進指揮所」，到第一線去了解敵情或指揮作戰，但須在本身陣線之內為度；這也是基於「安全」的考量。

當時賓河北岸隨時會有敵情出現，尤其在「緬甸獨立志願軍」活動頻繁的當下。以史林姆18日晚上的狀況看來，他的「戰鬥指揮所」，就位在「賓河北岸被戰車圍繞成一個圓圈的防禦陣地內」(inside a circle of laagered tanks just above the Pin Chaung)。[33] 按，17日午後，史林姆已將他身邊所有的戰車交給了第113團運用，所以這時候他所在的位置，似乎就是克敏村

33　William Slim, *op. cit*, p.69. 按 laager，是南非語，指一種以車輛圍起來的臨時防禦陣地。

以南約 5 百公尺、公路東側的 12 輛英軍戰車集結地，也就是「無名村」之東約 200 公尺處；史林姆在此距離，18 日晚間才能「不時聽到賓河以南日軍迫擊砲爆炸聲，及看到隨之而來的閃光」。[34] 但史林姆的著眼，除了「安全」之外，也要藉由戰車的通信系統，和外部連絡及指揮作戰。

這時候第 113 團的部隊，已沿賓河北岸一線展開，準備次日拂曉的「渡河攻擊」；「團指揮所」也推進到離濱河北岸約 200 公尺處，與〈燕南羌戰鬥詳報〉上說的「無名村」，相距約 1,400 公尺。如果真如〈燕南羌戰鬥詳報〉所載，孫立人師長在 150 分鐘內下了兩次命令，那團長就得「全付武裝」，徒步在「師指揮所」與「團指揮所」之間兩個來回，一共 4 趟、約 6 公里路程，恐要花上 90 分鐘以上時間。「渡河戰鬥」直前，無謂消耗團長體力，去聽派個傳令兵就能傳達的簡單訊息；這是「作戰」，不是「驗收體能」，師長如此「折騰」團長，有必要嗎？難道美國軍校是這樣教的嗎？

尤其，孫師長身邊並無部隊，一旦遭受不意攻擊，完全沒有應變能力，第 113 團兵力都在千米之外，且已展開進入陣地，根本來不及救援。英軍戰車隊雖然距離較近，但在夜暗、狀況不明、又無通聯管道的狀況下，也無濟於事。孫師長這一吉普車的人，在救兵未到之前，恐已被敵人解決了。這是新 38 師幕僚在編寫〈燕南羌戰鬥詳報〉，虛構「師指揮所」時，完全

34　同上注。

| 第六章 | 掩蓋「仁安羌之戰」真相的幾個源頭　　第二節 | 扣上「師帽子」的「團作戰要圖」

沒有考慮到的破綻。

再論「通信」：根據〈燕南羌戰鬥詳報〉圖文的記載，孫立人的「師指揮所」開設在離賓河北岸約1千6百公尺公路附近之「無名村」，爾後隨戰鬥之進展，推進至賓河河岸。[35] 惟指揮靠「通信」；「通信」，是任何戰鬥行動中的必要條件。一般而言，師、獨立旅級以上部隊的通信，通常以有、無線電為主，有時也派遣軍官傳達命令；團、營以下部隊的通信，則以口令、聲號、視號、傳令為主，有時也使用有、無線電，已如前述。

17日午後，孫立人師長「未獲上級核准」而離開責任地區（與「擅離職守」等義），自曼德勒經瓢貝，倉促趕到巧克柏當，估計是乘坐1輛吉普車（當時最快的交通工具）而來；車上扣除孫師長本人與駕駛（或可兼無線電話務），隨行參謀頂多3人（其中未見孫師長之姪孫克剛），並不具備在賓河附近開設任何形式「指揮所」的「通信」條件。事實上，負責開設「師指揮所」的師直屬部隊（尤指通信排），及第112團（按，當時孫師長並無權指揮該團，見後文），4月20日才趕到賓河北岸，未及參加仁安羌戰鬥（見前文）。[36] 關於18日孫立人如何在賓河北岸建立「師指揮所」的問題，〈燕

35　二檔館典藏，《新38師緬戰詳報》，〈第一次燕南羌戰鬥詳報・二、攻擊部署及戰鬥經過〉，頁5，及圖6-3。孫克剛，《中國軍魂—孫立人將軍緬甸作戰實錄》，〈仁安羌大捷〉，頁5~6(原件頁29~30)；及史編局，《抗日戰史・滇緬路作之戰》，頁68~69；所載略同。
36　又，據第112團機槍第2連少尉排長王少潔回憶：該團是在4月20日晨，抵達賓河北岸，接替113團防務；見：史編局編，《抗戰時期滇印緬作戰（一）—參戰官兵訪問紀錄（上）》，頁439。又，史編局，《抗日戰史・滇緬路之作戰》，頁70，載：「二十日…入夜…第一一二團已到達。」

南羌戰鬥詳報〉、《緬甸蕩寇志》、《抗日戰史》、《抗日禦侮》、《孫立人傳》等書,均未記載。

更深入觀察,師長的「指揮官通信網」只達團長及直屬部隊長,團長的「指揮官通信網」,則通所屬各營及配屬、協同作戰之各部隊;因此,只有一個團作戰時,師長在「師指揮所」瞭解戰況,適時對團長下達指示,稱為「指導」。當戰況需要或緊急時,師長有可能來到「團指揮所」,甚至「親臨第一線」鼓舞士氣、提示重點或督戰,但仍屬「指導」性質。團長則以「團指揮所」的參謀功能和通信設施,從事計畫、管制及協調所屬各部隊的兵力、火力運用,確實掌握部隊,達成任務,是為「指揮」。[37] 也就是說,一個團的作戰,絕對不可能由師長「親自指揮」,還是須要透過團長,去遂行團的戰鬥;無論如何,師長的角色,都只是「指導」。

因此,以只有一個團投入的「仁安羌之戰」來看,劉團長是「指揮」,孫師長頂多扮演「指導」的角色,其間區分甚明,不能混淆。而即使如〈燕南羌戰鬥詳報〉所載,孫立人在18日16時30分和19時,對第113團下了兩次命令;但就師長立場言,其性質為「賦予任務」、「明示構想」或「變換決心」,還是「指導」;就第113團而言,則都是「受領任務」。

團長於受領上級賦予的任務後,依據上級的「指導概念」,進行任務分析、兵力區分、火力分配,完成作戰準備,進而發起攻擊,遂行戰鬥。

37　張鑄勳,〈仁安羌大捷戰鬥巡禮—國軍第一一三團揚譽國際的作戰〉,頁324。

問題是，同樣的「任務」，史林姆已賦予，何須孫立人再重複？況且第113團已由「遠征軍」司令長官部下令「暫時」劃歸英軍史林姆指揮，孫師長也就「暫時」失去對第113團的「指揮權」，也就是前者已「無權指揮」後者，頂多能以「建制直屬長官」的身分，對後者作一些「督導」或「指導」而已；要之，就是以其師長的上級位階與英語能力，扮演第113團與史林姆間的「溝通」與「協調」角色。

再進一步看，孫立人雖然來到賓河前線，但他職責上還是曼德勒防衛司令與第5軍「戰略預備隊」指揮官（按，當時該師已劃歸第5軍，見前文），與史林姆並無「隸屬關係」，殆不可能出現史林姆「指揮」孫立人，孫立人「指揮」劉放吾團長的狀況；當然更不可能出現劉放吾團長接受史林姆與孫立人「同時指揮」的情形。果如此，若史林姆與孫立人兩人意見相左，劉放吾究竟要聽誰的命令？軍隊之事，成於一，敗於二三；任何部隊，都不會容許「雙重指揮」情事出現。因此，若說孫立人師長在這個時候，對第113團下達「作戰命令」，「直接指揮」第113團作戰，那都是與事實不符、矇騙外行的杜撰故事。

再者，就算18日孫立人師長在「無名村」下過兩次「命令」，但受領「命令」者，都是第113團團長劉放吾，和奉史林姆命令支援第113團作戰的英軍戰車隊長與火砲組長等人。其實，這哪算是一個步兵師的「作戰命令」？頂多只能看成師長對團長及支援戰鬥之友軍，作「指導」性質的「任務提示」而已。這樣的「任務提示」，孫師長只要跟隨「團指揮所」行動，隨時下達給劉團長，再由「團指揮所」內的英軍「連絡人員」，轉

告戰車隊長與火砲組長就行；何須大張旗鼓地開設一個既不安全、又無功能、且影響下級指揮的「師指揮所」？但是，若無這個「師指揮所」的「模糊存在」，孫氏叔侄與新38師的參謀群，又如何能「布」此掠奪團長「指揮」大捷戰功之「局」呢？

先是，17日1100時，在史林姆交給劉放吾的「手令」中，要劉去賓河地區與英軍裝甲第7旅旅長安斯提斯准將會合，目的即在協調接下來這場「小型聯盟作戰」的步、戰、砲「兵種協同作戰」相關事宜；至少須包括：英軍戰車與第113團應如何配合？是「戰車領導步兵攻擊」、「步兵隨伴戰車攻擊」、抑或「戰車僅任火力支援」？雙方之翻譯、連絡人員及英軍砲兵「前進觀測員」，如何派遣？英軍之支援火力，如何分配？以及雙方之通信連絡，如何建立？無線電「密碼」如何使用？等問題。

凡此，都須經過周延「協調指示」之後，納入第113團的作戰命令去實施；但這些都不是孫師長1輛吉普車、載著連師長、參謀、駕駛或兼話務兵在內，頂多5個人到達後，就能立即上手的事情，更不用說孫師長對第113團並無「指揮權」。上述狀況，即便不具軍事專業素養的人，也一定都懂。

亦即，以當時狀況看來，孫立人師長「無權力」、「不可能」、也「沒有條件」，去「指揮」這場小型「聯盟」性質的「兵種協同作戰」；一切作戰行動，都須劉放吾團長透過第113團的「指揮通信網」去執行。因此筆者認為，新38師編撰〈燕南羌戰鬥詳報〉的幕僚及批核人員，顯然一開始就企圖使用師長對「建制團」擁有「指揮權」的「錯覺」，以對第113

| 第六章 | 掩蓋「仁安羌之戰」真相的幾個源頭　第二節 | 扣上「師帽子」的「團作戰要圖」

團的「任務提示」、「指導構想」，當成師長對第113團的「作戰命令」來矇混，再由此泡製師長全程「指揮作戰」的假象。其後，此資料想當然為同質之《緬甸蕩寇志》所用，但《抗日戰史・滇緬路之作戰》、《抗日禦侮・滇緬路作戰》等官版戰史書籍不察，也入為內容，幫著以訛傳訛，令人遺憾。

再就賓河戰鬥過程看：最瞭解當時戰場狀況者，是始終站在第一線的第113團劉團長；就算孫師長不來，劉團也照樣能作戰，照樣會透過周詳的「攻擊準備」，創造應有的戰果。固然孫師長在攻擊發起前「輕車簡從」地來了，但他並未參與「攻擊準備」工作，亦非全然瞭解當前狀況，也沒有辦法給予第113團任何支援，更「無權指揮」後者戰鬥；師長若硬拉著團長下「指導棋」，反而會讓團長綁手綁腳，影響其「指揮」效果。

因此，筆者認為，劉團長才是本戰的「主角」與「靈魂人物」；用通俗的話說，孫師長只是「可有可無」的「插花」角色，頂多以其英文能力，在史林姆面前提供一些「協調」與「溝通」上的助力而已。若將戰勝功勞全攬在師長身上，並盡諸般手段剔除團長，那就是杜撰故事，掩蓋真相，吾人不能接受，歷史也不應放過。

第4張，是4月20日23時，所謂的「**陸軍新三十八師燕南羌以南攻擊展開計劃要圖**」。圖上所示之兵力，除了已攻抵仁安羌以南的第113團外，賓河北岸又多了1個來自納特卯克（位置見圖5-5、6-17）、仍歸英緬第1軍軍長「指揮」的新38師第112團。根據圖上所示，新38師「師指揮所」刻已推進至賓河南岸的敦貢村附近；第113團「已到達位置」之東側，是

281

第112團「預備到達位置」。〈燕南羌戰鬥詳報〉中的4月20日「燕南羌以南攻擊展開計劃要圖」，見圖6-10。[38]

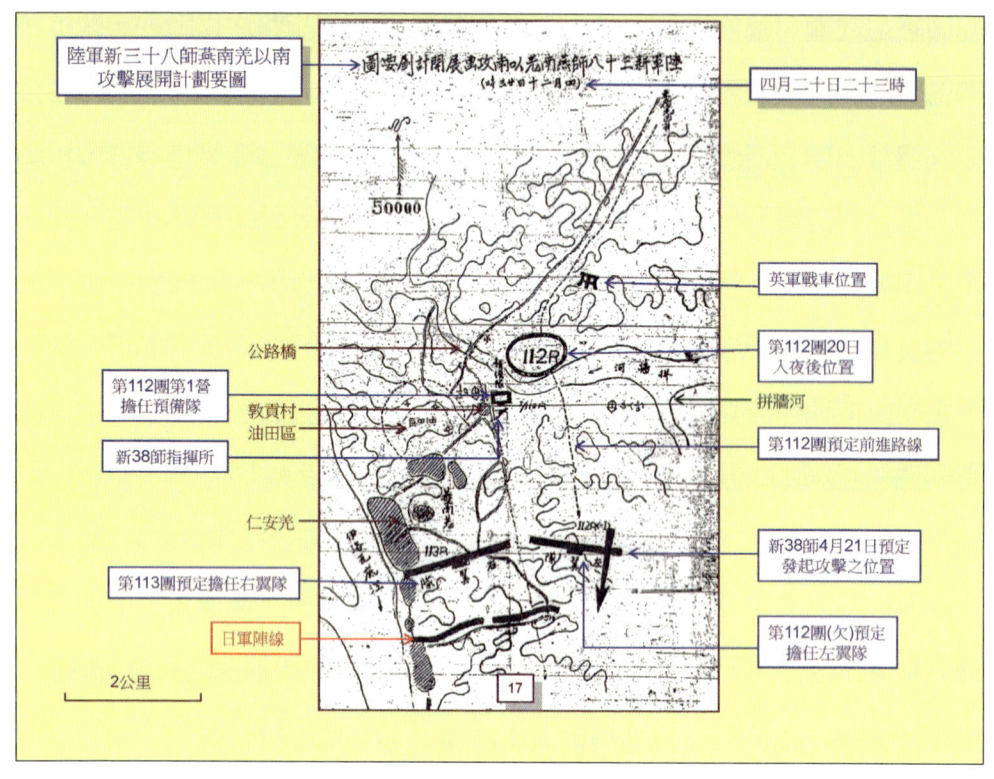

圖6-10／〈燕南羌戰鬥詳報〉中的4月20日「燕南羌以南攻擊展開計劃要圖」

　　原本4月20日以後的狀況，已與第113團「仁安羌之戰」無關，但由於〈燕南羌戰鬥詳報〉中對此之記載，藏匿著甚多杜撰；看來又是在為型塑孫立人師長「親自、全程指揮」賓河戰鬥的功績，多增添一份材料，故

38　二檔館典藏，《新38師緬戰詳報》，〈第一次燕南羌戰鬥詳報〉，頁17(原件頁41)。

有評述必要。

根據〈燕南羌戰鬥詳報〉所載：4月20日9時，第113團在仁安羌油田區以南約10公里之線，與日軍對峙；10時許，擊退日軍約400人逆襲。[39] 該詳報又載：入夜後，據「劉團長報稱」敵大批增援部隊車運到達（按，此即日軍第33師團第213、215聯隊，已如前述）；新38師第112團也至，孫立人師長乃於20日24時，在「師機動指揮所」（位於敦貢村東側，見圖6-10）下達次日「拂曉攻擊」命令，欲壓迫敵軍於伊洛瓦底江東岸地區而殲滅之。[40]

惟這個時候，奉命暫歸英方指揮的新38師第112團，怎麼突然會由納特卯克趕來賓河前線？究竟是奉到了何人的命令？按照〈燕南羌戰鬥詳報〉的說法，孫立人師長在19日「賓河南岸戰鬥」結束後，曾下令：除以第114團守曼德勒外，其餘「師司令部及直屬部隊之大部，均限令於二十日晨抵拼墻河北岸；第一一二團亦於是時由納特卯克開赴該地。」[41]

因此，第112團顯係孫立人師長下令而來；但當時第112團已奉「遠征軍」羅卓英司令長官命令，納入了英緬第1軍的「戰鬥序列」，孫立人

---

39 二檔館典藏，《新38師緬戰詳報》，〈第一次燕南羌戰鬥詳報・二、攻擊部署及戰鬥經過〉，頁7(原件頁31)；及圖6-4。
40 同上注，頁7~8(原件頁31~32)，及圖6-4。另，孫克剛，《中國軍魂—孫立人將軍緬甸作戰實錄》，〈三、掩護轉進〉，頁9；及史編局，《抗日戰史・滇緬路之作戰》，頁70~71，所載略同。
41 二檔館典藏，《新38師緬戰詳報》，〈第一次燕南羌戰鬥詳報・二、攻擊部署及戰鬥經過〉，頁6~7(原件頁30~31)；及圖6-3~6-4。

師長對第112團並無「指揮權」，不知如何能下此命令，並迅速調動此團？而納特卯克距離濱河約160餘公里(見圖5-5)，第112團又如何能在1天多的時間趕來？當然不可能「徒步行軍」，而是需要「車輛運輸」；但車輛何來？是英方提供乎？還是孫立人師長自己想辦法解決的呢？然而，這麼重要的問題，〈燕南羌戰鬥詳報〉卻加以迴避，完全不提。

這時候，「遠征軍」正準備進行「平滿納會戰」，後來因「遠征軍」東翼側第55師羅衣考(羅依考、壘固，Loikaw，位置見圖3-8)方面受威脅，與英軍向北退卻而放棄；[42] 惟非本文所欲論。而據軍委會呈報給蔣委員長的《緬甸戰鬥作戰經過及失敗原因與各部優劣評判報告書》所載，第112團趕赴巧克巴唐(巧克柏當)之原因是：

> 四月十九日⋯美廟(按，即美苗)侯代表(按，即侯騰將軍)上午十時廿分電話，據十八日晚喬克巴唐朱連絡參謀電話：「據緬一師被俘逃回士兵稱，敵將以大部兵力於十九日晨向喬克巴唐進攻，英方得此消息，已令我駐納特卯克之新卅八師一一二團火急向巧克巴唐開拔。」[43]

---

42 有關羅衣考方面之戰鬥，見：史編局，《抗日戰史‧滇緬路作之戰》，頁55~58。「平滿納會戰」之準備與放棄，見：同書，頁47~54。又根據第5軍軍長杜聿明回憶：「四月十八日，放棄平滿納會戰，是因英軍退于仁安羌以北〔在平滿納右後方約二百公里〕，而東路羅依考方面的暫編第五十五師已失連絡，棠吉(即東枝，位置見圖3-8)告急，我中路軍有被東西兩路敵人截斷包圍殲滅的危險。」見：杜聿明，〈中國遠征軍入緬對日作戰述略〉，收入：杜聿明‧宋希濂等著，《遠征印緬抗戰》，頁21。

43 蔣梅‧廖利明選輯，《中國遠征軍第一次入緬作戰經過史料選》，收入：二檔館主辦，《民國檔案》(南京：二檔館，2018年2月)。頁43。

| 第六章 | 掩蓋「仁安羌之戰」真相的幾個源頭　　第二節 | 扣上「師帽子」的「團作戰要圖」

　　據此，姑不論英方得自救出的戰俘所稱，日軍「將以大部兵力於十九日晨向喬克巴唐進攻」之情報正確性如何？但至少由此「電話記錄」，可以證明兩件事情：一是，4月18日入夜以前，第112團已由納特卯克，向巧克柏當「火速開拔」；所需車輛當然是由英方提供；二是，下命令給第112團向巧克柏當「火速開拔」的人，是對第112團「有指揮權」的英緬第1軍史林姆軍長，而不是對第112團「無指揮權」、也無汽車運輸這個團能力的新38師孫立人師長。就此看來，〈燕南羌戰鬥詳報〉在這個問題上，顯然迴避真相，掩蓋事實，杜撰故事，又扯了大謊。

　　〈燕南羌戰鬥詳報〉續載：各部隊受命後，正分別嚴密準備中，忽於21日零時(按，即20日24時)，接到英方羅伯孫(Robertson)上尉送來史林姆「四月二十日」的命令；要求新38師即刻退至貴羊(即歸約)至巧克巴唐(巧克柏當)之間候命。[44] 於是孫立人師長又於21日零時30分，在「師機動指揮所」下達「轉進命令」；[45]「仁安羌之戰」遂告結束。本戰，第

44　二檔館典藏，《新38師緬戰詳報》，〈第一次燕南羌戰鬥詳報‧二、攻擊部署及戰鬥經過〉，頁8~11(原件頁32~35)，及圖6-4~6-6；含羅伯孫上尉攜來史林姆「要旨命令」之英文(打字)及中文翻譯。但孫立人下命令的時間是「20日24時」，而羅伯特來史林姆命令的時間是「21日零時」；兩「時間點」一樣；為何孫立人在「20日24時」下完命令後，各部隊正分別嚴密準備攻擊的時候，又於「21日零時」接到英軍撤退通知，時間居然可以「倒回」？顯有矛盾，但與本文論述主題已無關連。另，孫克剛，《中國軍魂─孫立人將軍緬甸作戰實錄》，〈轉進作戰〉，頁9；史編局，《抗日戰史‧滇緬路之作戰》，頁71~74，所載概同。惟後者頁71，載羅氏送來的是史林姆「四月二十一日」之命令，與〈燕南羌戰鬥詳報〉所載「四月二十日」，相差1天，應係誤植。又，史林姆對新38師並無指揮權，故只能「要求」該師受其「作戰管制」之部隊，退至貴羊至巧克巴當之間候命。

45　二檔館典藏，《新38師緬戰詳報》，〈第一次燕南羌戰鬥詳報‧二、攻擊部署及戰鬥經過〉，頁11(原件頁35)，及圖6-6。

113團戰果輝煌,根據〈燕南羌戰鬥詳報〉所載:

>被敵圍困數日之英軍第一師全部,附騎砲戰車等七千餘人、馬千餘匹,均安全救出,並奪回被敵虜去之英方輜重汽車百餘輛,仍悉數交還英方。又救出被俘之英官兵五百餘名,及被困之美新聞記者、傳教師等數人(按,此應是五百餘人之誤)亦安全救出。敵人向南退卻,劉團虜獲旗幟武器彈藥等甚多,敵傷亡中隊長吉柳仲次以下官兵七百餘人。[46]

又依軍委會參謀部編撰之《緬甸戰鬥作戰經過及失敗原因與各部優劣評判報告書》所載戰果:「新卅八師之一一三團,以一團兵力赴援英軍,竟能於短時間內適應情況,以最勇敢之精神,及最積極之行動,即行攻擊,以解彥南陽之圍,救出英軍七千餘人及輜重車百餘輛,實為緬甸全戰役中最光榮之一頁。」[47] 兩份資料所載之數據概同,但後者是呈給蔣委員長的正式「報告書」,更具「權威性」,也清楚反應了當時重慶「大本營」上下,對第113團創造「仁安羌大捷」的普遍認定,並無任何孫立人師長「參與」並「指揮」戰鬥之記述;遺憾的是,該報告未能留下劉放吾團長的名字,給了新編第38師領導階層「見縫插針」、「冒名頂替」的機會,令人遺憾。

---

46 二檔館典藏,《新38師緬戰詳報》,〈第一次燕南羌戰鬥詳報・三、戰鬥成績〉,頁11~12(原件35~36),及圖6-6;此記述,與〈第一次燕南羌戰鬥詳報・二、攻擊部署及戰鬥經過〉,頁6,及圖6-3,部分重複,但所載被救之美新聞記者、傳教師人數為5百餘人。另,孫克剛,《中國軍魂—孫立人將軍緬甸作戰實錄》,〈仁安羌大捷〉,頁6~7,所載概同;史編局,《抗日戰史・滇緬路之作戰》,頁73,所載與孫克剛書全同。
47 蔣梅・廖利明選輯,〈中國遠征軍第一次入緬作戰經過史料選〉,頁46。

第三節

《緬甸蕩寇志》等同源資料接力扯謊

　　《緬甸蕩寇志》於 1946 年 3 月 1 日，於廣州初版 3 萬冊，4 個月銷完；9 月 20 日，又在上海再版；[48] 這是紀錄「中國遠征軍」戰史的第一部書籍，在那個資訊封閉、民智未開、出版物極少的年代，影響自然很大。本書曾於 1955 年「孫立人案」時被列為禁書，1992 年 8 月隨孫案平反而重刊，更易其名為《中國軍魂—孫立人將軍緬甸作戰實錄》，已如前述。

　　作者在《緬甸蕩寇志》〈再版序言〉中說：「這是國人敬愛抗戰英雄和珍視遠征軍光榮史蹟的結果，堪以告慰於揚威異域勞苦功高將士們。」[49]其所說受到「國人敬愛」的「抗戰英雄」，當然是指其叔孫立人將軍。有關筆者對孫立人將軍在「中國駐印軍」反攻緬北時的立功表現，雖非本文論述範圍，但也跟所有國人一樣，對這位來自美國維吉尼亞軍校的「抗戰

48　孫克剛，《中國軍魂—孫立人將軍緬甸作戰實錄》，〈再版序言〉，頁Ⅲ。按，1946 年 1 月，為孫氏撰寫〈自序〉時間。
49　同上注。

英雄」，無比崇敬；對其後來被幽禁台中，也頗感同情。惟「橋是橋、路是路」，「一碼歸一碼」，歷史真相只有一個，不容混淆。孫克剛在「仁安羌之戰」部分，顯然掩蓋真相，演義故事，掠劉戰功，轉歸其叔；如果孫立人將軍知情，就是默許其姪「篡改歷史」，吾人不能原諒，史家也不可放過。

孫克剛在《緬甸蕩寇志‧仁安羌大捷》章，開宗明義地說：「仁安羌大捷⋯是一個奇蹟，因為新三十八師在劣勢情況下，竟以不滿一千的兵力，擊敗十倍於我的敵人，救出十倍於我的友軍，這十足表現出中國軍人作戰精神的英勇與堅強。」[50] 作者所言極是；除了「新三十八師」這個「鵲巢鳩占」、應改為「第一一三團」的「主詞」外，其他「百分之百」都是事實。孫克剛一開始就刻意凸顯新 38 師角色，以取代第 113 團，其為孫立人師長全程「指揮戰鬥」假象佈局的用心，再清楚不過；文中一些不實記載，已評述於前，此處不予再論。

筆者要論的是，在《緬甸蕩寇志‧仁安羌大捷》的 5 頁文字中，出現「蔣委員長」1 次、「孫立人將軍」或「孫將軍」11 次、「副師長齊學啟將軍」1 次、「第三營長張琦」1 次；也提及了「英軍軍長史林姆」7 次，「英緬師長史考特」4 次，但卻獨獨不見真正「指揮戰鬥」的團長「劉放吾」或「劉團長」3 個字。讓人乍看之下，就覺得整個「仁安羌之戰」，孫立人是「主

---

50 孫克剛，《中國軍魂—孫立人將軍緬甸作戰實錄》，〈仁安羌大捷〉，頁 4。

角」，史林姆是「第一配角」，史考特是「第二配角」，劉放吾連「跑龍套」的角色都配不上，甚至根本就沒有這個人；影響所及，「仁安羌大捷」的真相不見了。

前述有關蔣介石委員長與羅卓英司令長官間的往來電報，稱第113團為「孫師劉團」，或為保密，或因習慣，沒有留下團長名字，一般人也許不會知道團長叫什麼？甚至連劉放吾的直屬長官第5軍軍長杜聿明，和史迪威的連絡參謀主任王楚英，都稱第113團團長為「孫繼光」。[51] 但是，身為新編第38師政治部上校副主任的孫克剛，怎麼會不曉得師屬第113團團長姓「劉」名「放吾」呢？

況且，《緬甸盪寇志》問世時，抗戰已結束，再無對抗戰時期人物保密之必要，理應將劉放吾名字說出來，以補電報上沒有劉團長名字之不足，為歷史留下記錄才是。作者在兩次緬戰都跟隨部隊，還以「拿歷史學的眼光看，應該算是原始材料」（見前文）給自己打分數；但在做法上卻背道而行，一味「剔除」劉放吾，刻意「放大」孫立人，完全背離史學「求真」、「存真」、「傳真」的最基本修養，這那像是一個學歷史人的樣子？當年北京師範大學歷史系是這樣教學生的嗎？

51　杜聿明，〈中國遠征軍入緬對日作戰述略〉，收入：杜聿明、宋希濂等著，《遠征印緬抗戰》，頁20；按，當時新編第38師，已由第66軍改配第5軍（見前文）。又，原中國駐緬甸軍事代表團團長機要秘書、後任史迪威連絡參謀主任的王楚英，在〈中國遠征軍印緬抗戰概述〉，收入：杜聿明、宋希濂等著，《遠征印緬抗戰》，頁81中，也稱第113團團長為孫繼光。

又據孫克剛書〈重刊前言〉所載：「將軍幽居台中期間，困頓斗室，常翻閱是書，聊抒積鬱胸懷；偶有所感，批註於書之眉端，留待史家公論；惟是書經其親加校閱批註之後，益增其史料價值。該書交鄭錦玉先生攜美珍藏，現經其攜回重刊。」[52] 孫克剛書重刊時，其後人並將孫立人「批註」《緬甸蕩寇志》原書之部分，影印列於篇後。[53]

以下擷取與「仁安羌之戰」相關內容，概有「**一曼德勒衛戍司令**」與「**二仁安羌大捷**」兩節，共 4 頁 (頁 150~153)，如圖 6-11、6-12 所示，以檢視孫立人將軍對孫克剛《緬甸蕩寇志》書了解之狀況。圖中「紅框內文字」為孫立人將軍親筆批注，「藍框內文字」及「箭頭」為筆者所加；筆者此舉之目的，也在請「史家公論」，到底孫立人將軍對其侄孫克剛掩蓋、扭曲「仁安羌之戰」真相，知情與否？

52　孫克剛，《中國軍魂—孫立人將軍緬甸作戰實錄》，〈重刊前言〉，頁Ⅰ；按，此前言，為孫克剛之子孫善治於 1992 年清明節所撰。又，鄭錦玉，嘉義民雄人，從事水電業，27歲(1964 年)時因裝修水電，常進出孫宅，得以認識孫將軍，並結為好友；見：鄭錦玉，《一代戰神—孫立人》(台北：水牛出版社，2004 年 7 月)，頁 54~55。
53　孫克剛，《中國軍魂—孫立人將軍緬甸作戰實錄》，〈孫立人將軍批註「緬甸蕩寇志」原書之影印本〉，頁 149~182。

| 第六章 　掩蓋「仁安羌之戰」真相的幾個源頭　　　第三節 　《緬甸蕩寇志》等同源資料接力扯謊

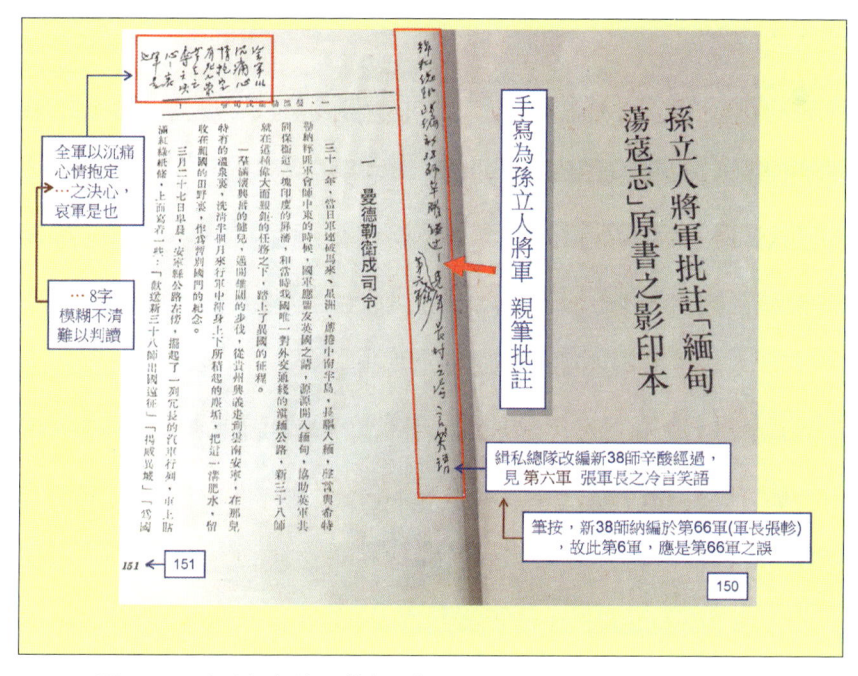

圖 6-11／孫立人將軍批註《緬甸蕩寇志》原書之影本（一）

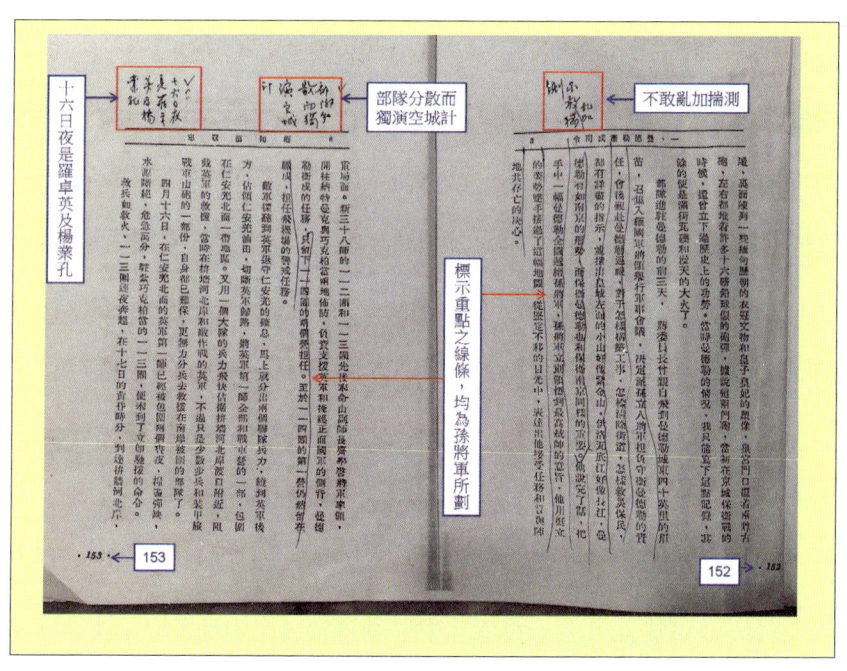

圖 6-12／孫立人將軍批註《緬甸蕩寇志》原書之影本（二）

291

孫立人將軍在《緬甸蕩寇志》中的「註記」甚多，除第 1 節〈曼德勒衛戍司令〉外，還一直眉批到第 23 節〈攻略新維〉；[54] 其中又第 12 節〈偷渡南高江，奇襲西通〉所批最多。[55] 如圖 6-13 所示。

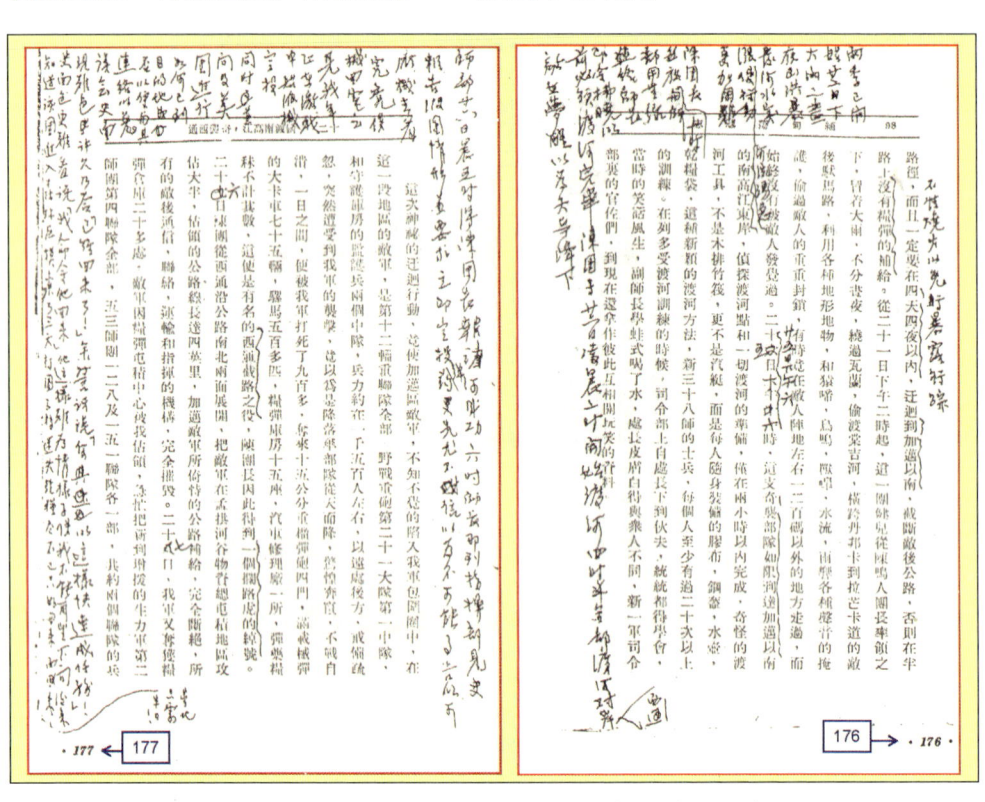

圖 6-13／孫立人將軍批註《緬甸蕩寇志》原書之影本（三）

---

54 同上注，頁 154~182。
55 同上注，頁 176~177。

根據鄭錦玉所說，孫立人將軍是在 1966 年，將此「批註之書」交其攜美珍藏；其後，鄭據此書，編撰了《一代戰神─孫立人》一書 (見圖 6-14 右)。[56] 由此看來，孫立人對《緬甸蕩寇志》之內容，可謂「**知之甚悉**」，「**不但同意**」還不時「**翻閱批註**」，更「**視為珍寶**」。果如此，孫立人對該書虛美自己，捏造事實，移花接木，掩蓋真相部分，就逃不過史家之筆，該負歷史責任。

2005 年，孫立人將軍昔日秘書、曾任駐泰國大使的沈克勤，又以孫克剛《緬甸蕩寇志》及孫立人將軍《統御學初稿》為本，寫了一部《孫立人傳》(見圖 6-14 左)；在記述「仁安羌之戰」狀況時，更大大「神化」了孫立人將軍，重重「醜化」了劉放吾團長及他的第 113 團。

56　鄭錦玉，《一代戰神─孫立人》，頁 56~57。

圖 6-14／《一代戰神—孫立人》及《孫立人傳》

「神化」部分，該書載：4月18日（上午）的戰鬥，孫立人師長在賓河北岸，越過各級幹部，一直指揮到第一線的「搜索兵」；[57] 完全不見團長、營長與連長。事實上，當天攻擊發起前，孫立人一直陪著史林姆，巡視第113團攻擊準備情形（已如前述）；怎麼會一下子跑去指揮第一線的搜索兵？

該書又載：19日的戰鬥，於午前4時30分，「孫師長坐在一位印度

57　沈克勤，《孫立人傳》，頁 147~148、151。

| 第六章 | 掩蓋「仁安羌之戰」真相的幾個源頭　　第三節 | 《緬甸蕩寇志》等同源資料接力扯謊

人駕駛的水車上,出現在第一線,他手持望遠鏡,不停地瞭望⋯孫師長親率一一三團官兵,不顧己身生命,在火網中用白刃與敵人搏鬥。」[58]凡此,都企圖將孫立人師長包裝成一個「能直接掌握第一線搜索兵」、「攻擊發起時親臨第一線」、「臨陣帶頭衝入敵陣拼刺刀」,集所有團、營、連、排、班長角色於一身的「全能英雄」。

但是,4月19日是農曆3月初5,「望日」,「農曆初一」剛過,月細如絲,甚至看不見月亮;凌晨4時30分,天還未亮,根本沒有「能見度」,不知孫立人師長這時候用望遠鏡能瞭望到什麼?而19日晨第113團發起攻擊時,孫立人師長既在離賓河1,600公尺外的無名村「師指揮所」,又如何能親臨第一線?再去坐上印度人開的水車?沈書顯然虛構故事過了頭。而孫立人師長既有吉普車,但為何又要坐印度人開的水車?水車上沒有通信設施,萬一中途出了狀況,如何處置?沈克勤一味包裝孫立人,但卻充滿矛盾。

在「醜化」劉放吾及其部隊的部分,該書載:「18日天快亮時⋯劉團長在電話中向師長報告:『官兵沒有水喝,有人中暑休克。』孫師長⋯對劉說『你真笨⋯向前躍進十次,一股衝鋒,即抵拼墻河,有的是水!』」⋯第一線官兵為了要活命,顧不得什麼障礙,各個拼命躍進⋯跳入拼墻河,

---

58　同上注,頁153。

飽享一頓清涼的河水⋯。」[59] 當過兵的人都知道，沒有一發起攻擊就開始「躍進」的戰鬥，而「躍進」十次後還有力氣戰鬥嗎？更離譜的是，在沈克勤筆下身經百戰的劉團長，竟成連官兵飲水問題都解決不了的「笨蛋」。

但筆者不認為一位畢業於美國維吉尼亞軍校、曾參加過「淞滬會戰」的孫立人師長，會如此沒有軍事常識？筆者也不相信，其後在鳳山「第四軍官班」開授「統馭學」課程的孫立人將軍，會這般責罵他的團長。而沈氏筆下第113團官兵的前進，居然是為了「喝水」以「求活命」，更是視劉團為一群連「基本信念」都沒有的「烏合之眾」，令人錯愕。筆者不知沈式「醜化」劉放吾及第113團時，是否想到過？劉放吾是孫立人的部下，第113團是孫立人的部隊，沈如此貶損劉放吾與第113團，不也等於也在罵孫立人「治軍無方」、「領導無術」嗎？

沈克勤之目的，或許在強調孫立人的英明，但似不必將劉團長和第113團官兵，形容得如此不堪。如果團長真是這麼笨，第113團官兵果如一群烏合之眾；吾人也不敢相信，這樣的團長，指揮這樣的官兵，能創造「以一當十」的「仁安羌大捷」。而「嘲諷」他們的人，還要千方百計「剽竊」他們的功勞，去加在他們的長官孫立人師長身上，更是令人啼笑皆非。

而事實上，17日晚上作戰地區下了大雨（見前文），因此18日早上第

---

59 同上注，頁147；事實上，賓河北岸並不缺水，見前文。又，孫師長敢用「明語」跟劉團長通話，用的一定是「有線電」；但依「有線電」上級向下級架設的原則，孫師長當時手中沒有通信部隊，那有這樣的作業能力？

113團發起攻擊時，當無「缺水」問題；所以出現「印度人開水車送水」與「劉團長向孫師長報告缺水」，應是襲自史林姆《反敗為勝》中的杜撰狀況（見後文）。

5月3日，新編第38師在掩護英軍退入印度途中，孫立人將軍接到英國頒發的「帝國司令(Commander of British Empire)勳章」和美國的「豐功勳章」。[60]時甫經歷「仁安羌之戰」重創，傷亡過半的第113團，正奉命開赴卡薩，掩護第5軍撤退；[61]這或許是新38師《緬甸戰役戰鬥詳報》中，「故意遺漏」的作戰。5月3日，劉放吾率領第113團敵前泅渡更的宛江，成為最後一支離開緬甸戰場的「中國遠征軍」部隊（見前文）。

劉放吾及第113團的英勇悲壯表現，感動了許多人；史迪威的一名助理懷曼(Wyman)上校，就在他的著作中寫道：「第113團的故事就像一部詩篇」(The Story of the 113th Regiment is really an epic)，[62]以讚頌這支孤軍奮戰、百折不撓的中國軍隊。

60　孫克剛，《中國軍魂─孫立人將軍緬甸作戰實錄》，〈仁安羌大捷〉，頁7。又根據沈克勤，《孫立人傳》，頁155~156所載，勳章是由亞歷山大轉發，同時還接到史林姆的感謝函。
61　有關113團在卡薩之戰鬥狀況，參：史編局，《抗日戰史・滇緬路之作戰》，頁89~90、92。
62　Romanus, Charles F. & Riley Sunderland, op.cit., p.140.

第四節

英緬軍長史林姆的謊言

　　史林姆受命於英軍在緬甸全面敗退之際,其任務是執行英緬軍司令亞歷山大將軍的「棄緬保印」全般構想,故在對緬甸英軍的作戰指導上,難有積極作為;但史林姆在一開始的時候,卻有「反擊」日軍「攔截兵力」之企圖,可惜受制於亞歷山大,沒能實施,否則配合國軍的投入,或許會有扭轉戰局機會。

　　根據兵學理論,實施「攔截作戰」時,所使用之「攔截兵力」,應以能與敵「單獨決戰」為度;若兵力不足,則須具備下列兩個條件:(一)在短時間內,能獲得支援;(二)有極有利之地形可資利用;否則反有被敵「擊滅」之虞。[63]

　　以 1813 年 10 月 30 日,「萊比錫戰役」(The Leipzic Campaign) 的最後「法蘭克福會戰」為例:奧地利、普魯士聯軍 20 萬人,追擊正在向法國本土敗退之拿破崙兵團 8 萬人;前者以由巴伐里亞 Urede 親王所率領的 1 個

---

[63] 三軍大學戰爭學院野戰戰略教官組編,《大軍指揮要則》,「野戰戰略」第 1 部講義,頁 96。

| 第六章 | 掩蓋「仁安羌之戰」真相的幾個源頭　　　第四節 | 英緬軍長史林姆的謊言

軍(4萬人)，對法軍實施「攔截作戰」，結果因兵力不足，「追擊兵團」又未能即時趕到支援，反而在法蘭克福(Frankfort)以東的哈瑙(Hanau)附近，遭拿破崙兵團「擊滅」。11月2日，法軍退至萊茵河左岸，拿破崙於11月9日返回巴黎。[64] 1813年10月「法蘭克福會戰」直前之態勢，如圖6-16示意。[65]

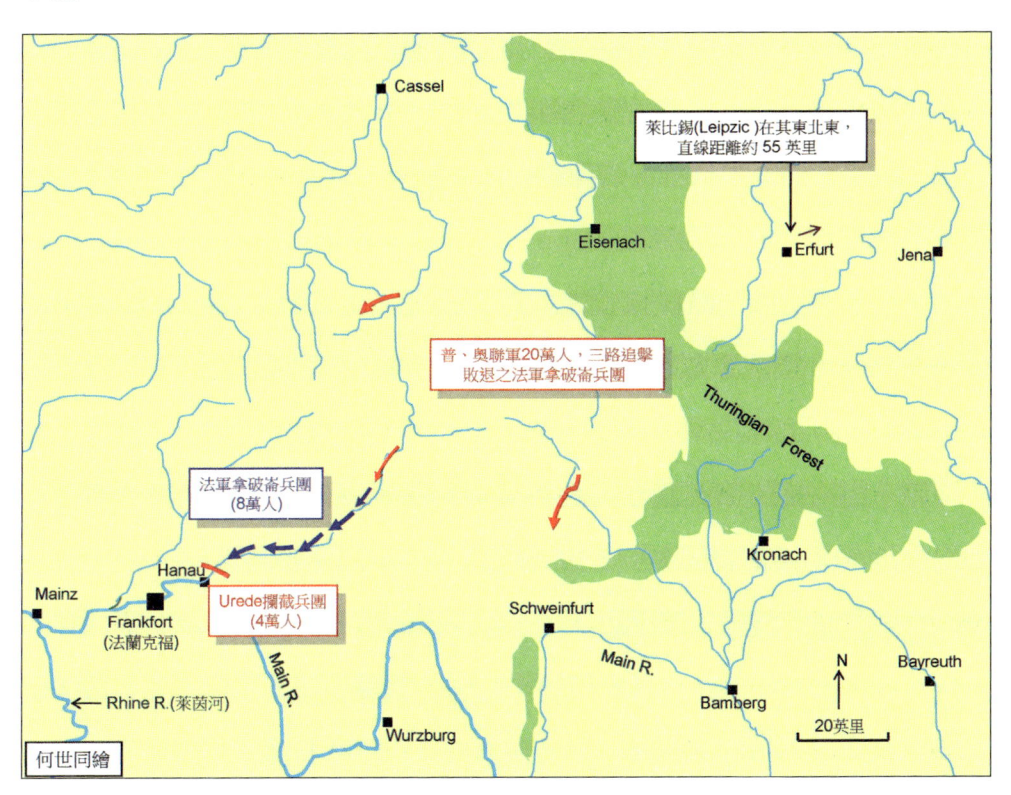

圖6-15／1813年10月30日「法蘭克福會戰」直前態勢示意

64　拿破崙戰史編撰小組，《拿破崙戰史》(台北石牌：實踐學社，1961年8月)，頁254。
65　本圖依據：Count Yorck von Wartenburg ,"Atlas to Accompany Napoleon As A General"), West Point: N.Y. August. p.112. 繪製。

此一狀況，與 1942 年 4 月 17 日，日軍「追擊」、並「攔截」英軍於賓河時之情形，頗為相似。當時，英軍「退卻兵團」的 1 個步兵師、加 1 個戰車營兵力，較日軍第 33 師團「迂迴攔截兵團」的 1 個步兵聯隊 (欠一個大隊，有砲兵，無戰車，但空優) 多；其「正面追擊兵團」的 2 個聯隊，一是沿荒漠而行，一是溯江流而上，與「攔截兵團」距離 2 日以上行程。如果加上國軍適時投入，南北夾擊，中、英聯軍確有乘日軍「前後分離」、「各自為戰」之際，擊滅日軍「攔截兵團」的可能。可惜英軍空有「物資力」，缺乏「精神力」，致「有形戰力」落空，若非國軍救援，勢難逃全軍覆沒命運。

當英緬第 1 師一路向仁安羌撤退時，史林姆反對亞歷山大要英印第 17 師守在東敦枝的決定。史林姆認為，英印第 17 師可派出一支「特遣部隊」(detachment) 到納特卯克 (也就是後來國軍第 112 團到達的位置)，以「掩護」(cover) 伊洛瓦底江方面英軍與曼德勒間的「交通」與「連絡」(communications)；該師主力 (含戰車營 1)，應由通往馬魏的「主幹道」(main road) 回到馬魏，這樣就可以「直接截斷」(cut right) 日軍「補給線」(line of communication)，並從「後面」(rear) 攻擊日軍的尾巴。尤其當 4 月 12 日，英印第 17 師在克克瓦 (位置見圖 4-3、6-16) 打贏了一場與日軍原田部隊的「遭遇戰」(見前文) 後，史林姆更相信該師必能到達馬魏，並會有

「極大扭轉戰局」(altered the state of affairs considerably) 的機會。[66] 英緬第 1 軍軍長史林姆「反擊」日軍構想，如圖 6-16 示意。

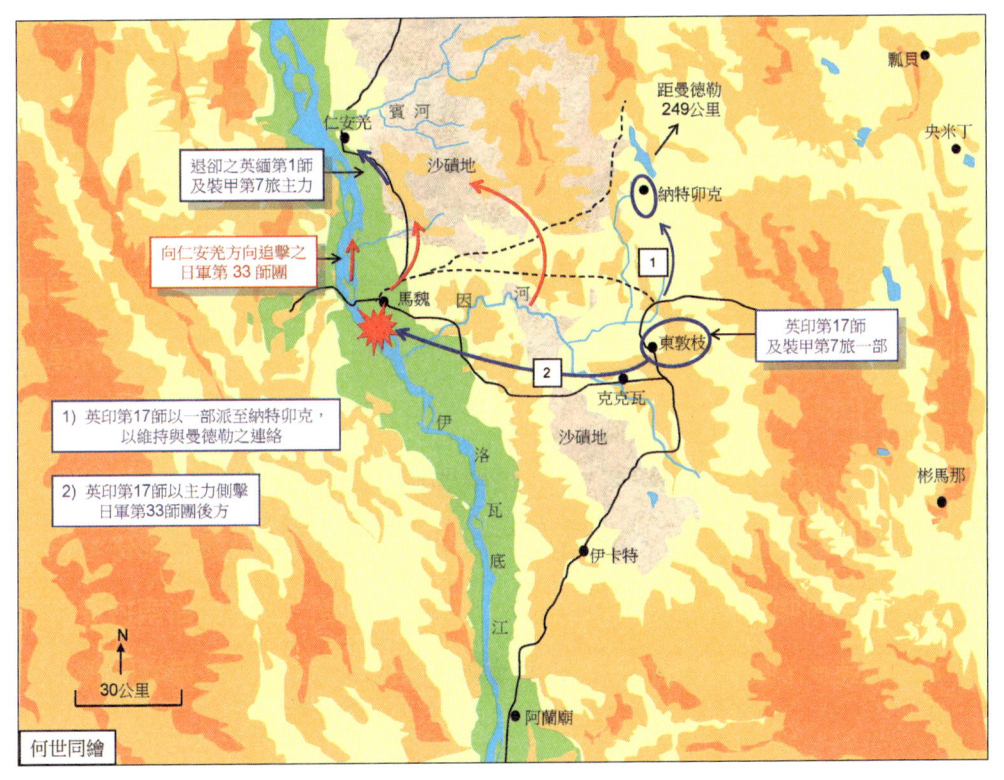

圖 6-16／英緬第 1 軍軍長史林姆「反擊」日軍第 33 師團構想示意

簡單地說，史林姆的構想是當日軍向北追擊之際，以英印第 17 師從日軍右側之「戰略翼側」出擊，截斷日軍第 33 師團的「補給線」，行「反包圍」作戰的概念；有冒險，但更有成功機會，堪稱卓越。惟後來史林姆的

66　William Slim, *op. cit*.p.60.

構想沒有實現，那是因為亞歷山大總部「執意」(insisted) 要英印第 17 師守在東敦枝的緣故；[67] 不但如此，直到英緬第 1 師從仁安羌「苟延殘喘」(lay gasping but not dying) 的撤退下來時，英印第 17 師還在原地未動。[68] 探究英印第 17 師成為「戰場遊兵」的原因，應是亞歷山大在「棄緬保印」的大前提下，只求保存「有生戰力」，儘速脫離緬甸戰場，那裡會讓這個師再捲入戰局呢？

談到史林姆的謊言：他在回憶到巧克柏當會見孫立人師長前，先讚揚中國軍人具有「勇氣」(courage)、「耐力」(endurance)、「樂觀」(cheerfulness) 和「愛國精神」(an eye for country) 的「基本特質」(basic qualities)；但接著提醒自己須牢記以下三點事情，才能與中國軍人相處愉快：

> 一是、他們沒有時間觀念，早上 8 點要做的事，和下午 4 點與中午 12 點做，沒有什麼分別；二是、他們會把任何靠近他們的物資「偷走」(steal)，包括庫存、口糧、卡車、火車、甚至司令部的佈告牌，因為他們窮了太久；三是、「面子」最重要，如果對一個中國人提一個議案，而這個議案有助其「名聲」（prestige）的提高，他肯定會接受。[69]

---

67 Ibid, pp.60~61. 按，史林姆稱亞歷山大「總部」為 Army Headquarters，即「軍團指揮部」之意，再次證明史林姆為亞歷山大「軍團指揮部」下之「軍長」，而非前述英軍代表馬丁告知「中國遠征軍」，他們成立了一個名為「第一軍團」的新指揮部，史林姆為「第一軍團軍團長」。
68 Ibid, p.72.
69 Ibid, pp.64~65.

史林姆為什麼要在回憶錄的這個部分，說這樣的話？筆者認為，他顯然是為顧英國人的「面子」，編織中國軍隊在「仁安羌之戰」中，只救了2百多名「戰俘和傷員」，而不是救了整個英緬第1師的謊言，而預留伏筆。

史林姆回憶：4月19日中國軍隊「發起攻擊」的時間，由早上天亮，拖延到下午3點，除了中國人「沒有時間觀念」的關係外，另外還有一個原因，就是「缺水」；他們只有在「供水」之後，才能開始作戰 (They could not attack until water had been replenished)。[70]

史林姆還詳細描述了中國軍人「貪得無饜」的「惡形惡狀」，他說：他知道中國軍隊缺水後，派了一輛由印度人駕駛的水車，運水到第一線，結果中國軍人不但清空水箱，還清空油箱，甚至連「散熱器」(radiator) 裡的水都倒出來，在孫將軍接手這件事後，水車才得放回。[71] 史林姆接著回憶：即使是這樣，當他到達靠近前線的一個中國軍隊指揮部時，一位「非常肥大的」(very fat) 的中國軍官，還向他大聲抱怨部隊沒有水喝；史林姆走向這位肥胖軍官，晃了晃他貼在屁股上、裝得滿滿的水壺，他才中斷抱怨，不但引來旁觀者的爆笑，連胖軍官自己也大笑，然後應允午後3點之前進攻。[72]

史林姆沒有說明這位胖軍官是誰？但是，當時中國軍人營養不良，與

70　Ibid, p.70.
71　Ibid, p.71. 這大概就是前文所說，孫立人師長坐上印度人所駕駛的水車原因。
72　Ibid.

養尊處優的洋人相比，普遍瘦小，劉團長就很清瘦，鮮有如亞歷山大所說「非常肥大的中國軍官」者，這恐怕又是亞氏為醜化中國軍人「腦滿腸肥」的杜撰狀況。此外，第113團「發起攻擊」的時間，團長在下達命令時即已律定，這位「肥胖軍官」並非團長，那有權力應允更改「攻擊發起時間」？更何況他那有膽子冒「軍法從事」之險，到了「攻擊發起時間」還不開始攻擊？史林姆的話顯然充滿矛盾，只意在泡製中國軍隊「未按時行動」原因的時候，多安上一個「軍紀蕩然」的理由，讓驕傲的英國人相信，仁安羌英軍是自己突圍出來，與中國軍隊無關而已。

另外，前文已述第113團在18日中午已打到了賓河岸邊，戰鬥過程中曾有「涉水」路段，前晚又下了大雨，所以根本不會有「缺水」問題；而在第一線準備「發起攻擊」之際，部隊都已散開進入陣地，怎麼可能有人圍觀大笑？凡此，都能證明史林姆在這件事情上，百分之百說謊。

至於「軍紀」問題，孫立人師長對部隊要求嚴格；根據第112團2營6連上尉連長陳玉鼎的回憶：「新三十八師紀律嚴明，師長孫立人將軍十分重視軍紀，下命令部隊每到一個地方，下午就要清查乾糧袋看有沒有不該有的東西，嚴禁不法之事。」[73] 甚至連1942年3月27日英緬軍司令亞歷山大在重慶覲見蔣委員長時，都當面誇讚：「華軍在緬紀律甚佳，此後如

73　史編局編，《抗戰時期滇印緬作戰（一）—參戰官兵訪問紀錄（上）》，頁500。

| 第六章 | 掩蓋「仁安羌之戰」真相的幾個源頭　　第四節 | 英緬軍長史林姆的謊言

發現有何越規行為，自當報告；惟本人確信，決不致有所發現也。」[74] 由此看來，史林姆對國軍既偷、又搶、更無時間觀念的描述，完全是沒有根據、信口開河的惡意抹黑。

不止如此，甚至連在第一線會見胖軍官之事，恐都出於史林姆憑空杜撰。依照史林姆的說法，第 113 團原定 19 日天亮時發起攻擊，但後來延到中午 12 點，再推遲到午後 3 點；因此，史林姆若曾去賓河前線，其時間應在早上至中午之間。惟史林姆回憶錄中又載：「我和亞歷山大將軍、史迪威將軍在 4 月 19 日碰頭，商量接下去我們該做些什麼？」[75] 史迪威在日記中亦載：「亞歷山大、史林姆、羅卓英和杜聿明⋯來訪⋯他們使午餐推遲到 3 點 15 分。」[76] 證明 19 日 15 時 15 分之前，史林姆確實曾在瓢貝的史迪威指揮部，與亞歷山大、史迪威、羅卓英、杜聿明等人開了一次冗長的會議；而由耽誤了中餐時間看來，會議開始的時間應在午前，而一直開到午後 3 時 15 分才結束。

瓢貝至賓河北岸第 113 團「攻擊準備位置」，為一條崎嶇的山區道路，距離 194.6 公里，在當時走一趟，至少要花費 6~8 小時。如果史林姆天亮以後先處理中國軍隊「缺水問題」後，再到賓河前線見「胖軍官」，那就無法在中午以前趕去瓢貝開會；如果先去瓢貝開會，則趕回到賓河前線時

74　周琇環等編，《中國遠征軍》，「(蔣中正) 三十一年三月二十七日上午接見亞力山大將軍談話紀錄」，頁 104；原件存台北國史館，典藏號：002-020300-00019-035。
75　Ibid, p.74.
76　Joseph W. Stilwell's type-written Diaries (Hoover Institution), April 19, 1942.

天已黑，仗也打完了，第113團早就推進至賓河南岸的仁安羌，無處理「缺水問題」必要。也就是說，史林姆當天根本沒有去過賓河前線。瓢貝至賓河北岸113團攻擊準備位置路線距離，如圖6-17示意。

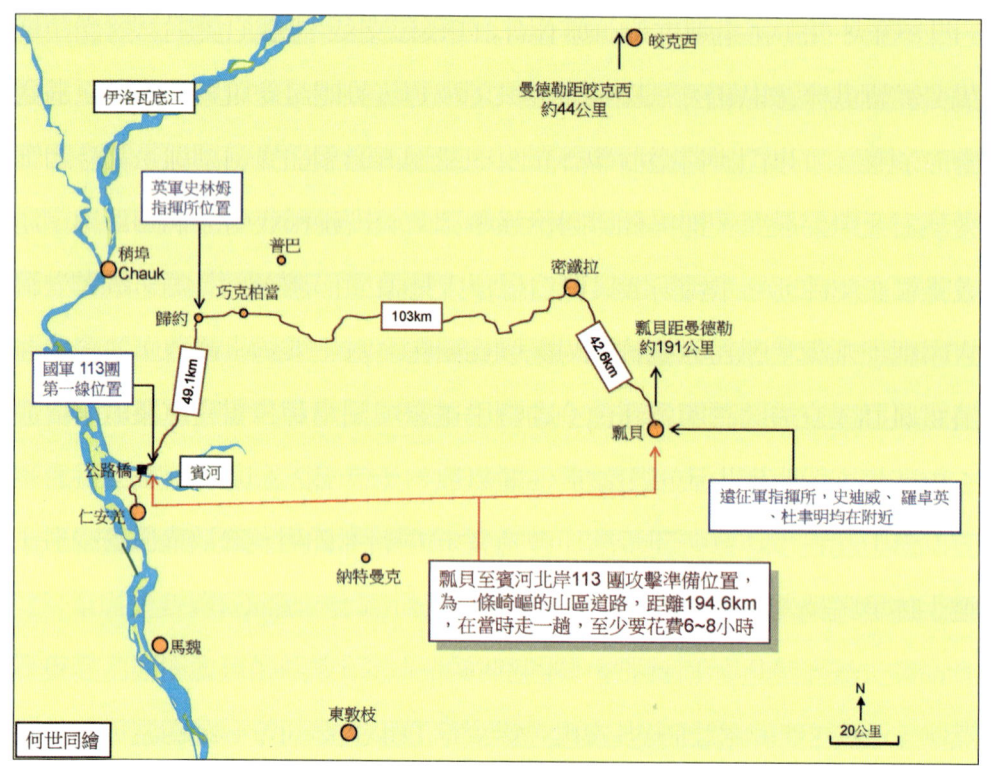

圖6-17／瓢背至賓河北岸113團攻擊準備位置路線距離示意

在那個殖民帝國風騷全球的年代，白種的西方列強，非常歧視貧弱的東方黃種中國，號稱「日不落國」的英國，似乎無法接受其軍隊在緬甸被中國人救援出來的事實；故而亞歷山大也和史林姆一樣，在其回憶錄中，刻意貶低中國人，說過「中國人從未贏得過一次對日戰役」的話，將英緬

軍的仁安羌脫險,歸成「幸運」,而非任何人的努力,並出言不遜地形容,接受英軍補給的入緬中國軍隊,為「寄生蟲」(parasites)。[77]

事實上,當亞歷山大擔任英緬軍司令的時候,東南亞地區西方列強閉軍隊,正被日本人打得落花流水,趴在地上,毫無招架之力,也只有一向被他們鄙視的「中國盟友」,在長沙打了一場大勝仗,是謂「長沙大捷」。而被他形容成「寄生蟲」的「中國遠征軍」,也以小小兵力,創造了無法以「兵學原理」解釋的「仁安羌大捷」,擋下了日軍摧枯拉朽的攻勢,才讓英緬軍有脫逃印度、保住「有生戰力」的機會。如此看來,亞歷山大不但「忘恩負義」,更「睜眼說瞎話」,還說得如此「理直氣壯」,真令人歎為觀止。

不過,一位曾目睹國軍於仁安羌營救英軍的退役上尉傑拉德・費茲派垂克 (Gerald Fitzpatrick,1919~2018) 卻反駁說:「我親眼目睹的事實並非如此,中國軍隊在仁安羌的作戰,我是重要、且僅存的見證者。」[78] 他在 2013 年、94 高齡時出版的《中國人在緬甸拯救英軍》(Chinese Save Brits-in Burma) 書中,就將第 113 團團長劉放吾將軍騎馬英姿照片,放在首頁 (見圖 6-18),以示對劉將軍及其家人的感謝與敬意。

77　Harold Alexander, "The Alexander Memoirs" (N.Y.: Hill Books Company Inc. 1962), p.93.
78　有關費氏對 1942 年中國軍隊在仁安羌解救英軍的見證,see: Gerald Fitzpatrick, "Chinese Save Brits-in Burma (Battle of Yenangyaung)" (York: York Publishing Services Ltd. 2013), pp.164~66.

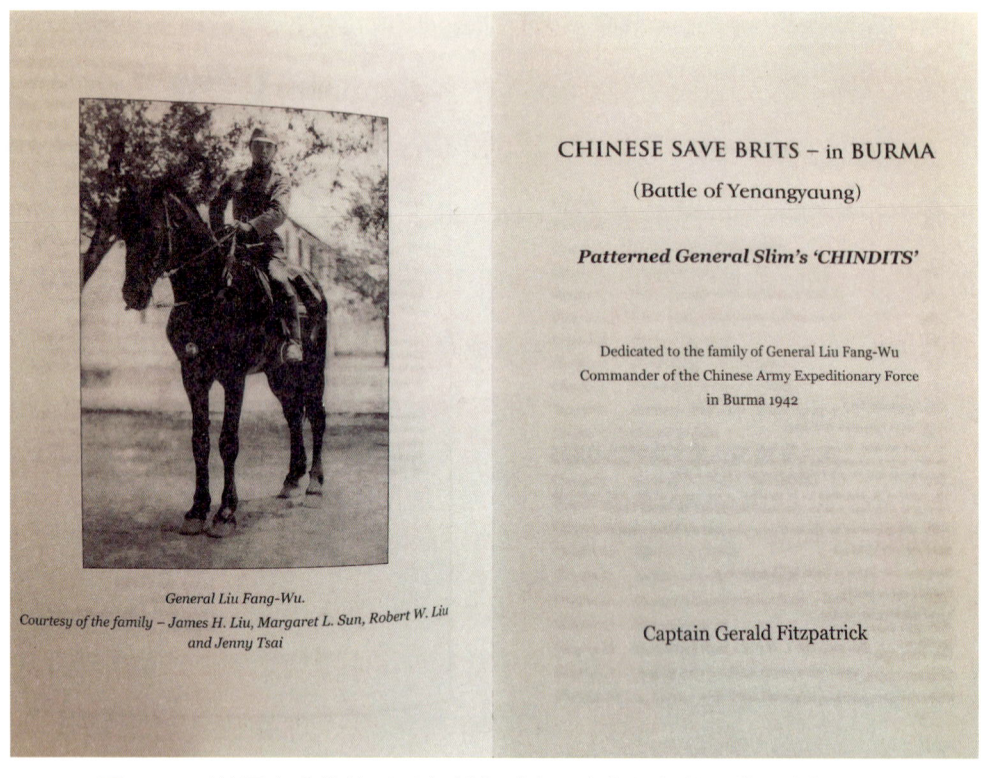

圖 6-18／英國老兵費茲派垂克所著《中國人在緬甸救了英國人》首頁

　　除了費茲派垂克的見證外，還有幾位參加過 4 月 19 日渡河攻擊的第 113 團軍官，也回憶了當天發起攻擊的狀況。第 2 營第 6 連上尉連長蔣元回憶：「4 月 19 日 4 點 30 分，113 團開始渡河，拂曉時分已逼近日軍陣地，並開始攻擊前進，占領 501 高地。」[79] 第 1 營第 1 連少尉排長唐宇戡回憶：「4

---

[79] 史編局編，《抗戰時期滇印緬作戰（一）—參戰官兵訪問紀錄（上）》，頁 392~393。按，蔣元當時是排長。

月 19 日拂曉，我們 113 團分三路進攻仁安羌。」[80] 防毒排的少尉班長李敦進回憶：「4 月 19 日拂曉，113 團發動攻擊，在第一波戰鬥中第 3 營營長張琦陣亡殉國。」[81] 這些人的說法相當一致，就是第 113 團發起攻擊的時間在清晨；容或時代久遠，對確切時間的記憶模糊，但絕不會模糊到弄不清楚「一大早」與「下午 3 點」之別。

史林姆全程參與兩次緬戰，並領導英軍在緬甸獲得最後勝利，其在這場戰爭中的份量，超過魏菲爾與亞歷山大；後來他當到英國的參謀總長，駐澳洲總督，可謂官運亨通。當 1956 年其回憶錄《反敗為勝》在倫敦初版時，就引起廣泛注意與搶購，顯然在英國人眼中，史林姆是緬戰頭號「英雄人物」；但是，史林姆真的是「英雄」嗎？真正「英雄」的最高道德修養，應是「知恩圖報」，而不是「忘恩負義」，更不是「醜化恩人」。

在日軍 1942 年攻略緬甸的過程中，苟無第 113 團仁安羌之勝，困在仁安羌的英緬第 1 師及裝甲第 7 旅一部，必為日軍殲滅；而滯留在東敦枝的英印第 17 師及裝甲第 7 旅另部，退路被截斷，勢亦難逃覆亡命運（見圖 4-7 示意），前文已述。也就是說，如果沒有劉放吾及第 113 團，緬甸英軍也必定會和香港、馬來亞、新加坡、東印度群島、菲律賓的殖民列強軍隊一樣，全部被日軍殲滅。

不僅如此，就連史林姆、亞歷山大等人，恐都無處可逃，就會像先前

80　同上注，頁 426。
81　同上注，頁 407。

被日軍俘虜的香港總督楊慕琦、香港英軍司令莫德庇、新加坡英軍司令白思華、及美軍駐菲律賓巴丹半島指揮官金恩、科里幾多要塞司令溫瑞特一樣，都被關進了日軍戰俘營，慘遭非人折磨，直到日本戰敗投降。當然，史林姆也就不會有機運「反攻緬甸」，及去撰寫那本名為《反敗為勝》的回憶錄了。

然而，史林姆的《反敗為勝》，卻被英國人當成緬戰最「權威性」的資料，廣被中、外人士參考引用；其醜化中國軍隊在「仁安羌之戰」中「沒有時間觀念」、「什麼東西都偷都搶」、「缺乏戰場紀律」等羅織故事，以及英軍非中國軍隊所救，是自行脫困等杜撰情節，亦都隨之傳播，無遠弗屆。例如，《緬甸—最長的戰爭 1941-1945》書中，在記述「仁安羌戰鬥」部分，即以此為本；[82] 又如，《孫立人傳》中的第 113 團缺水，及孫立人坐著印度人所駕水車到第一線的問題，也莫不纘紹於此。

而中國軍隊付出逾 5 百人傷亡的代價，去營救 7 千多名英軍、甚至整個英緬軍、包括史林姆本人在內的恩情，以及對二戰盟國「同盟戰略」的貢獻，不但被一筆抹煞，還遭醜化，賠上無可彌補的形象損失；吾人能無感傷乎？中華民族歷史又豈能不追究乎？

82　Louis Allen, "BURMA-The Longest War 1941-1945" (London: Phoenix Press, 2000), p.69.

第七章

青史不會盡成灰

第一節｜被遺忘的英雄

第二節｜遲來半個世紀的公道

第三節｜劉偉民為爭取父親歷史榮耀的努力

第四節｜劉放吾將軍樹立了黃埔永遠的典型

凡事走過，必留痕跡；扯再嚴密的謊，也總有紙包不住火的時候；「仁安羌大捷」真相被掩蓋半個世紀之後，終於「撥雲見日」，讓原本面貌的「仁安羌故事」重現於「青天白日」之下，即是一個最經典的例子。

孫克剛在1946年出版了《緬甸蕩寇志》，其以孫立人師長之侄、新編第38師政治部上校副主任的身分，儘管他在1942年4月18日未隨其叔到過賓河前線，沒有親身參加「仁安羌之戰」，但他談仁安羌事，無人會去懷疑他說謊，也無人會知道有個團長叫劉放吾，更無人懂得什麼是「指揮權」？當時沒有史林姆的回憶錄，沒有日本防衛廳戰史室的日軍對華作戰紀要，也沒有劉放吾這個人出來爭功，更沒有往來電報與蔣委員長日記的公開。也就是說，孫克剛所言，就是「權威資料」，再無任何「異源資料」可用來比對、甚至反駁，讓他完全掌握了對「仁安羌故事」的「話語權」，才能掩蓋劉放吾之名，「為所欲為」地篡改劉放吾團長戰功，毫無顧忌地加在其叔孫立人師長身上，將後者推上了「英雄」、「戰神」的形象高峰。

雖然，後來「異源資料」陸續浮現，指揮「仁安羌之戰」的劉放吾團長也被找到，孫氏叔侄掩蓋歷史真相，掠奪劉團長戰功的情事，也逐漸被掀開；但長久以來，「仁安羌大捷」為孫立人將軍所創造的演義故事，早已「家喻戶曉」，「深植人心」；「信者恆信」現象，普遍存在。在這種氛圍下，要重建當年戰場，還原歷史真相，並不容易，必須提出讓人信服的理由，透過抽絲剝繭、巨細靡遺的深入論述，才能翻轉長久以來，在人們心中「眾口鑠金」的「刻板印象」。但是，要還原這段被掩蓋歷史的真相，也非不可能；因為證據會說話，青史不會成灰。

第一節

被遺忘的英雄

　　2015年7月7日，抗戰勝利70週年的「蘆溝橋事變」紀念日那天，《聯合報》新聞部記者群編輯出版了《被遺忘的戰士》一書(見圖7-1，左)；該書一問世即受到各界重視，仍存的抗戰老兵、烈士後代、抗戰史研究者，陸續提供許多感人的故事，以及更多的細節。為此，《聯合報》遂於2016年7月7日，再收錄10篇代表性的人物與故事，推出《增訂本》。其中，孫立人將軍也入列，標題是「英勇中國遠征軍—孫立人陣地三得三失」；文中載：「孫立人甚至擊潰日軍，解救七千英軍」(見圖7-1，右)。[1] 其所指的，就是「仁安羌大捷」。由此看來，孫立人師長沒有被遺忘，被遺忘的，反而是真正創造「仁安羌大捷」的「英雄人物」劉放吾團長。

---

[1] 聯合報新聞部記者群編輯，《被遺忘的戰士》(台北：聯合報社，2016年7月7日)，頁32~33。按，此段引自：孫克剛《中國軍魂—孫立人將軍緬甸作戰實錄》，頁6。

圖 7-1／《被遺忘的戰士》書封面，
及所載〈英勇中國遠征軍—孫立人陣地三得三失〉文

　　由於抗戰時期對日軍「保密」的關係，國民政府軍事委員會及「中國遠征軍」有關「仁安羌之戰」的資料中，只見「劉團長」，並未留下其名「劉放吾」三個字，而1942年4月21日蔣介石委員長所拍的「嘉勉電文」，也只說了「劉團長」；加上孫立人師長叔姪刻意掩蓋真相，掠奪劉放吾戰功，似乎沒有將此電轉交給劉放吾，否則依劉放吾將軍之細心，必定會像保存史林姆「手令」一樣，珍藏蔣委員長的「嘉勉電文」。這使得「劉放吾」

| 第七章 | 青史不會盡成灰　　　　　　　　　第一節 | 被遺忘的英雄

遂告消失不見，創造「仁安羌大捷」的「劉團長」，竟成了「被遺忘的英雄」；「野史」頂替「正史」，真是歷史笑話。

1942年4月19日，第113團創造「仁安羌大捷」後，國民政府軍令部次長、兼駐臘戌「軍事委員會參謀團」團長林蔚中將，已先向蔣委員長作過戰情報告；但第一時間可能掌握的狀況不完整，故於次(20)日獲得更多資訊後，又致電蔣委員長，再作較詳細的戰果與戰損報告。電文如下：

> 委員長蔣⋯謹再將我軍在彥南揚（按，即仁安羌）之戰績詳報如下：
>
> （一）我孫師一一三團，經兩晝夜激戰，至十九日十四時佔領彥南揚及全部油田；將敵驅至彥南揚以南三英里處。在彥南揚被圍英緬軍一師七千餘人及輜重車百餘輛被我救出。是役敵傷亡五百餘人，我傷亡百餘人，惟第一營營長（按，應為第三營）負傷殉職⋯（二）緬一師解圍後，現正向喬克柏黨開拔中，謹聞。職林蔚。卯哿申。參臘印。[2]

蔣委員長得知「仁安羌大捷」消息，非常高興，對第113團創造「大捷」戰績，尤感欣慰。這個時間點，正是英軍在伊洛瓦底江戰線一路敗退，「中國遠征軍」第5、6兩軍正面狀況也陷入不利之際；在蔣當時心中，甚至出現因此而「扭轉」緬戰戰局的樂觀期望。他在當天的日記中寫道：

> ⋯我新三十八師孫立人之劉團，在葉南陽油田中心擊退敵軍，救

2　中國國民黨中央委員會黨史委員會編印，《中華民國重要史料初編—對日戰爭時期》，〈第二篇：作戰經過(三)〉(台北：中國國民黨黨史委員會，1981年9月，初版)，頁296~297。本文件，錄自「總統府機要檔案」。按，「哿」是20日之韻母代字。

出英緬軍七千人之多，葉南陽亦得克復，此實可慰之事，經此一戰，敵或不敢向我右翼放肆如昔者矣，此乃緬戰轉勝之機乎？[3]

值得注意的是，蔣委員長在日記中清楚記載，立此大功者，是「新三十八師孫立人」的「劉團」，而不是孫立人「本人」或「全師」。或許蔣委員長認為，孫立人是他當面交付「責任地區」的曼德勒防衛司令，怎麼敢在他不知情的狀況下，離開曼德勒，跑去幾百公里外的賓河，做與曼德勒防衛司令職責毫無關係的事情？蔣委員長還將「電獎劉團長」，列入當天「預定」工作的第一項，而不是「電獎孫師長」；[4] 這就是歷史的真相。同一天（20日），駐瓢貝的「遠征軍」司令長官羅卓英上將，也致電蔣委員長，呈送4月19日第113團創造「仁安羌大捷」的正式報告，其內容與林蔚將軍所報概略相同，惟未言第3營營長張琦殉職事；電文。（原件影本，見圖7-2）如下：

渝軍委會…委員長蔣：

孫師原派巧克巴黨之一一一三團，篠日掃蕩平河（按，即賓河）以北敵人後，進而救援在彥南揚（按，即仁安羌）被圍之英軍，現據孫師長皓未報稱，劉團經兩晝夜激戰，佔領彥南揚，救出英緬第一師七千餘人，情形狼狽不堪、不復成軍…敵向南退卻…該團暫在彥南揚佔領陣地等語，查孫師劉團作戰努力，除獎勵外，謹聞。羅卓英號已

3　抗戰歷史研究會編輯，《蔣中正日記─民國三十一年》，頁56，4月21日條。
4　同上註。

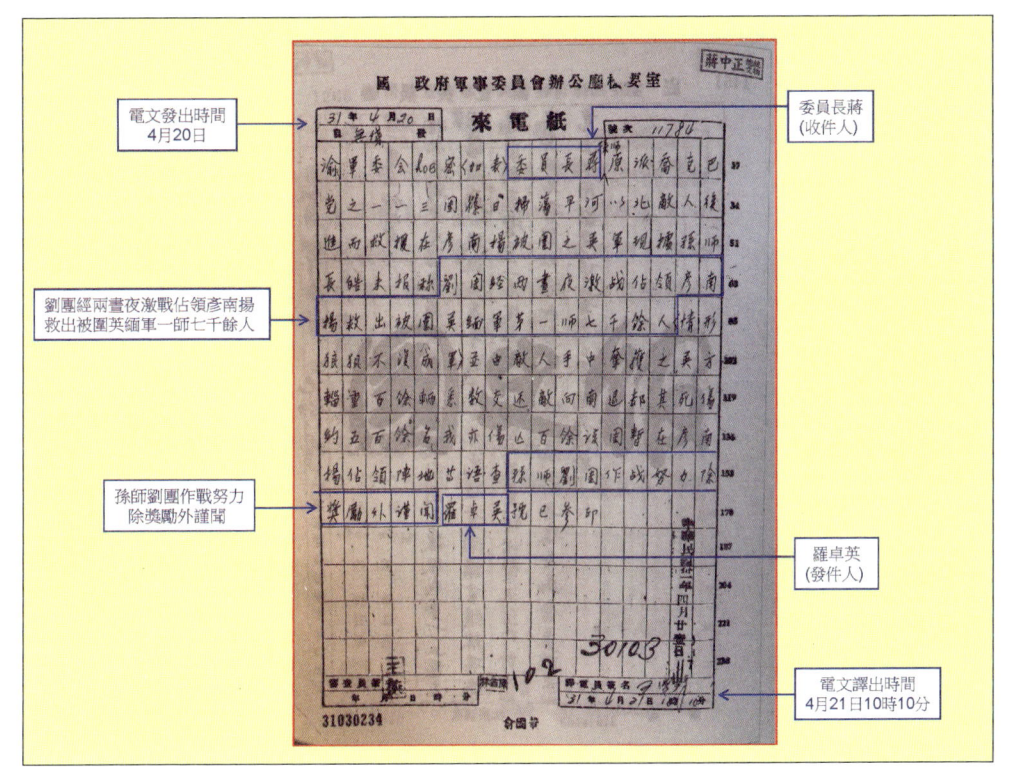

| 第七章 | 青史不會盡成灰　　　　　　　　　第一節 | 被遺忘的英雄

參印。[5]

圖 7-2／4 月 20 日羅卓英致電蔣委員長，
報告第 113 團創造「仁安羌大捷」原件影本

　　按，當時「師」為「戰略運用單位」，電文習慣前冠師長姓氏，不列番號，如「王師」、「蔣師」、「戴師」；其下之團級單位因之，亦前冠團長姓氏，通常與師連用。這裡的「孫師劉團」，即代表「孫立人師」所

5　周琇環等編，《中國遠征軍》，頁 125；原件存台北國史館，典藏號：002-090105-00006-005。「篠」、「皓」，分別為 17、19 日之韻母代字；「未」為 13~15 時。

轄的「劉放吾團」。

　　羅卓英司令長官致蔣委員長電文，係根據新編第38師孫立人師長19日未時，向「遠征軍」司令長官部「報稱」之第113團戰果而來，並經羅司令長官「查證」後，以此具呈於蔣委員長，電文最後還特別強調「孫師劉團作戰努力」；因此，孫立人之角色，只是以劉團直屬長官身份，轉呈劉團事功而已。況且孫似自知，其是在「未經核准」的情形下，離開曼德勒來到賓河前線達4天之久，是「擅離職守」（按，當時孫立人師長人還在賓河），所以未在電文中提及其與劉團在賓河的互動，也沒敢妄稱是他「親自指揮」了這場作戰；僅在「據實以報」劉團戰功，符合了為人長官「領導道德」的最起碼要求，可惜只是曇花一現。

　　重慶方面，4月20日收到電報，21日上午10時10分，譯出電文；蔣委員長閱畢後，立即親撰嘉慰第113團劉放吾團長「手令」，並將此「手令」轉為電稿，拍送相關人員；受文者包括了「劉團長」，可見蔣委員長對「劉團長」立此大功的重視與激賞。電報內容如下：

> 林次長轉史參謀長、羅長官轉孫師長、劉團長：
>
> 　　據報，我第一一三團在葉南陽激戰以後，救出友軍數千名，並克服葉南陽重鎮，殊堪嘉慰。聞我有營長一名亦在是役陣亡，又不禁悼惜繫之。望即將陣亡官兵姓名詳報，以憑敘勳，尚希通令所部再接再勵（厲），奮勇致果，以竟全功，用副厚望。蔣中○手啟馬机渝。[6]

---

[6] 同上注，頁126；原件存台北國史館，典藏號：002-090105-00008-281。按，「馬」為20日之「韻母」代字。史參謀長，即史迪威。

| 第七章 | 青史不會盡成灰　　　　　　　　第一節 | 被遺忘的英雄

　　按，此是蔣委員長拍給林蔚，要林蔚轉給史迪威與羅卓英的電文，意思是知會史迪威，並由羅卓英轉發孫立人與劉放吾。羅卓英收到委員長親電後，一定會立即發給新編第 38 師，但可能因「指揮系統」上高出 3 個層級的關係，羅司令長官沒有直接將此電發給第 113 團，而是發給新編第 38 師，要其代轉給第 113 團；如果劉放吾收到了這封來自最高統帥的嘉慰親電，一定感到無上光榮，而加以珍藏，如同對史林姆的「手令」一樣。1942 年 4 月 21 日，蔣委員長嘉勉劉團長之手令，及據此所發之電報，如圖 7-3 所示。

據報：
我第一一三團在葉南陽激戰以後，救出友軍數千名，并克復葉南洋重鎮，殊堪嘉慰

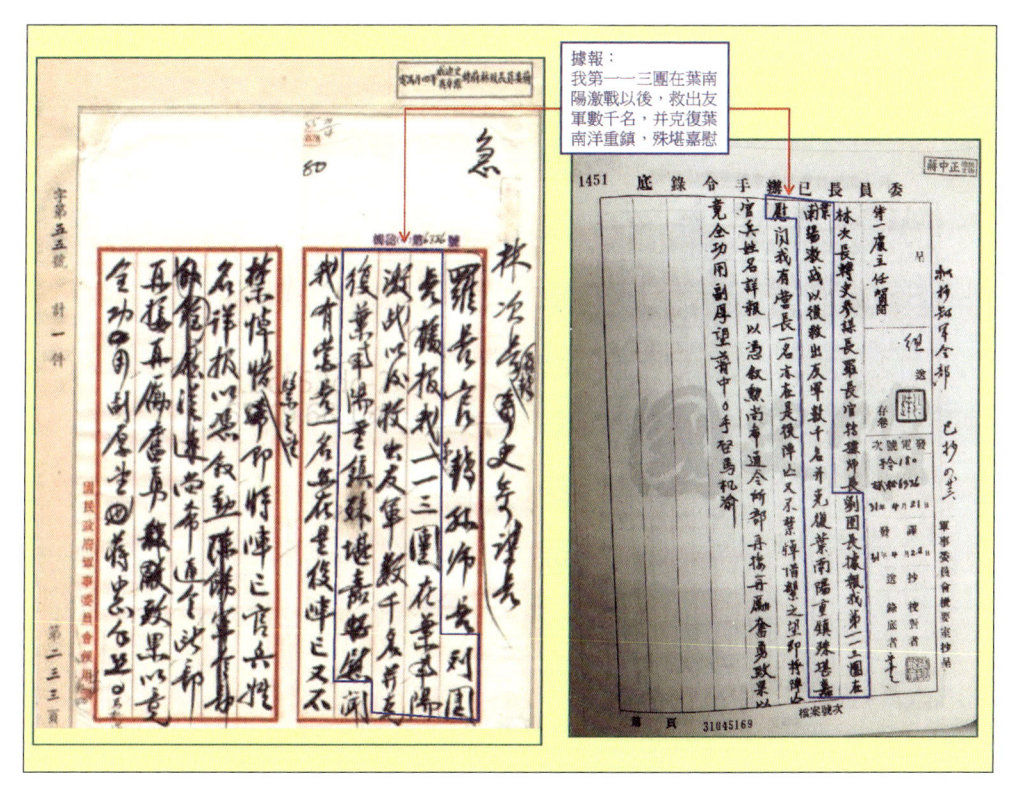

圖 7-3 ／ 1942 年 4 月 21 日，蔣委員長嘉勉劉團長之手令，及據此所發之電報

但是，多年後劉放吾將軍拿出了史林姆的「手令」，卻沒有拿出蔣委員長的「親電」，也未見其提及「親電」事；何以如此？只有一個可能，那就是此電被新編第38師「扣住」，未轉發給第113團，劉放吾團長根本不知有其事。而新編第38師，為了澈底「塗抹」劉放吾團長創造「仁安羌大捷」的功勞紀錄，此電不但不見載於〈燕南羌戰鬥詳報〉，更不存在於自稱「拿歷史學的眼光來看，應該算是原始材料」的《緬甸蕩寇志》中；也是學歷史出身的筆者（按，他是歷史學士，筆者是歷史博士），也「拿歷史學的眼光來看」，深深認為，此乃「以私毀史」行為，不可原諒。

以上蔣介石委員長、林蔚次長、及羅卓英司令長官的3封電報，加上4月20日蔣委員長日記，應是認定劉放吾團長指揮「仁安羌之戰」，獲得「大捷」的「最原始」、「最權威」史料。如果孫克剛及新編第38師的編撰〈燕南羌戰鬥詳報〉參謀群，能尊重歷史真相，如實載述劉團長之戰功；則劉團長當因「指揮作戰」而贏得應有的榮耀，而孫立人師長以「領導有方」，亦必同享光榮。兩人相互輝映，不但無損孫立人在緬戰的事功，成就其「一代名將」地位，更會為其增添「愛護部屬」、「栽培部下」的佳評美譽，流芳後世，受人景仰。可惜的是，這種狀況非唯沒有出現，而且還為了「搶部下功勞」，掩蓋與扭曲歷史的原本面貌，也讓孫立人在史家耙梳還原真相後，會因而賠上無可彌補的「形象損失」。

1942年6月8日，第113團轉進到印度，經數十日苦戰，官兵已極度疲乏（其戰鬥經過，見前文），劉放吾團長也病倒，由擔架抬著，孫立人師長前來迎接。根據劉偉民所說，劉團長見到師長，高興得掙扎坐起，但師

長劈頭第一句話卻是:「你懵了頭,為什麼跑不出來?」沒有嘉勉,沒有安慰;劉團長見到「親人」的喜悅,頓時化為錐心的刺痛。劉團長回答道:「我是在作戰,不是旅次行軍啊!」說完淚水奪眶而出,隨即頹然倒下。此時第 1 營楊振漢營長挨到擔架邊黯然歎道:「團長您看,師長的勳章已經掛滿胸前了。」[7]

後來又因一些與孫立人師長間的摩擦,劉放吾團長乃申請到重慶的陸軍大學(見後文)進修,遠離傷心地。來台後再度隨孫立人練兵,惟無意與長官爭功,絕口不談仁安羌事,但卻也感「心結未解」;1946 年劉晉升少將,1954 年 1 月退役。[8]若非 1963 年發生轟動港台的「冒牌將軍案」(見後文),這位締造「仁安羌大捷」的抗日英雄,恐就此灰飛煙滅於歷史長河中;如同朱自清〈匆匆〉一文中所說,劉放吾三個字就會像「針尖上的一滴水,滴進大海裡一樣,沒有聲音,也沒有影子」。

孫立人將軍以「仁安羌大捷」,及「第二次入緬作戰」完成芒友(木姐,Muse)「戰略會師」之功,在兩岸都享有崇高聲譽,其事蹟也被廣泛傳頌。另外,〈燕南羌戰鬥詳報〉係軍事資料,得閱者極為有限,但其「連體資料」《緬甸蕩寇志》,卻於抗戰剛結束的 1946 年 1 月 19 日,在廣州出版;[9]次年 8 月 10 日,又在上海再版;[10]而其他一些有關「仁安羌之戰」作品的資料,

---

7 劉偉民,《劉放吾將軍與緬甸仁安羌大捷》,頁 97。
8 同上註,頁 79、98~99。
9 孫克剛,《中國軍魂—孫立人將軍緬甸作戰實錄》,〈前言〉,頁 VI。
10 同上註,〈再版序言〉頁 II。

也多由孫克剛提供。[11] 這些資訊，無遠弗屆地傳播了孫立人在緬戰中的「豐功偉績」，甚至為「官版戰史」所引；無形之中就在大眾心目中，確立了「仁安羌大捷」英雄的形象。大家一談到「仁安羌大捷」，第一個想到的人物，就是孫立人將軍；兩岸皆然。

先是，1945年4月上旬，歐洲盟軍統帥艾森豪，邀請時任「中國駐印軍」新編第1軍軍長的孫立人訪問歐洲戰場；於獲得蔣委員長批准後，在緬北美軍司令部安排下，5月17日由密支那乘專機啟程，其英文秘書衣復得上校隨行，先到印度加爾各答停留2天；5月20日，再由加爾各答搭乘美軍專機向西飛行，展開為期2個月又11天的歐、美參訪旅行。[12] 時抗日戰爭尚未結束，國軍正準備對日軍發動反攻而軍務繁忙之際，蔣委員長能同意孫立人將軍出訪歐、美2個多月之久；其對後者愛護與栽培之意，不言而喻。惟高宗魯在〈孫立人在美國的求學歲月〉文中說：孫立人「那次訪歐，引起蔣委員長之不悅」，[13] 不知何據？

日本「無條件投降」兩個多月後的1945年11月，廣州各報節錄「中

---

11 以戴廣德著，《緬甸之戰—隨孫立人、劉放吾將軍遠征紀實》(安徽合肥：黃山書社，1995年)為例，他就說道：「我寫書的資料，很多是孫立人將軍的侄兒孫克剛提供的，我書寫完後給孫將軍過目，他還要求我將內容改為第三人稱。」轉引自：劉偉民，《劉放吾將軍與緬甸仁安羌大捷》，頁95。按，戴廣德為抗戰時期《中央日報》派駐貴陽的記者兼編輯，後奉派入緬，擔任「中國駐印軍」隨軍特派員。
12 孫克剛，《中國軍魂—孫立人將軍緬甸作戰實錄》，〈孫立人將軍參訪歐洲戰場記〉，頁191~206。
13 高宗魯，〈孫立人在美國求學的經過〉，收入：《傳記文學》，第78卷，第4期，頁111。

央社」特稿，登載了一篇〈孫立人將軍訪問歐洲戰場〉的文章；筆者對其他與「仁安羌之戰」無關的內容並不感興趣，只將關注的焦點，放在文章最後的這段話上：

> 三十一年（1942年），中國遠征軍入緬，仁安羌之役，孫將軍親提新三十八師一團健兒，大破日軍第三十三師團，救英軍七千人出險，榮獲英帝國司令勳章，從那時起，他就名揚中外了。[14]

相信這些資料，一定是親近孫立人將軍的人士所提供，透過媒體宣傳，孫立人將軍「親自指揮」1個團，創造「仁安羌大捷」的英勇事蹟，乃開始深植人心，漸成國人的「集體記憶」；而在孫氏叔侄有計畫的塗抹下，劉放吾就好像從人間蒸發一樣，完全不見了。

八年抗戰期間，國軍是以簡陋的武器裝備，對抗日軍的飛機、戰車、大砲，雙方戰力相差懸殊；甚至國軍8至12個步兵師，方能當上日軍1個步兵師團的戰力。[15] 筆者時常在想，劉放吾率領的第113團才8百多人，如何能擊退兵力、火力均極優勢的日軍1個「加強步兵聯隊」（配屬有砲兵、工兵），而奪回仁安羌，救出英軍1個步兵師加1個戰車營？確實不可思議，但卻是「千真萬確」的「歷史真相」。面對這樣的「難堪事實」，無怪乎日本人為了「面子」，略而不提；英國人也為了「面子」，掩蓋真相。又

---

14 孫克剛，《中國軍魂—孫立人將軍緬甸作戰實錄》，〈附錄·孫立人將軍訪問歐洲戰場〉，頁208。
15 蔣緯國，《蔣委員長如何戰勝日本》（台北：黎明文化事業公司，1978年7月7日增訂再版），頁39。

由於這場作戰的戰果「奇貨可居」，所以孫立人將軍叔侄為了「搶功」，更不惜杜撰故事，篡改歷史，處心積慮地「塗消」劉放吾在這場「大捷」中的角色，甚至連名字都不給留。

1943年6月1日，孫立人將劉放吾調離團長位子，改派「師附」職務。[16]按，早年國軍在排、連、營、團各級部隊，常設有「排附」、「連附」、「營附」、「團附」等職務；「淞滬會戰」時，死守「四行倉庫」的謝晉元，即是「團附」。由筆者任基層軍官時，部隊朗朗上口「排附、排附，吃飯散步」的「順口溜」看來，所謂的「附」，應只是個「無權無事」的閒差而已。但筆者不知道的是，居然連師部也有「師附」（可能是「師部附員」之意）這樣的閒官，而且還安給了甫立下「仁安羌大捷」曠世奇功的劉放吾團長，真可謂當時國軍之大，無奇不有。

根據劉放吾次子劉偉民回憶：劉放吾在印度病癒出院，發現部屬出了一些部屬生活上的問題，於是據理力爭，結果與孫立人將軍發生齟齬，傷心之餘，決定申請到重慶「陸軍大學」深造。[17]1943年7月，當劉放吾在重慶準備「陸軍大學」入學考試之時，竟被孫立人「掃地出門」，欲將其調離新38師，撥到新30師去當「附員」（應是師部「編餘」、「待汰除」或「待命派職」的「無職軍官」）。劉放吾在本師當「師附」已夠委屈，現在還被「發配」到另一個陌生的部隊去當「附員」，頓有前途茫茫、家庭

16　劉偉民，《劉放吾將軍與緬甸仁安羌大捷》，頁84。
17　同上註，頁98。

生活兩無著之感；劉放吾為了家計愁煩，遂在萬般無奈下，致書孫立人師長陳情，懇求勿讓其闔家束手待斃。書信全文如下：[18]

> 仲公師座鈞鑒：
>
> 別後已逾三月之久，時在孺慕之中。六月間曾數次函稟，迄未見示，未識收到否？
>
> 竊職之銳意求學，實感學不敷用之苦，絕無他念，若能達其求學之宿願，學成仍為 鈞長效命馳驅，此心耿耿，可誓天日，曾經歷次面陳 鈞長。承蒙不棄，准予保送，五內銘感，曷可勝言。職回國以來，專注投考事宜未敢稍懈，原期毋負 鈞長之期望。邇者考試僅及半途，能否達到入學目的，猶多待 鈞長之大力相助。茲突聞師附員多數撥送新編三十師任用，職亦在撥送之列，遽聞之下，不勝惶恐之至。
>
> 緣職不才，已承 鈞長之錯愛教誨提攜，十二載如一日，鈞長之憂苦勞患，職雖未能稍分一二，然亦未嘗須臾離也；況職十餘年來毫無積蓄，僅持刻苦勤勉以圖存，於公於私並無苟且，凡此諒在 鈞長明鑑之中。
>
> 現職家中有七旬餘老母在堂，素乏奉養，每以忠而忘孝以為搪塞之口實，午夜捫心，自深知於人子之職責多虧，心痛不已；下有妻兒數口，大者尚不盈十歲，正在求學之中，小者猶在懷抱，嗷嗷待哺。

---

18 同上註，頁 72~73。按，信中所謂「保送」，是「保薦參加考試」之意。原件影印，見同書，頁 40。

年來全賴幾十斗軍米勉強維持生命以度活，今職若他撥之傳聞屬實，而職妻兒所持以生存者一旦斷絕，則際此困難嚴重物價高漲數百輩之今日，闔家大小惟有束手以待斃而已。

夙仰 鈞長素以仁慈為懷，敬一念及此勢必不忍。因感函懇 鈞長俯念職家中老母弱妻幼子等縷縷一縣綫之生命，慈航普渡，仍准保留職之附員底缺，俾職之妻兒等免為他鄉之餓殍，則洪恩大德，闔家感戴無已時，職今生縱不能報其萬一，亦必率妻兒銜報於來世。職夙性愚憨臨穎，不知所云，毋任惶恐，迫切待命之至。謹此

敬祈

鈞安

職劉放吾（印章）謹上 七・十八

「賜示請由山洞陸大特六期張秀文君轉」

陳情信中，劉放吾為了家中老母、弱妻、幼子生計，對孫立人師長幾近「哀求」，其言語令人動容。此信係托剛要畢業的「特六期」學員張秀文轉遞，若能順利交到孫立人將軍手上，恐要相當時日；筆者無法得知後來孫立人將軍是否收到此信？若收到，閱後態度又如何？但給筆者的感覺是，美國軍校出身的孫立人師長，居然如此無情地欺負黃埔出身、立有大戰功的劉放吾前團長，這或許是朝中有孔祥熙、宋子文撐腰的緣故吧？

然而老天終究有眼，劉放吾於1943年10月1日，被「陸軍大學特七期」錄取為「上校學員」，所屬主官也由師長孫立人，變更為軍委會委員長兼

陸軍大學校長蔣介石；[19] 這才直接躲過了調撥新編第 30 師，擔任「附員」的命運。

陸軍大學畢業後，劉放吾被分發到新編第 1 軍，擔任「幹教隊」上校大隊長，當時孫立人已是該軍軍長 (由新 38 師師長直升)，劉放吾又回到其麾下；1946 年 10 月，劉放吾調任東北保安第 12 支隊 (司令朱廣喜) 副司令，脫離了孫立人，才好不容易升了少將。[20] 到了台灣之後，老長官孫立人貴為台灣防衛司令、陸軍總司令，劉放吾也一直在他手下任職，還一度「無故」被貶為上校；當時並沒有人能幫他力爭，直到 1952 年 1 月 1 日，在鄭果將軍屬下擔任「陸軍八十軍幹部訓練班」副主任時，才「升回」了少將階級。[21]

到台灣後的日子，劉放吾一直住在屏東，生活過得很清苦。根據他的回憶：在退役之前，被指派了「閒差事」；他想著，閒著也閒著，薪餉又少得不足以養家活口，因而欲另謀出路，貼補家用。原本想開文具行，但因沒有本錢而作罷，後來看楊振漢營長經營「打煤球」的生意還不錯，於是在楊的指導與協助下，在屏東開了一間被稱為「將軍煤球」的店舖。[22]

劉放吾將軍的煤球行，一共經營了 7、8 年，直到「冒牌將軍」(或謂「真

---

19 同上註，頁 84。
20 劉放吾職務調動經歷，見：同上註，頁 78~79、84。
21 同上註，頁 76。
22 同上註，頁 71。按，「煤球」是煤渣加水及黃土，按一定比例，充分混合後，製成高約 15 公分的黑色小圓筒，圓面有若干貫通上下之通氣孔，曬乾後可長期儲存，但高度污染空氣，是台灣 5、60 年前家庭的主要燃料。

假團長」)的案子經報刊披露後,當時在台北經營「國泰煤氣行」的李宜榮先生因為佩服劉放吾將軍對國家民族的貢獻,乃主動協助劉將軍改行做比較輕鬆且易賺錢的「液化煤氣」生意;加上劉家子女也慢慢成長,可以幫忙家計,劉家經濟狀況才得以改善。[23]

先是,1947年11月,頂著「仁安羌大捷」光環的孫立人將軍,奉調陸軍訓練司令,在今天的鳳山陸軍官校訓練部隊,家住屏東機場附近的原日軍飛行第8聯隊聯隊長官舍(今屏東市中山路61號,現屏東縣文化處已闢為「孫立人將軍行館」對外開放參觀),占地1017坪,庭園廣大,花木扶疏,是當時地方最具代表性的高貴莊園。[24] 其後,孫立人將軍又先後擔任台灣防衛司令、陸軍總司令,一直到1955年「孫案」爆發,被「軟禁」在台中為止,他都居住於此。同一時間,真正締造「仁安羌大捷」的劉放吾將軍退伍前後,卻在離孫立人將軍行館咫尺之隔的陋巷中,以「賣煤球」養家活口;兩人際遇差異,何止天壤?此其間,愛談「統御領導」的孫立人將軍,可曾移駕來此陋巷,看過這位拿生命為他創造前途的老部下一眼?

幸而天佑英雄,青史沒有成灰。1963年8月23日,一個「冒充」第113團團長的男子林彥章,在香港因「金融詐騙」被捕;次日,香港《華僑》、《大公》、《星島》等3家華文報紙及英文《虎報》,同時以極大篇幅刊

---

23 同上註。
24 資料來自:屏東市「孫立人將軍行館」簡介手冊。

出了這件事情，此即所謂的「冒牌將軍案」。[25] 此案緣起於緬戰後期曾任英印第 36 師師長的菲士廷 (Francis Festing) 將軍，於 1949 年出任英軍駐香港司令後，有感國軍在仁安羌救援英軍之恩情，乃開始尋找這位率領這場戰鬥的「劉團長」。[26]

但菲士廷竟將「劉團長」當成了名字，幾經轉傳，變成了「林國章」，就由一個叫「林彥章」的人出來冒充。其後，林彥章在菲士廷照顧下，名利兼收，惟其貪得無厭，到處招搖撞騙，終在菲士廷離職後，案發被捕。[27] 其實菲士廷要找「真團長」並不困難，1949 年時英國與國民政府尚有邦交，孫立人將軍又是當紅的「台灣防衛司令」，打個電話或拍個電報到台灣問問即可，何必如此大費周章，還找錯了人？除非，後者不願透露。

然而，「假團長」出現了，「真團長」又何在？在新聞記者追根問底下，先在位於台灣新店一個叫「曲尺」地方的煤礦坑裡，找到了上校退役、幫助劉放吾將軍開煤氣行的當年第 113 營第 1 營營長楊振漢；再由楊振漢口中，打聽出了住在屏東，每天騎單車往返屏東、高雄，辛苦「賣煤球」

---

25 方寧，《孫立人將軍與緬戰》(香港：鏡報文話，1987 年)，頁 85；李偉，〈撲朔迷離的真假將軍〉，《折戟沉沙—英雄無淚》(台北：紅螞蟻圖書，2010 年 6 月，BOD 一版)，頁 256。
26 菲士廷少將於 1944 年 2 月 1 日，向史林姆報到，擔任其麾下的英緬第 36 師師長，見：William Slim, op. cit. p.235. 惟經筆者查證，菲士廷未曾參加仁安羌戰鬥，其尋找「劉團長」的動機，應係聽聞其事，受到感動。
27 方寧，《孫立人將軍與緬戰》，頁 85；李偉，〈撲朔迷離的真假將軍〉，頁 260~261。按，菲士廷於 1945~1947，及 1949 年，兩度出任香港英軍司令。

養家的「真團長」劉放吾將軍。[28] 1963 年 10 月 18 日，劉放吾將軍接受《徵信新聞報》(1968 年更名為《中國時報》) 專訪，親述「賓河之戰」過程，暢談解救英軍始末。[29] 至此，「劉團長」英勇、但鮮少人知的事蹟，才逐漸「撥雲見日」，重現於青天白日之下。

28　李偉，〈撲朔迷離的真假將軍〉，頁 262~63；劉偉民，《劉放吾將軍與緬甸仁安羌大捷》，頁 71。
29　《徵信新聞報》(台北：1963 年 10 月 18 日)，第 3 版。

第二節

遲來半個世紀的公道

　　由於 1963 年香港「冒牌將軍案」的發生，此段原本已經被掩蓋、扭曲與淡忘的「仁安羌之戰」，以及早被歷史長河湮沒的第 113 團「無名團長」，又重新喚起了世人的記憶，真相逐漸被耙梳浮現。一些人才開始慢慢知道，原來 1942 年 4 月在「仁安羌故事」中，真正解救英軍和美籍傳教士與記者的人，是沒有留下名字的第 113 團劉放吾團長，不是〈燕南羌戰鬥詳報〉與《緬甸蕩寇志》中所記載的新 38 師孫立人師長。

　　然而，劉放吾只是在「同源資料」〈燕南羌戰鬥詳報〉和《緬甸蕩寇志》的煙幕下，其「仁安羌大捷」中的「指揮」角色被掩蓋，功勞被掠奪。但是，英緬第 1 軍軍長史林姆將軍，雖然基於「面子」問題，用謊言「醜化」劉放吾所率領的第 113 團，以掩飾其在仁安羌被國軍所救的事實 (這種心理，

筆者姑謂其為「自悲性優越感」〔Inferiority Superiority complex〕）[30]；惟史林姆比誰都清楚，指揮「仁安羌之戰」的國軍「戰場指揮官」，從頭到尾都是第113團團長劉放吾，他的「手令」紙條交給、並寫上名字的人，是劉放吾上校(Colonel LIU fan wu 上校，見圖5-4)，而不是臨時來「插花」的孫立人師長。其戰鬥經過，也都詳細記載於《反敗為勝》中，只是為了「面子」問題，將被困在仁安羌的英緬軍，說成自己突圍出來，不是國軍所救而已。

也許是英國人「良心發現」，就在「仁安羌之戰」屆滿50周年又兩天的1992年4月21日，英國前首相柴契爾(The Baroness Thatcher)夫人，特別來到芝加哥卡爾登(Carlton)酒店，會見已93高齡的劉放吾將軍，向劉將軍及他所率領的第113團全體官兵，對1942年4月其拯救英軍的英勇事蹟，親自致上誠懇謝忱。這位任期最久(1979~1990)、曾派遣艦隊遠征阿根廷，贏得「福克蘭戰爭」(Falklands War，1982.4.2~6.14)，號稱「鐵娘子」(The Iron Lady)的英國前任首相，表達了英國人在這件事情上的愧疚與感激誠意，也反映了英國人在這件事上作過深切反省。1992年4月11日，美國洛杉磯《世界日報》大篇幅登載了這則新聞，標題是：「仁安羌戰役五十

30　Inferiority complex(自悲感)和Superiority complex(優越感)，原本是完全相反的「心理狀態」情節，但是常常相互重疊或影響，很容易發生在一般人身上。尤其是具有「種族優越感」的西方白人，常在失敗、挫折或沮喪時，卻不願面對承認，虛心檢討，反而誇大自己所為，隱瞞真相，刻意選擇「自我驕傲」行為；換句話說，就是由「自悲感」中衍生出的「自大狂」。這種行為會成「群體性」，美國近年來許多對中國大陸的作法，就是出自「集體的」Inferiority Superiority complex。

| 第七章 | 青史不會盡成灰　　　　　　　第二節 | 遲來半個世紀的公道

年紀念 英國軍民不忘救援恩 佘徹 (按，即柴契爾夫人) 特向劉放吾致謝」；內容如下：[31]

「我今天代表英國政府與人民，對你表示深深的謝意與敬佩，希望將來有時間，能坐下來聽你詳細述說當年怎麼打贏仁安羌戰役。」四月初，在芝加哥的卡爾登酒店大廳裡，英國前首相佘徹夫人握住劉放吾將軍的手，重提一九四二年四月二十日時中國入緬軍卅八師一一三團在仁安羌救出數千名英軍的舊事。

一九四二年一月，日軍大舉入侵緬甸…英軍在緬甸戰場上節節敗退，至四月中旬，日軍已追上英軍…英軍由於糧水不繼，在烈日炙烤下乾渴難熬，原已精疲力竭，再受到日軍陸空猛烈轟擊，死傷情重，實際上已「完全崩潰」，因而緊急向中國求援。

率領一一三團的劉放吾團長，就在這個危急時刻，馳援英緬軍師團，自四月十七日起的三晝夜激戰中，以一個團的兵力擊潰了日軍一個師，寫下中國軍隊以寡擊眾的記錄。據記載，當時已絕望的七千英軍及數百美籍記者和傳教士，在被中國軍隊解圍後情不自禁地高呼「中國萬萬歲！」感激之情溢於言表，而國府國防部也為中國軍隊揚威異域，特別訂每年四月廿日為「國軍克服仁安羌解救英軍日」。

今年四月廿日是仁安羌大捷五十周年，佘徹夫人四月初在美國前

---

[31] 《世界日報》(洛杉磯：1992 年 4 月 11 日)，記者沈正柔專訪。

總統雷根的經濟顧問拉菲爾博士(Dr. Arthur Leffer)安排下，會見旅美的劉放吾將軍。

據陪同前往芝加哥的劉放吾將軍次子劉偉民表示，佘徹夫人一見到劉放吾，立即快步向前握住劉將軍的手，殷殷致意。佘徹夫人說：「我聽過很多關於你的英勇故事，當年你不但救了七千多名英國人性命，同時也救了其他人性命。」佘徹夫人同時代表英國政府及人民，感謝劉放吾當年救援之恩。

劉偉民說：其父見到這位英前首相如此親切慰問，頓時熱淚盈眶，連聲說謝謝。高齡九十三歲，目前定居洛杉磯的劉放吾將軍依然軍人本色，他說：「我是軍人，打仗是我的職務。英軍是並肩作戰的友軍，友軍遭危難，援救也是應該的。」

筆者認為，柴契爾夫人突然拜訪劉放吾將軍，最大的意義，就是承認了1942年4月19日，國軍第113團團長劉放吾與全團官兵，在仁安羌營救了英軍7千多人，連帶美國記者與傳教士5百多人，也跟著脫困的事實；亦等於證實了史林姆回憶錄中所說，被救出的英軍，只是敦貢村的2百多名俘虜，仁安羌的英緬軍是自己跑出來的，為謊言。更值得注意的是，柴契爾夫人完全沒有提到孫立人將軍，等同間接否定了孫立人將軍在「仁安羌之戰」中所形塑的「指揮」角色。1992年4月21日，英國前首相柴契

爾夫人在芝加哥會晤劉放吾將軍狀況，見照片 18、19。[32]

照片 18 ／ 1992 年 4 月 21 日，英國前首相柴契爾夫人在芝加哥會晤劉放吾將軍（一）左立者，為劉將軍次子，劉偉民

照片 19 ／ 1992 年 4 月 21 日，英國前首相柴契爾夫人在芝加哥會晤劉放吾將軍（二）

同年 6 月 10 日，英國國防部長瑞佛金德 (Malcolm Rifking) 也致函劉放吾將軍，誠摯感謝他在 50 年前的艱苦戰鬥中，解救被圍英軍的恩情（見圖 7-4，右）。7 月 27 日，美國總統老布希 (George H. W. Bush) 寫信給劉放吾將軍，感謝並讚揚他在 1942 年營救 500 名美國傳教士與新聞記者的恩情與壯舉（見圖 7-4，左）；兩人也都沒有提到孫立人將軍。

32　資料來源：劉放吾將軍紀念網；照片 18 左之者為劉將軍次子劉偉民。

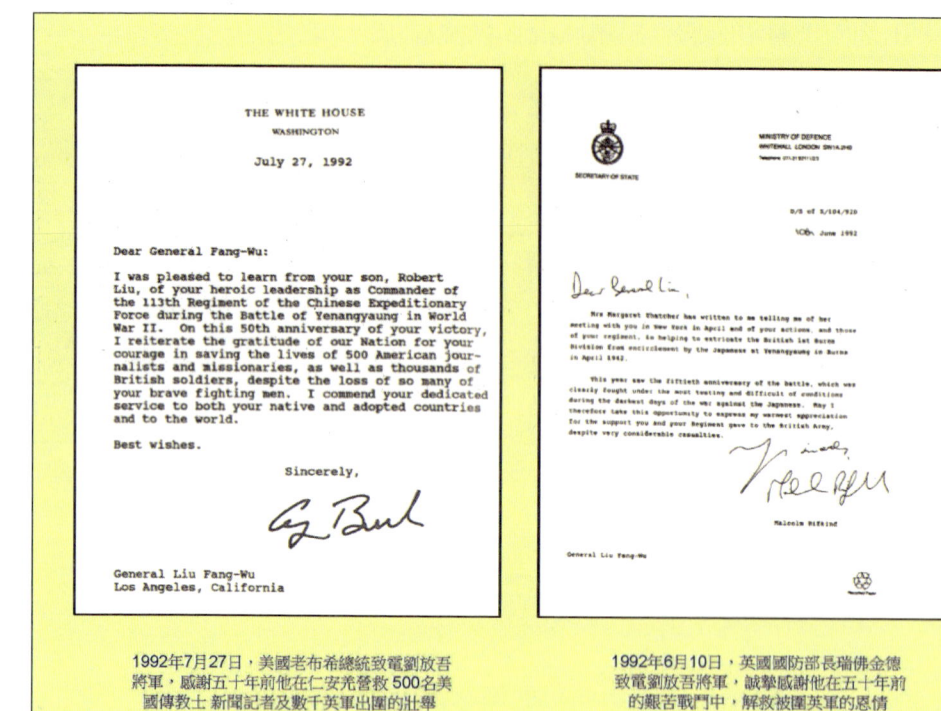

圖 7-4／美國總統老布希及英國國防部長瑞佛金德致劉放吾將軍的感謝函[33]

　　由於當時劉放吾將軍旅居美國加州洛杉磯，地方也同感榮耀。1992 年 8 月 20 日，加州州長威爾森 (Pete Wilson) 與洛杉磯 Count 議會議長戴納 (Deane Dana)，同時致函劉放吾將軍，對劉將軍 50 年前的英勇表現，致上最高敬意。[34]

33　資料來源：同上注；及劉偉民，《劉放吾將軍與緬甸仁安羌大捷》，頁 9~10。
34　劉偉民，《劉放吾將軍與緬甸仁安羌大捷》，頁 11~12。

這些雖是遲來的正義，但總算還了劉放吾將軍及國軍第113團全體官兵歷史公道，也讓為這場戰鬥壯烈犧牲的第113團英魂，包括張琦營長，享受應有的光榮，他們不但永遠活在我們每位中華兒女、炎黃子孫的心中，也永遠受到全世界反奴役、反侵略與愛好和平人們的崇敬。

1941年6月22日，納粹德國發動「德蘇戰爭」；12月7日，日本同步海軍「偷襲珍珠港」及陸軍發動「南方作戰」。就在美、英、蘇三個「同盟國」，被德、日兩個「軸心國」打得落花流水，前途一片黑暗，羅斯福、邱吉爾、史大林三巨頭焦頭爛額之際，唯有另外一個「一向不受重視」的「中國盟友」，在中國長沙及緬甸仁安羌打了大勝仗。

前者是指「第三次長沙會戰」的「長沙大捷」，[35] 但因在中國「國內戰場」，故未引起美、英、蘇等「同盟國」的太大注意；惟在「國際戰場」的「仁安羌大捷」卻不同，直接關係「同盟國」主要成員英國的殖民利益，並牽動英、美「同盟國」的「全球戰略」佈局，其戰勝不但鼓舞了「同盟國」的士氣，也成了劃破「同盟國」黑暗局面的一盞明燈。但劉放吾將軍創造「仁安羌大捷」的事蹟，卻被隱藏了半個世紀才「撥雲見日」，重現於青天白日，也不禁令人撫案噓唏。

2013年3月27日上午，當時總統馬英九在「英國貿易文化辦事處」代表胡克定 (Chris Wood)、國防部長高華柱、參謀總長嚴明等人陪同下，

---

[35] 有關「長沙第三次會戰」之狀況與評論，可參：何世同，《堅苦卓絕》，頁272~281。

於總統府接見了「仁安羌大捷」中被中國軍隊解救,並長期宣揚國軍戰史的英軍退役上尉費茲派翠克伉儷(前文已介紹其人);3月28日《青年日報》以頭版整版及第3版,報導了這則消息(見圖7-5)。報導中說:[36]

> 馬總統致詞時首先表示,一九四二年四月中旬,我遠征軍新三十八師一一三團在團長劉放吾將軍率領下,與當時遭到圍困的英軍官兵奮力擊退日軍,使友軍順利北返,並援救英美記者、家屬及傳教士等,締造「仁安羌大捷」。
>
> 馬總統表示,劉將軍與一一三團官兵的英勇事蹟,一直隱沒逾半世紀之久,直到一九九二年,英國前首相柴契爾夫人造訪劉將軍,此事蹟才公諸於世。其後我政府也特別頒發劉將軍褒揚令,表彰渠卓越貢獻。
>
> 馬總統指出,此役我軍雖擊退日軍,但傷亡慘重,且時值第二次世界大戰,戰場異常艱辛,我軍能於其時贏得第一場勝仗,不但盟軍士氣大振,亦為抗戰史上境外取勝的首役,極具正面意義。另外,在此役發生後的九個月,中華民國分別與美國、英國在華盛頓簽訂了平等互惠新約,亦顯見國際社會並未忽略我軍對此役的貢獻。
>
> 馬總統進一步指出,費茲派翠克上尉回憶渠之親身經歷,分別完成《No Mandalay, No Maymyo-79 Survivors》及《Ditched in Burmai》兩本著作,不但還原緬甸作戰真相,且將本段可歌可泣的史實呈現在

---

36 《青年日報》(台北:2013年4月28日,頭版),記者謝宗憲報導。按,當時《青年日報》社長兼發行人,為現任黎明文化事業有限公司(即黎明出版社)總編輯楊中興先生。

世人眼前。

在上述馬前總統的講話中，清楚指出劉放吾將軍與第 113 團的英勇事蹟，被隱沒逾半個世紀的事實，雖然沒有批評孫立人掩蓋歷史、掠奪部下功勞事，但也等於為長久以來到底是孫立人或是劉放吾創造了「仁安羌大捷」的爭議，作了一鎚定音的認定。

圖 7-5 ／ 2013 年 3 月 27 日，馬英九總統接見英國老兵費茲派翠克上尉[37]

---

[37] 右下照片中立者，為國防部長高華柱，是筆者陸軍官校 37 期同期同學，學生時代的「實習團長」。

不過，馬前總統並沒有放過對孫立人將軍「與部屬爭功」的批評；他在2022年4月19日，由「馬英九基金會」與「政大人文中心」合辦的「中國遠征軍第一次入緬作戰80週年座談會」中，以〈紀念仁安羌戰役還原中國遠征軍的光輝歷史〉為題，發表演講，對孫立人將軍作了批判；他說：

>…當時遠征軍新38師師長孫立人將軍的任務是戍守距仁安羌240公里曼德勒〔瓦城〕的指揮官，他自行前來仁安羌的任務屬於督導性質，不是指揮，因為他的權責仍是曼德勒衛戍司令。

>中國遠征軍派往仁安羌的只有第113團一個團，是羅卓英司令長官接受盟軍之請求，交由英緬軍斯利姆〔William J. Slim〕將軍領導為英軍解圍部隊。當年劉放吾團長在戰地是直接聽命於斯利姆將軍前往仁安羌地區替英軍解圍的唯一部隊；而依照孫立人師長的行程，他由曼德勒經瓢背趕到仁安羌前線時，已是18日晨8時，自然不可能指揮正在激戰中的第113團。但在斯利姆將軍同意下，曾參加相關作戰會議，提供意見。近年來的檔案資料、往來電文，包括蔣委員長的日記與手令，都證實作戰是由團長劉放吾直接指揮。

>…在仁安羌大捷中，113團劉放吾團長出力最多、犧牲最大〔200多位官兵殉國〕。他對內有孫立人將軍與部屬的爭功，對外有英軍長官說謊誣過，受盡委屈數十年，歷史早就應該還他公道了！[38]

38　馬英九，〈紀念仁安羌戰役還原中國遠征軍的光輝歷史〉，收入：馬英九基金會，《中國遠征軍第一次入緬作戰80週年座談會論文集》(台北：馬英九基金會、政大人文中心，2022年7月)，頁3~4。

| 第七章 | 青史不會盡成灰　　　　　　第二節 | 遲來半個世紀的公道

　　馬前總統所說觀點，概同於本文所述，及筆者 2017 年 6 月在《國防雜誌》刊登〈1942 年「仁安羌之戰」始末〉[39](見圖 7-6) 之專文論點。惟雖還了劉放吾將軍公道，但對孫立人將軍還是顯得「輕輕放下」，只說了他「與部屬爭功」，對其「擅離職守」也僅「點到為止」，並沒有多談他「掩蓋真相」與「扭曲歷史」的部分。

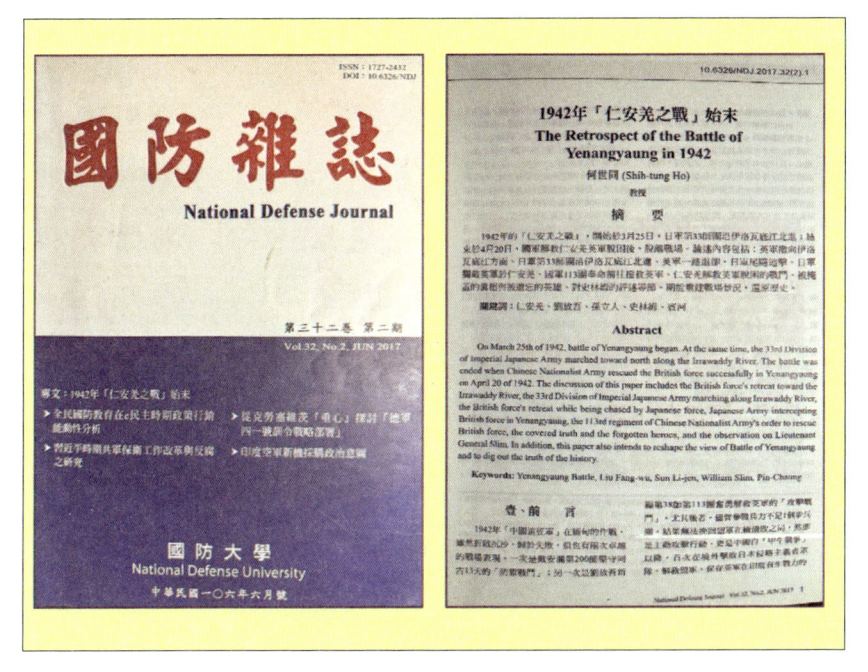

圖 7-6 ／《國防雜誌》第 32 卷第 2 期封面及〈1942 年「仁安羌之戰」始末〉首頁

39　何世同，〈1942 年「仁安羌之戰」始末〉，收入：國防大學，《國防雜誌》，第 32 卷，第 2 期 (桃園：國防大學，2017 年 6 月)，頁 1~48。另，本文刊出後，筆者接到《國防雜誌》承辦單位告知，有一位自稱劉放吾將軍之子的旅美僑領，托人訂購 1 千冊本期《國防雜誌》，要分送其友人；據筆者後來所知，此人就是劉放吾將軍次子劉偉民先生，而以劉偉民先生與馬前總統之交情 (報載，馬英九先生卸任總統後的 . 訪美行程，多由劉安排)，必會將此文呈送其鈞閱。筆者所言，可受當事人檢驗。

第三節

劉偉民為爭取父親歷史榮耀的努力

1942年4月，劉放吾團長締造的「仁安羌大捷」，真相被扭曲掩蓋、甚至連「劉團長」3個字都不存；直到21年4個月後的1963年8月，轟動港台的「冒牌將軍案」發生，「劉團長」的名字方為世人所知。到了50年後的1992年4月，英國前首相柴契爾夫人到美國芝加哥拜訪劉將軍，代表英國政府及人民感謝劉將軍率領第113團解救英軍的恩情與壯舉，這樁被掩蓋半個世紀的真相，才出現「撥雲見日」的柳暗花明發展。

在這漫長的半個世紀中，劉放吾將軍不去跟孫立人將軍爭功，也絕口不談仁安羌立功事，但其事業有成的次子——美國聖母大學劉氏亞洲研究學院捐贈創辦人劉偉民先生，卻深感其父事蹟被扭曲，真相被掩蓋的「心結未解」，一直鍥而不捨地出錢出力，四處奔走，為其父爭取應該屬於他的榮耀與歷史定位而努力，孝心和毅力令人感動佩服。

根據劉偉民所說，其父在世之時，這段歷史已經被扭曲了；百年之後，子孫如何明白「仁安羌大捷」在中國現代史上的重要性？因此，他特別留意搜集相關的史料，希望能出一本書，藉此著作，將這段歷史的真相，忠實地流傳後世；卻因學業、事業兩忙，一再耽擱。1994年上半年，劉放吾將軍幾度病危住院，劉偉民開始積極整理手頭有關劉將軍指揮「仁安羌之戰」的資料，準備付梓，書名定為《劉放吾將軍與緬甸仁安羌大捷》（見圖7-7）。遺憾的是，終究遲了一步，劉放吾將軍已在6月29日清晨辭世，沒有看到這本書的出版。[40] 劉偉民在本書〈後記〉中寫道：[41]

> 身為人子，我始終深以父親心底的痛為痛，卻難以化解父親心上的結，《劉放吾將軍與緬甸仁安羌大捷》出版，至少讓後世清楚知道，一如英緬軍第一軍團長史萊姆將軍所說：一九四二年四月二十日，在緬甸仁安羌率領中國遠征軍新三十八師一一三團出生入死，擊潰日軍並解救英軍的是劉放吾將軍。
>
> 五十二年後，我以《劉放吾將軍與緬甸仁安羌大捷》一書，向當年隨父親出生入死的弟兄們致上最崇高的敬意。同時，我要將此書獻在父親靈前，並且告訴他：「爸爸安息吧！您的子子孫孫將永遠以您為榮。」

40　劉偉民，《劉放吾將軍與緬甸仁安羌大捷》，頁99。
41　同上註，頁99~100。

圖 7-7 ／劉放吾將軍及劉偉民所著《劉放吾將軍與緬甸仁安羌大捷》

　　劉偉民說：父親生前從不提戰功，卻常說當年帶出去的子弟兵，許多卻永遠也無法把他們帶回來；他們看不到妻兒，見不到爹娘，這些年輕的生命，為國家、為民族戰死沙場，甚至屍骨無存。父親每次和兒女提及此事，都會感慨而唏噓。我們可以感受到他老人家心底的那份心酸和悲涼。[42]

42　劉偉民，〈八十年前的今天〉，收入：馬英九基金會，《中國遠征軍第一次入緬作戰 80 週年座談會論文集》，頁 17。

劉偉民又說：[43]

> 近年來，尤其令人倍感傷痛難忍的是，二戰之後中國遠征軍在緬甸的墓地和墓碑大多被鏟平，以致中國在二戰中用鮮血建成的功勳遺跡也被一一抹去；而英國在仰光建立的國家公墓，氣勢恢宏，整個大英國協在二戰中在緬甸陣亡的官兵，有遺骸的，沒有遺骸的，有名的，無名的，都在那裡得到了安息和祭奠，即便日本作為一個戰敗國，也在戰後透過各種途徑，在全緬甸日軍曾經作過戰的地方，修建大量為慰靈紀念碑，甚至連戰馬都受到供奉。
>
> 我們的父輩，中華民族的英雄，為國犧牲生命，70 年來，竟落得客死他鄉，魂歸無處，我們身為炎黃子孫，身為遠征軍後人，面對此情此景，心中能無感慨？
>
> 2013 年 1 月 13 日，我們劉放吾將軍的後人，在緬甸仁安羌古戰場，籌建完成「仁安羌大捷紀念碑」，為前輩先烈招魂安靈。做為後代子孫的我們，今後無論如何宣傳？如何紀念？如何歌頌？都不為過！
>
> 同年 7 月 7 日，將他們的靈位，迎回老家的南嶽衡山忠烈祠，了卻了他們的團長劉放吾將軍生前的心願，我真的此生何幸，能夠陪伴他們走完回鄉的最後一程。

---

43 同上注，頁 17~18。英國在仰光建立的國家公墓，見照片 20。

…父親去世後,我在整理他的日記時,看到了他引用唐詩陳陶的〈隴西行〉:「可憐無定河邊骨,猶是春閨夢裡人」;父親一生戎馬,馳騁沙場,但這短短的兩句詩,道盡了戰場的殘酷和無奈,更襯托出英雄們的兒女情長…我們永遠不會忘記中國遠征軍,我們的前輩先烈用鮮血和生命寫下的這部歷史。他們為國家、為民族所作出的貢獻,將「永垂青史」!

照片 20／英國在緬甸仰光北郊濤建 (Taukkyan) 的「戰爭紀念公墓」[44]

44　資料來源:網路 http://www.fengtipoetcclub.com>trueman-e80.

2013 年 7 月 7 日，劉偉民扶著第 113 團在仁安羌壯烈犧牲的 202 位官兵靈位，來到湖南衡陽的「南嶽忠烈祠」，奉厝於「享堂」；總算了卻了劉放吾將軍生前第一大心願(見照片 21)。[45]

「南嶽忠烈祠」建成於 1943 年，距南嶽古鎮僅 4 公里，坐落在風景秀麗的「香爐峰」下，峰巒起伏，松柏掩映，溪水環抱，公路盤旋，是中國建築最早、規模最大的抗日戰爭紀念地之一，與雲南騰衝的「國殤墓園」，同為國民政府在大陸時期，為紀念抗日陣亡將士而建造的大型墓園。「享堂」位於峰頂，中門上有蔣委員長所題「忠烈祠」牌匾。1944 年「長衡會戰」日軍佔領衡山，對忠烈祠進行了大規模的摧毀；抗日戰爭勝利之後，國民政府予以重修。中共政權建立後，這裡又遭嚴重破壞；祠內原本有許多國民政府時期軍政要員題寫的碑刻匾額，大都在 1953 到 1956 年間，被湖南省人民政府下令鑿毀。其後的「文化大革命」，又幾乎將所有的烈士墓葬都挖掘殆盡，骨灰隨處拋撒。直到 1983 年開始，祠堂方獲得保護，修復了部分墓地，並用複製品或後人的新作，代替了被毀的題刻；所以，現在「享堂」內的石碑，除總神位外，都是使用簡體字，像「南嶽」就寫成「南岳」。[46] 無論如何，這些 71 年前魂斷佛國的中華民族英靈，終於魂兮歸來，回到了故土安息。

45　資料來源：劉放吾將軍紀念網。
46　郝柏村口述‧傅應川、何世同、胡筑生、黃炳麟筆記‧何世同繪圖綜合，《郝柏村重返抗日戰場》(台北：天下文化，2015 年 6 月 29 日 1 版，2017 年 3 月 15 日 3 版 2 刷〔增印〕)，頁 164~165。

照片 21／2013 年 7 月 7 日，劉偉民扶著「仁安羌之戰」陣亡官兵靈位入祀「南嶽忠烈祠」

此外，由劉偉民先生籌建，於 1913 年 1 月 13 日揭幕的「仁安羌大捷紀念碑」，座落於賓河南岸，「仁安羌大捷」主戰場的 501 高地西側，緊鄰公路，由賓河沙洲上遠眺，見照片 22。[47]

47　資料來源：中國遠征軍網。

照片 22 ／在賓河沙洲上，遠眺「仁安羌大捷紀念碑」

　　紀念碑外觀呈緬甸式佛塔狀，塔高 50 英尺，鮮艷的金黃色塔身，安立在一人身高的白色大理石四方基座上，基座每面皆刻有黑字碑銘。北面(朝向故土中國)為正門，刻有「仁安羌大捷紀念碑」8 個黑色大字，襯以白底，格外醒目，題字者為現任台北市長蔣萬安之父、時任中國國民黨副主席的蔣孝嚴先生(見照片 23)。[48]

48　資料來源：劉放吾將軍紀念網。

照片 23／「仁安羌大捷紀念碑」正面

　　紀念碑正西為「仁安羌大捷一一三團參戰將士名錄」，及英國首相撒切爾（即柴契爾）夫人面謝劉放吾時語（中文）、英國國防部長致劉放吾感謝函（英文）、馬英九頌劉放吾〔總統褒獎令〕。正南標題為「魂兮歸來」，下刻劉偉民所撰祭文。正東為「仁安羌大捷戰史」，並附英譯；其中文部分如下：[49]

49　同上註。

| 第七章 | 青史不會盡成灰　　　第三節 | 劉偉民為爭取父親歷史榮耀的努力

　　民國三十一年春（公元一九四二年）日軍大舉侵緬，危及援華抗戰物質運輸線。

　　國民政府以十萬中國遠征軍入緬協同盟軍抗擊日軍，阻其侵略中國、聯合德意屠戮亞歐之野心。

　　時戰事風雲變幻，四月十七日凌晨，日軍搶佔要道，圍困英緬軍第一師於仁安羌油田區，擬予全殲。

　　當日新三十八師一一三團團長劉放吾接獲英緬軍司令面交親筆手令求援，經以無線電請示師長孫立人并獲同意後，即刻率部馳援仁安羌，以不足一團僅八百餘人與敵鏖戰三晝夜，犧牲張琦、顧紀長、李耀林等二百零二位官兵，擊潰數倍於己之敵，解救被圍被俘英軍及家眷、英美記者、傳教士等七千五百餘人，史稱仁安羌大捷。

　　今立此碑，記載中國遠征軍一一三團英雄事迹，緬懷先烈，以為千秋史證。

中國遠征軍網 泣立

公元二〇一三年 一月十三日

　　由於受到塔座空間限制，碑銘中無法寫上太多文字的關係，對孫立人師長在「仁安羌之戰」中的角色，只以「當日新三十八師一一三團團長劉放吾接獲英緬軍司令面交親筆手令求援，經以無線電請示師長孫立人并獲同意後，即刻率部馳援仁安羌」簡單帶過，但卻涵義深遠。

　　首先，已明確指出，「指揮」第113團創造「仁安羌大捷」的人，是劉放吾團長，不是孫立人師長。其次，劉偉民撰此「戰史」時，也沒有忘

掉孫立人師長的「上級」角色，甚至在正西「仁安羌大捷一一三團參戰將士名錄」上，都將不是第113團的孫立人，列在最前面，稱呼是「長官〔新三十八師師長〕」，表現了他含蓄與厚道的一面。不過，筆者認為，如果能在正東碑文中加上方框內的幾個字，為：「經以無線電請示師長孫立人，師長於轉報司令長官部，并獲同意後」，就符合歷史的真相了。但碑文既是，在不能打掉重建的狀況下，筆者僅是提出自己的意見而已。

經過柴契爾夫人造訪劉放吾將軍，並致當年解救英軍的誠摯謝意，雖然劉將軍「指揮」這場戰鬥的真相，已然「撥雲見日」，呈現在青天白日下，但歷數十年的「積非成是」，孫立人將軍締造「仁安羌大捷」的故事，亦早就深植人心，要改變此一根深柢固的刻板印象，似乎也不太容易。

例如：2015年7月7日，「蘆溝橋事變」爆發70週年當天，《聯合報》新聞部記者群編輯出版了《被遺忘的戰士》一書；該書2016年7月7日的《增訂本》中所載「英勇中國遠征軍—孫立人陣地三得三失」文中，「孫立人甚至擊潰日軍，解救七千英軍」(見圖7-1)，所指即「仁安羌大捷」事，已如前述。

2015年11月28日，佛光山台北道場舉辦「孫立人將軍115歲冥誕紀念法會」，馬英九總統親臨致詞，他說：「孫立人將軍所率領的第38師，從貴州馳援緬甸，人數不過7,000多人，副師長齊學啟所率領的第113團更不到800人，卻締造二戰史上知名的仁安羌大捷」。[50] 但同一天的〈總統

50　《世界日報》(紐約：2015年11月29日，A8板，台灣(二))，記者林上祚、賴錦宏台北報導。

府公告〉卻載:「...新編第38軍113團劉放吾團長以不滿一個團的800官兵,在緬甸擊敗近4,000餘名的日軍,成功解救仁安羌被困英軍、傳教士及新聞記者7,000餘人⋯。」[51] 兩者所載,對「指揮者」的認定,可謂天差地別。但馬英九主導的總統府沒有必要在這個題上說謊;要之,就是媒體中的有心人,在報導裡直接篡改了馬總統的講話內容。由此亦可見,直到當時,社會大眾對「仁安羌大捷」的認知,還是相當歧異。

另外,1966年5月由國防部史政編譯局編撰的《抗日戰史》,可視為「官版」國軍抗戰「正史」,但一直到1982年10月再版,都還沿用《緬甸蕩寇志》孫立人師長「星夜由曼德勒趕到前線指揮」仁安羌戰鬥的說法,未見修正。1995年1月30日,國防部史政編譯局又編撰了《國民革命軍戰役史》叢書,其第四部《抗日》所載:「(1942年)四月十五日,日軍陷仁安羌,包圍英軍第一師。遠征軍新編第三十八師奉命馳援,救出英軍七千餘人。」[52] 不但寫錯了日軍迂迴到達仁安羌北面的時間,是4月17日,不是15日;而且國軍馳援英軍的兵力,是第113團,也不是奉蔣委員長親自下令擔任曼德勒守備任務的新38師。

又如:2023年8月14日,筆者走訪重慶南岸區「黃山抗戰遺址博物館」中的「雲岫樓」;此兩層樓西式建築,因抗戰時期蔣介石委員長常駐於此,故被稱為「蔣介石官邸」。館內呈列了許多抗戰史料,其中也包括了「仁

---

51 劉偉民,〈歷史的真相會消失嗎?〉演講記錄,紀念全民抗日戰爭爆發八十周年學術研討會(台北:政大社資中心數位展演廳,2017年7月7日);收入:劉放吾將軍紀念網。
52 國防部史政編譯局編撰,《國民革命軍戰役史第四部・抗日》,冊4(台北:國防部史政編譯局,1995年1月30日),頁339。

安羌大捷」，所載文字為：「1942年4月，中國遠征軍新編第38師師長孫立人率部在緬西戰略要地仁安羌地區營救出被包圍的英軍7000餘人，取得仁安羌大捷。」(見照片24)[53] 將這場大捷的功勞，還是算在孫立人身上。

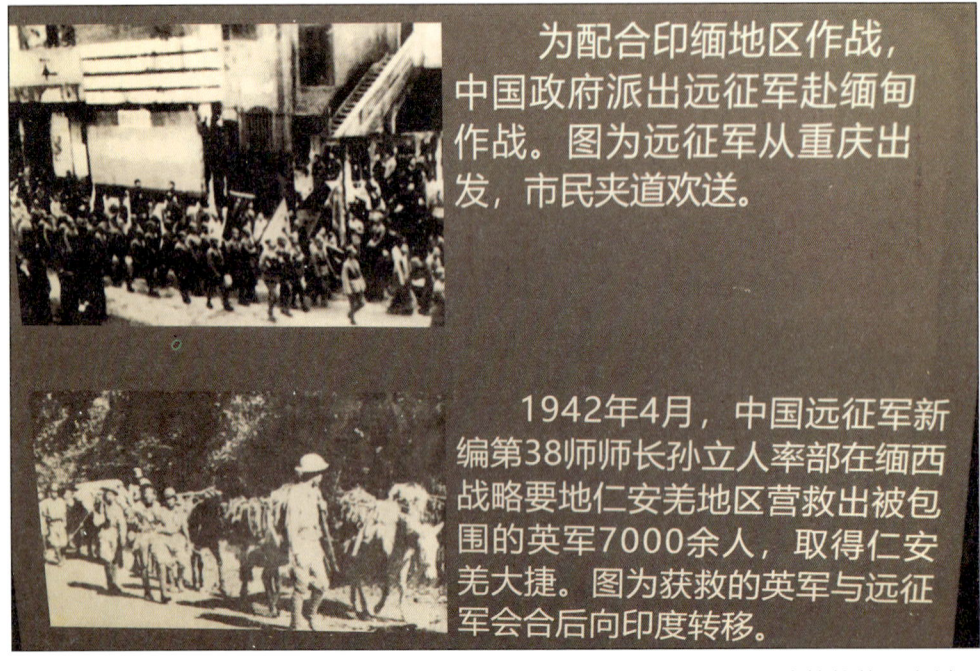

照片24／重慶「黃山抗戰遺址博物館」雲岫樓展示孫立人在仁安羌營救英軍資料

由這些狀況看來，「仁安羌大捷」的真相雖然已被揭開，但在這件事情上，孫立人師長仍然繼續占著劉放吾團長的光環；若要正本清源，還給「真英雄」應有的榮耀，讓「仁安羌故事」回到原本的面貌，恐怕還有很長的路要走。

53　筆者攝於2023年8月14日。

第四節

劉放吾將軍樹立了黃埔永遠的典型

「八年全面抗戰」期間，中國出了兩位「家喻戶曉」的「團級」人物，一位是「蘆溝橋事變」開抗戰第一槍的第29軍第37師第219團吉星文團長，另一位是死守「四行倉庫」的第72軍第88師第262旅第524團謝晉元團附，他們都成了全民心目中的英雄。但是，還有一位揚威「國際戰場」，解救盟軍，甚至可能改寫二戰歷史，更可歌可泣的「劉放吾團長」，則鮮為人知，而代之接收榮耀者，卻是其直屬長官「孫立人師長」，誠國軍編寫抗戰歷史最不可思議的事情。

當時日軍「聯隊」，約比照國軍「團」；但前者編制人數為 3,747 人（見前文），武器裝備精良，訓練嚴格，若加上空優條件，其戰力至少為國軍「滿編團」之 5 倍以上。劉放吾率領的第 113 團，以不足千人之數，竟能在敵軍如此優勢兵力、火力制壓下，強渡賓河，擊潰一路摧枯拉朽追擊英軍而來的日軍第 33 師團第 214 聯隊，解救 7 千餘名英軍脫困，創造了「以寡擊眾」的輝煌戰果，確實難得。在「物質力」不成對比的狀況下，筆者認為其致勝關鍵，當在「精神力」壓倒日軍，讓「屢勝而驕」的日軍，「心理上」受到奇襲所致。

像這樣的奇蹟戰例，在中國歷史上並不多見，但也偶有；例如：公元前 207 年 (秦二世三年)12 月，趙王歇被秦軍 40 萬圍於趙都鉅鹿 (今河北邢台市平鄉縣西南)，項羽率楚軍 5 萬，渡漳水 (黃河北支流)，以「破釜沉舟」示必死之心，大破秦軍，解趙都之圍；是為「鉅鹿之戰」。[54] 其狀況，如圖 7-8 示意。[55]

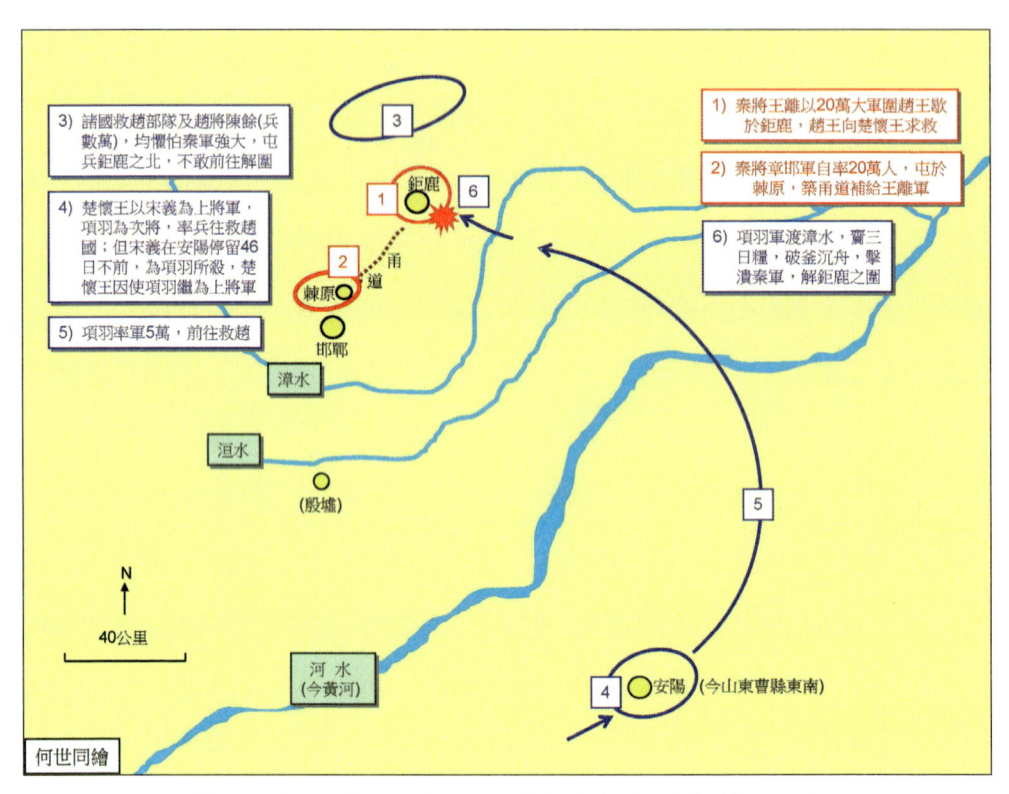

圖 7-8 ／公元前 207 年 12 月「鉅鹿之戰」經過狀況示意

---

54 〔西漢〕司馬遷，《史記》(台北：鼎文書局，1997 年 10 月)，卷 7，〈項羽本紀第七〉，頁 304~307。
55 本圖參考：錢棟祥，《中國歷史地圖集》(台北：天衡文化圖書公司，1995 年 10 月)，頁 18。

又如：公元前 204 年 (漢高帝 3 年)，漢將韓信率 1 萬 2 千人，出井陘 (今河北井陘東)「背水為陣」，以「置於死地而後生」的決心，擊滅趙軍 20 萬；是謂「井陘之戰」，經過狀況如圖 7-9 示意。[56]

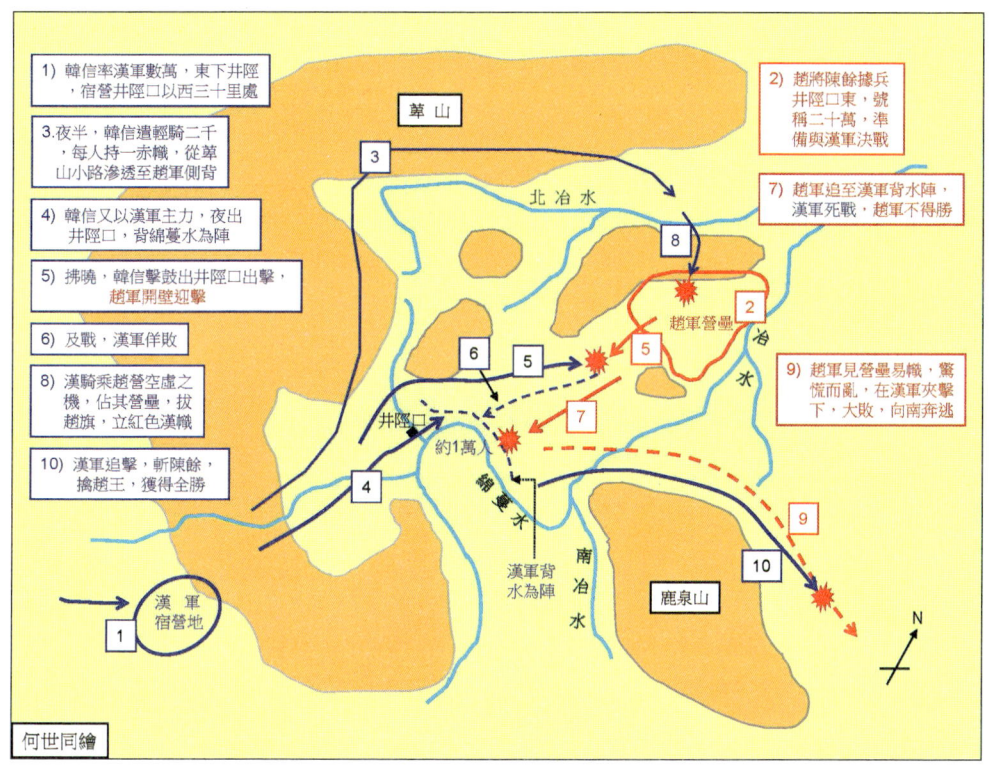

圖 7-9／公元前 207 年 (漢高帝三年)「井陘之戰」經過示意

56　《史記》，卷 92，〈淮陰侯列傳第三十二〉，頁 2613~2617。及錢棟祥・譚松壽編著，《中國歷史地圖集》，頁 18，井陘之戰。

再如：公元23年，劉秀率「敢死者三千人」，與昆陽(今河南葉縣)城內8、9千守軍，裏應外合，「擊滅」王莽軍42萬；是為「昆陽之戰」。[57] 其致勝憑藉，都是在「精神力」上，壓過敵人。

西方亦有這樣的例子，例如：1796年11月14日，拿破崙於義大利北部的隆科(Ronco)附近渡Adige河，與優勢奧軍會戰；拿破崙三戰三敗，退守隆科，幾瀕於絕境。11月17日入夜，拿破崙再次率部渡河，求敵決戰，先派遣Hercule中尉率領50名騎兵，攜帶軍號，乘夜秘密由南迂迴渡過Alpone河，到達亞哥拉(Arcola)鎮東南方，從奧軍側背處，馬隊併列，號聲齊奏，配合馬塞那(Masseno)師由亞哥拉橋西之正面攻擊，及奧傑羅(Augereau)師之南翼側面進攻，疾馳突入奧軍陣線，一舉擊潰奧軍。[58] 1976年11月17日午後3時，法、奧兩軍在亞哥拉附近態勢，見圖7-10示意。[59]

---

57 〔南朝‧宋〕范曄，《後漢書》(台北：鼎文書局，1996年11月)，卷1上，〈光武帝紀第一上〉，頁5~9。劉秀，即東漢光武帝。
58 拿破崙戰史編撰小組，《拿破崙戰史》，頁41~43。
59 Count Yorck von Wartenburg ,op.cit, p.17-b.

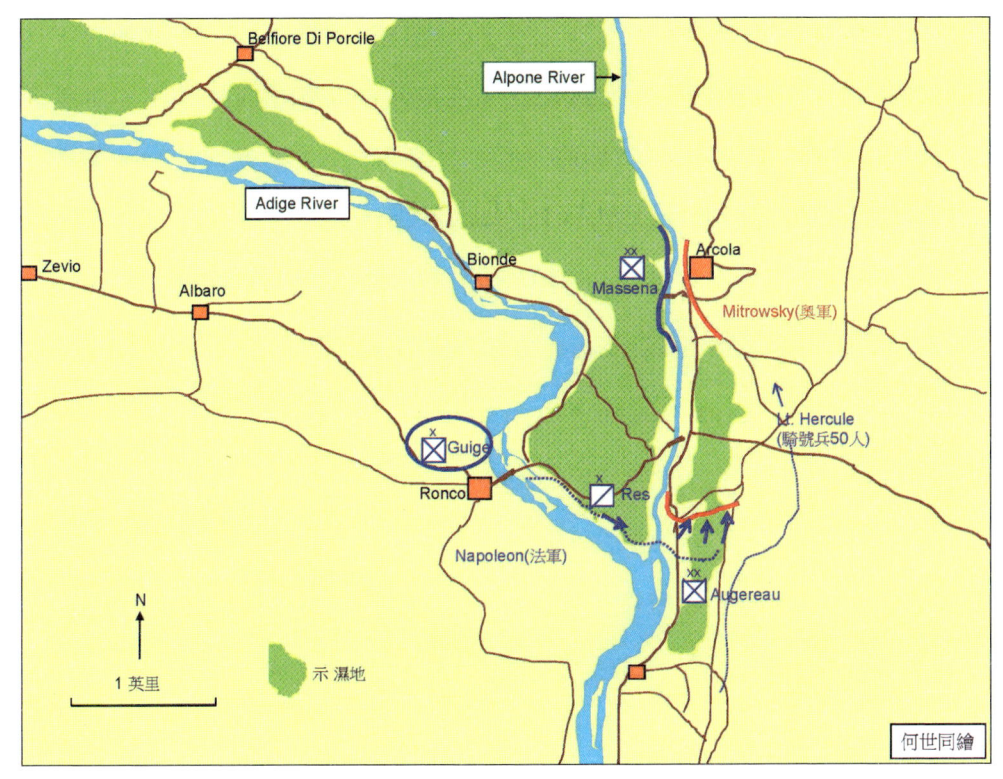

| 第七章　青史不會盡成灰　　　　　第四節　劉放吾將軍樹立了黃埔永遠的典型

圖 7-10 ／ 1976 年 11 月 17 日午後 3 時，法、奧兩軍在亞哥拉附近態勢示意

　　劉放吾將軍創造「仁安羌大捷」，其兵力與戰場規模雖不及前述諸戰，但發揮「精神力」極致之神髓，卻遠遠過之；相較於孫克剛謂孫立人將軍為「中國軍魂」，與孫家「水電工」鄭錦玉讚孫立人將軍為「一代戰神」，其實都是在歌頌劉放吾將軍。因為，孫立人將軍被稱為「軍魂」、「戰神」的基礎，大部分是建立在掠自劉放吾將軍的「仁安羌大捷」戰功上；如果抽掉這原本屬於劉放吾將軍的戰功，孫立人將軍恐怕只是一個尋常「戰場指揮官」而已；放眼八年抗戰，這類人物，何止千百？

惟項羽、韓信、劉秀、拿破崙，以此成王、成侯、成帝、成皇；而劉放吾將軍不但沒有被列入「一代名將」之林，反而幾遭歷史遺忘，毋寧怪事？若非1963年爆發的「冒牌將軍案」，以及1992年英國首相柴契爾夫人親向劉放吾將軍致謝，後者恐從此埋名於歷史洪流。

劉偉民說：來台後，劉放吾將軍又接受孫立人將軍徵召，在鳳山練兵，只盡心完成交付使命，絕口不提仁安羌戰功被抹煞的委屈。1955年，孫立人將軍遭「軟禁」之後，劉將軍也因「時忌」，不能提及自己與孫將軍的淵源，「仁安羌之役」甚至在軍史資料上都被輕描淡寫，一筆帶過。孫立人將軍晚年被解禁後，部屬都為他慶幸，劉放吾將軍也覺得孫將軍對國家貢獻卓著，對多年來「軟禁」遭遇深為同情，因此又不便再提仁安羌戰功。[60]

劉放吾將軍創造了「仁安羌大捷」，功勞被孫立人將軍奪去，但劉放吾將軍並沒有去跟孫立人將軍「爭功」；不過，「不爭功」並不代表「心甘情願」，也不表示「沒有意見」，只是隱忍內心「不平情緒」罷了。劉偉民回憶：

> 從小，我常聽學校老師、眷村鄰居及軍中長官與部屬誇讚父親在仁安羌的英勇故事；但是生性木訥、不善言辭的父親，卻很少在子女面前重提仁安羌戰役。

60　劉偉民，《劉放吾將軍與緬甸仁安羌大捷》，頁98。

對父親來說，投考軍校就理當善盡軍人職責報效國家；他率領一一三團擊敗日軍第三十三師團（按，應作第 33 師團第 124 聯隊）並解救被圍英軍，也不過是盡軍人本份。

　　直到有一天，他看完「最長的一日」電影回家，獨自悶坐屋內，我探頭詢問時，發現父親眼眶內閃著淚光；他長長嘆了一口氣，我才察覺父親心底深埋著委屈。[61]

　及至暮年，劉放吾將軍夫婦隨其子女隱居美國，更是心如止水，不談這段往事。有一次，他在紐約發行的《世界日報》上，看到一篇和《緬甸蕩寇志》內容一模一樣的「仁安羌大捷」文章時，亦僅在剪報上輕輕眉批「杜撰」兩字，聊抒「無奈」或「不平」之情而已 (見圖 7-11)[62]。

---

[61] 同上注，頁 96。按，The Longest Day，是一部 1962 年出品的膾炙人口美國戰爭片，描寫 1944 年 6 月 6 日盟軍「登陸諾曼第」第 1 天的戰鬥狀況；由約翰韋恩、李察波頓、史恩康納萊、亨利芳達等巨星領銜主演。

[62] 資料來源：劉放吾將軍紀念網。

圖 7-11／劉放吾將軍見報載「仁安羌大捷」事，眉批「杜撰」兩字

　　何以如此？筆者認為，劉放吾面對功名的低調淡泊，除了其「忠恕」本性與「武德」修養外，一定還有其他原因。

　　2014年10月10日，筆者造訪仁安羌古戰場，站在501高地上，賓河風景盡收眼底，當年鐵橋已不見，新建的公路大橋橫躺在攸攸水流中；瞭望對岸，一片無際平原，翠綠寧靜，讓人很難想像，70多年前這裡曾是中國、日本、英國、美國、緬甸、印度、澳大利亞人生死相鬥的「國際戰場」。

| 第七章 | 青史不會盡成灰　　　　　第四節 | 劉放吾將軍樹立了黃埔永遠的典型

　　此情此景，讓筆者不覺陷入了沉思，突然有置身當年戰場的感覺，彷彿耳邊響起國軍第113團官兵奮勇衝鋒的吶喊。就在腳底的這塊土地上，日軍從泰緬邊境一路「摧枯拉朽」，打得英軍「抬不起頭來」的部隊，竟被劉放吾指揮人不滿千的國軍第113團，一舉擊潰，狼狽而逃。但第113團也在前仆後繼的戰鬥過程中，碧血橫飛，傷亡大半，其中202人還來不及享受青春人生，就為中華民族獻出了自己寶貴的年輕生命；這應是劉放吾將軍心中永遠的悲痛，也使筆者豁然想通，劉放吾將軍為何不與其長官孫立人將軍爭功的原因。

　　在這場血戰中，從湖南桂陽老家一路追隨劉放吾將軍南北征戰的子弟兵，有這麼多人在這裡劃上他們的人生句點，但連個最起碼的葬身之地都沒有，而劉放吾將軍本身卻得以倖活下來；因此，他一輩子最放不下的，大概就是對這些魂斷佛國子弟兵的歉疚與懷念。經此一戰，再多的榮華富貴，對他而言，就像天上的浮雲一樣，只是過眼雲煙，已無任何意義；劉放吾將軍懷抱這樣悲天憫人的高風亮節，那裡還會跟那些俗不可耐的人，去爭身外之物的功名利祿呢？

　　在仁安羌的故事裡，我們見到了平實無爭的「真英雄」，也見到了收割成果的「假英雄」，更見到了忘恩負義的「偽盟友」；但歷史要的是「真相」，不是經過掩蓋扭曲的「假相」。仁安羌的故事，留給後人最大的啟示，就是劉放吾團長立功戰場的卓越指揮，對袍澤犧牲的悲痛懷念，與戰功被掠奪後的屈身守份；他型塑了「軍人武德」的最高意境，為「黃埔精神」立下了永恆的典範。

後記
附錄一｜相關軍語釋義
附錄二｜作戰地區地名中、英文對照表
徵引資料

後記

1942年4月19日,「中國遠征軍」新編第38師第113團劉放吾團長,率領不足千人之兵力,擊潰日軍1個享有空中支援、配屬有砲兵與工兵、兵力絕對優勢的步兵第214聯隊為基幹之作間部隊,解救退路被截斷而受困於仁安羌的英緬軍第1師及裝甲第7旅一部,創造了罕見的「以寡擊眾」勝仗;是謂「仁安羌大捷」。而此部英緬軍,加上在東敦枝的英印軍第17師與裝甲第7旅1個營,及一些邊防部隊與警察,得以撤退至印度,成為守住印度的「種能部隊」。苟無國軍仁安羌之勝,日軍不但能殲滅所有緬甸英軍,且極可能順勢經印度進入西亞,與納粹德國會師,第二次世界大戰的歷史發展,將是另外一回事。

從中、日雙方戰場兵力數量與火力狀況看來,劉放吾團長創造的「仁安羌大捷」,無異是一個無法用「兵學理論」解釋的「奇蹟」;但此「奇蹟」,在第113團「精神戰力」極致發揮下,卻「真實存在」。然而參戰的中、日、英三方,對「仁安羌之戰」的記述,基於各自私心盤算,都有不同程度的「說謊」、「杜撰」、「掩蓋」或「扭曲」,致真相不存,令人錯愕與遺憾。

中方說法,由新編第38師師長孫立人,及任職該師政治部副主任之姪兒孫克剛主導,意在搶奪劉放吾團長功勞,全歸於孫立人師長;除了刻意排擠劉放吾,將其調離團長職務,還要將他由該師「師附」轉撥他師當「附

員」外,更從〈燕南羌戰鬥詳報〉及《緬甸蕩寇志》開始掩蓋真相,扭曲杜撰孫立人師長「親赴第一線」,「親自指揮」戰鬥,解救英軍的演義故事。

英國方面,以英緬第1軍史林姆軍長為代表,為保住「大英帝國」軍隊被一向為其歧視之中國人所救的「面子」問題,而選擇「醜化」國軍軍紀,與「撒謊」英軍是自行脫困,非國軍所救說法。日本人則因劉放吾第113團的出現,讓其灰頭土臉,吞下入緬以來唯一敗仗,致出現「煮熟的鴨子飛了」的狀況;所以也因「面子」問題,選擇在戰史中,故意抽掉國軍第113團的戰場表現。

總結地說,此一扭曲真相的影響,可區分「國內」與「國際」兩方面來看。國內方面:孫立人師長成了締造「仁安羌大捷」、國人「集體記憶」中的英雄人物,大家一談到「仁安羌大捷」,第一個想到的人,就是孫立人將軍。而真正指揮「仁安羌之戰」的英雄—劉放吾團長,卻不見了,甚至連姓名都找不到;若非1963年發生在香港的「真假將軍案」,劉放吾恐將永遠消失在歷史長河中。

不過,儘管有「冒牌將軍案」的出現,「真將軍」終於找到了;惟歷經數十年的「積非成是」,孫立人創造「仁安羌大捷」的英雄形象,早已家喻戶曉,深植人心,坊間充斥「虛美」、「讚揚」孫立人將軍之視頻、文章;要憾動這樣的「刻版印象」,並不容易。例如:筆者於2017年6月,在《國防雜誌》發表〈1942年「仁安羌之戰」始末〉專文後,就立即遭到一名曾任職於中央研究院的「孫粉學者」(姑隱其名),以電郵辱罵拙著是「毫無根據」的「胡言亂語」,要筆者立即將其收回,免得「丟人現眼」;容不下不同聲音的「學閥」心態,展露無遺。

國際方面：長久以來，西方國家普遍以 1939 年 9 月 1 日爆發的「德波戰爭」，作為第二次世界大戰「起始點」；以 1945 年 5 月 8 日德國投降，作為第二次世界大戰結束的「終止點」，故意將中國的「抗日戰爭」不算在內。究其原因：除了西方列強「重歐輕亞」的偏見，與「種族歧視」的傲慢之外，也應與英、美兩國都作了許多「出賣中國利益」的「不光榮」事情有關；如果將「中國抗戰」排除在二戰之外，就無損兩國在戰爭中所宣稱的「正義」形象。[1]

以被譽為英國當代所謂「兵學大師」的李德哈特 (Liddell Hart) 為例，他所撰寫的《第二次世界大戰戰史》(History of The Second World War) 一書，被視為二次大戰最權威的戰史之作，但書中隻字未提中國之抗戰。有關緬甸作戰，李書亦僅以「在瓦城以南約一百五十哩的地方據守著一條東西向的防線—其東西翼側上還受到中國軍隊的支援」，勉強出現「中國軍隊」的寥寥數十字帶過；雖亦述及日軍「攻佔仁安羌油田」，但完全不提國軍賣命角色與援救英軍脫困恩情，卻充滿對英緬軍司令亞歷山大的「虛美」。[2]

又如，在 John Ray 所著 "The Illustrated History of WWII" 的 256 頁內容中，只有 228、229 兩頁提到中國的抗戰；[3] 筆者不禁要問，難道壟斷全球利益數百年的西方列強，有掩蓋真相、對歷史說謊的權力嗎？

不過，1992 年 4 月當「仁安羌之戰」屆滿 50 周年的時候，英國前首

1　郝柏村口述・何世同編校，《血淚與榮耀》，頁 15。
2　李德哈特原著，《第二次世界大戰戰史》，冊 1，頁 372。
3　John Ray, "The Illustrated History of WWII".Printed and bound in Italy by L.e.g.o. Vicenza, pp.226~229.

相柴契爾夫人曾至芝加哥拜訪劉放吾將軍,向劉將軍及第113團拯救英軍7千餘人的英勇事蹟,親致誠摯謝忱;以及同年7月27日,時任美國總統的老布希也致函劉將軍,感謝他在仁安羌解救美國傳教士、新聞記者及數千英軍出圍的壯舉。這兩件事情的最大意義,就是承認了1942年4月19日,國軍第113團團長劉放吾與全團官兵,在仁安羌營救了英軍7千多人,連帶美國記者與傳教士5百多人,也跟著脫困的事實;這等於證實了史林姆回憶錄《反敗為勝》中所說,被救出的英軍,只是敦貢村的2百多名俘虜,仁安羌的英緬軍是自己跑出來的,是謊言。亦旁證了李德哈特的《第二次世界大戰戰史》,是一部充滿「霸權思想」,背離「公正客觀」,違反「價值中立」,「為史不足」的著作。

在1942年4月的仁安羌戰場上,有中國人、英國人、美國人、日本人、緬甸人、印度人、澳洲人,是一個百分之百、生死相搏的「國際戰場」。在這場戰鬥中,劉放吾團長率領的中國軍隊,頂著日軍侵略的狂瀾,對盟國軍隊扮演的「拯救者」角色,卻被遺忘了半個世紀,才為英國人、美國人想起;雖然遲了一點,但總算給了劉放吾將軍及其所率領的第113團,在此「國際戰場」作戰上,應有的榮耀。

然而,遺憾的是,柴契爾夫人之親訪,與老布希總統的致函劉放吾將軍,只在感謝劉將軍及第113團全體官兵,解救英軍與美國新聞記者和傳教士之恩,並沒有提到「仁安羌之捷」對盟國守住印度,擋下日軍西進與納粹德國會師,甚至改寫二戰歷史的重大貢獻。看來,要爭取中國在二戰中的「話語權」與「歷史定位」,似乎還有很長的路要走,願兩岸中國人共同努力。

附錄一

相關軍語釋義

按筆劃順利排列

◎一地持久：

軍隊在某一地域內，利用「工事」、「障礙」與「反擊」(或逆襲)，以爭取所望時間與目的之「持久作戰」。

◎大軍：

或稱「野戰大軍」，為作戰地區中，「戰略階層」軍隊或野戰部隊之概稱。由此延伸，凡「大軍」以上層次、雙方面之武裝衝突，始可稱之為「戰爭」。

◎支隊：

日軍侵華時，常用之「任務編組」部隊，通常由數個諸兵種「大隊」或「聯隊」級兵力組成，相當於「旅團」或「獨立混成旅團」階層；國軍亦用於相當於師、旅級之「游擊兵力」編組。

◎支隊兵團：

「大軍作戰」區分數個「作戰方面」時，其「主力兵團」以外方面之「一

部」(通常指總兵力3分之1以下)或「有力一部」(通常指總兵力3分之1強至2分之1弱),皆謂之。「支隊兵團」若能獨當一面作戰,亦稱「有力兵團」。

◎**支作戰**:

「大軍」若同時在兩個或兩個以上方面實施相關作戰,其「主力兵團」之外的「一部」或「有力一部」之「支隊兵團」,其方面之作戰,是謂「支作戰」。通常「支作戰」之目的,是在使「主作戰」方面有利,即使蒙受最大損失,也在所不惜。

◎**內線作戰**:

「大軍」居「中央位置」,對兩個或兩個以上方向之敵作戰,謂之「內線作戰」。但在一個「地障」之末端,橫的「連絡線」較短,而對一個方向為該「地障」分離及橫的「連絡線」較長之兩個或兩個以上之敵作戰時,亦屬之。

◎**作戰線**:

從「作戰基地」至「戰略目標」間,律定大軍行動方向之軸線,包括水、陸交通系統與海、空航線等在內之地域交通網,為一「帶狀空間」與「面」的概念。

◎**反擊**:

「戰略階層」用語,大軍在「守勢作戰」中,所實施之「有限目標」攻勢行動。

◎主力兵團：

「大軍作戰」區分數個作戰方面時，其「主力方面」之統稱。

◎主作戰：

「大軍」若同時在兩個或兩個以上方面實施相關作戰，其「主力兵團」方面，稱為「主作戰」。

◎外線作戰：

「大軍」從兩個或兩個以上方向，對「中央位置」(即內線)之敵作戰，謂之「外線作戰」。但從一個方向，使用兩個或兩個以上為「地障」隔離之兵團，對在該地障末端，橫的「連絡線」較短之敵軍作戰時，亦屬之。

◎平衡兵種、單一兵種部隊：

由兩個或兩個以上兵種編組而成之部隊，稱為「平衡兵種部隊」；如獨立旅、混成旅團、或編配有多兵種之步兵旅、團(聯隊、群)以上部隊：僅由一個兵種組成的部隊，稱為「單一兵種部隊」，如步(砲、工、通、運、衛等)兵旅(團、聯隊、群)以下部隊。

◎地形：

指地面之天然形狀，包括山脈、平原、河流、湖泊等；其他凡能影響敵我雙方「行動方案」之人為建物，亦屬之。

◎地形要點：

「戰術」用語，指在「戰場」或其附近，對「戰術行動」具有影響之地形、包括天然地形，與人為地物(例如橋樑、可供防禦或觀測之建物)而言。

◎ **地物**：

指人為建物，包括城鎮、道路、港口、水庫、防禦工事等。

◎ **交通線**：

包括「補給線」與「連絡線」，可交互使用。

◎ **守勢作戰**：

「戰略階層」用語，簡稱「守勢」，指大軍抵抗敵之進攻，確保地域安全，相機決戰或依狀況「反擊」或「持久」之作戰行動。在戰術階層，稱為「防禦」。

◎ **地障**：

地理上的「天然」與人為「障礙」，包括山脈、不可徒涉之河流、湖泊、海洋、氾濫或核生化污染地區、要塞、國境線等。

◎ **地貌**：

指地形外貌所呈現之景況，如森林、草地、沼澤、漠地等。

◎ **地緣**：

指因地理位置與環境，對其他地區所產生之關係而言。將這種關係運用在「戰略」上，即為「地緣戰略」(geostrategy)，簡稱「地略」。

◎ **決心**：

基於「任務」(或使命)，「大軍」指揮官對某階段作戰之「行動方案」；完整之「決心」，須包括「何人」、「何時」、「何地」、「如何」、「為何」等內容，稱為「六何」，為擬定「戰略構想」之基礎。其「正確」而有「最大成功公算」者，稱為「至當決心」。

◎攻勢作戰：

「戰略階層」用語，簡稱「攻勢」，指「大軍」主動尋求與敵決戰之積極行動；在「戰術階層」，則為「攻擊」。其方式概有「迂迴」、「包圍」、「突穿」與「正面攻擊」四種；但「攻擊」也是一切「主動」進攻行動之統稱。

◎兵團：

為作戰地區中，對「大軍」在兵力部署或運用上之編組通稱；如主力兵團、右翼兵團、鄰接兵團、支隊兵團、湯恩伯兵團、淮南兵團等。

◎作戰：

軍隊一切「武裝行動」之總稱。

◎作戰正面：

指「大軍」作戰時，面敵之「方向」與陣線(地)之「寬度」而言。

◎作戰判斷：

所謂「作戰判斷」，係透過：「使命」、「狀況及敵我軍行動列舉」、「敵我行動分析」、「我軍各行動方案之比較」，以求取我軍「至當行動方案」之思維與作業過程，是軍隊「作戰參謀」之基本職責，也是指揮官擬定「決心」，下達計畫與命令的基礎。

◎作戰基地：

簡稱「基地」，為軍隊發起作戰與補給之起點，乃「大軍」戰力之策源地。依其設置位置，通常區分「後方基地」、「前進基地」與「敵後基地」。

◎作戰線：

為「基地」至「作戰目標」間,「大軍」為作戰所使用之地域交通網所包含的幅員,其目的在律定大軍「作戰方向」,為一連貫前方與後方、有寬度之帶狀「軸線」。通常在「作戰線」內,至少需有一條「補給線」；若軍隊規模甚大,必須區分數個「兵團」分離展開時,則「作戰線」內亦可同時建立數條「補給線」。因此,「補給線」也是構成大軍「作戰線」的必要條件。

又若「攻勢大軍」使用兩條以上「作戰線」作戰時,其「主力兵團」使用者；稱為「主作戰線」；其「支隊兵團」使用者,稱為「支作戰線」。

◎決戰：

指「大軍」在「戰場內」之「主力對決」而言；或雖非「主力對決」,但其結果,對戰局具有決定性影響者,亦屬之。

◎防禦：

為所有防衛敵軍進攻作戰行動之統稱,包括「戰略」上的「守勢作戰」,與「戰術」上的「防禦作戰」(戰鬥)。就「兵力部署」與「作戰方式」言,有「機動防禦」與「陣地防禦」兩種；就「戰鬥精神」言,有不超越防線出擊之「消極防禦」與「反擊式有限目標攻勢」(即守勢決戰)之「積極防禦」兩種。

◎防禦地區：

「大軍」在「守勢作戰」中,須固守與確保之地區,通常包括(前進)警戒(或遲滯)地區(或陣地)、主(抵抗)陣地帶(或拘束打擊地區)、

後方地區等 3 部分。

◎ **協同、聯合、聯盟作戰：**

「兵種間」之協調合作作戰，謂之「協同」；「軍種間」之協調合作作戰，謂之「聯合」；「盟國間」之協調合作作戰，謂之「聯盟」。

◎ **直前：**

事件或狀況發生前一刻；其相對語，為「直後」。

◎ **佯攻：**

在「攻勢作戰」中，以「欺敵」或「有利主力方面」進展為著眼，未賦予目標之「局部」攻擊行動，意在製造敵人之錯誤判斷。

◎ **抵抗陣線（地帶）：**

為整個「守勢陣線」或「防禦編組」之主體，是遂行「守勢作戰」或「防禦戰鬥」的「核心地區」。

◎ **突穿：**

指「攻勢大軍」貫穿敵陣地(線)之「全縱深」，造成其左右「分離」之作戰行動而言；亦稱「戰略突穿」。

◎ **突破：**

指攻擊時，突入敵軍陣地，造成其第一線防禦破口而言。

◎ **後方地區：**

攻勢(擊)時第一線部隊後方，或守勢(防禦)時主陣地帶後緣，「大軍」用以部署預備隊、構築預備陣地與配置輜重之地區。

附錄一 ｜ 相關軍語釋義

◎**急行軍**：

「行軍」方式有「常行軍」、「急行軍」與「強行軍」三種。「急行軍」為減少休息，增快速度之「行軍」，通常用於「爭取時間」之接敵運動。

◎**前進指揮所**：

指揮官為遂行指揮任務，以必要之幕僚、警戒兵力及通信人員設施，在靠近前方地區開設的「機動指揮所」；在概念上，同「戰鬥指揮所」。

◎**前進基地**：

靠近第一線的後勤支援地區。

◎**前進警戒陣線（地）**：

守勢或防禦作戰時，向前派出警戒兵力所佔領之陣線（地），其目的在早期預警、增加縱深與遲滯敵行動。

◎**追擊**：

軍隊對退卻敵軍尾隨攻擊之統稱，概有「戰略追擊」（縱隊追擊）與「戰場追擊」兩種。

◎**持續戰力**：

指「大軍」之「持續作戰」能力，其影響因素概為：交戰雙方之「戰爭潛力」、「基地」和「補給線」間距離、道路狀況、運補能力及「作戰時間」之長短。

◎**逆襲**：

戰術用語，軍隊於「防禦戰鬥」中，對突入陣地之敵，使用「預備隊」將其殲滅或擊退，以企恢復陣地之戰鬥。

◎被迫：

為情態用語，指「大軍」作戰時，必須「被動」追隨對方「意志」行動，本身並無「自由」可言之不利狀況。若此狀況，係交戰對方「誘以致之」，則稱為「誘迫」。

◎退卻：

「大軍」後退脫離第一線之行動，包括「主動撤退」、「持久(遲滯)作戰」、「脫離戰鬥」等。

◎情報判斷：

為針對「敵情」，包括作戰地區地形特性、敵軍兵力、位置、番號、序列、編裝、強弱點、指揮官性格、可能行動列舉等，所做之「狀況判斷」，經過分析研判，求取其「最大可能行動」，建請指揮官，作為擬定「作戰計畫」之參考與依據，是軍隊「情報參謀」之基本職責。

◎連絡線：

部隊與部隊間相互連繫與支援所使用之「橫向交通線」，有時亦可與「補給線」互用。

◎接近路線：

「戰術」用語，專指敵軍向我陣地(線)前進之路線。

◎集中：

「戰略階層」用語。「大軍」為爭取某項戰略目標，向所望之地區運動，以完成有利之整備與部署，亦稱「戰略集中」。

◎統合戰力：

不同軍種、兵種、或部隊，經過「協調連絡」，所產生戰力之總合。

◎集結：

「戰術」用語。小部隊基於作戰使命，在所望地區完成之集合，俾利戰鬥行動之展開。

◎補給線：

從「基地」至「前方陣地」間，「大軍」作戰所需之各種軍品、補充兵員前送、傷患人員與損壞裝備後送醫療、保養所使用之「交通路線」(包括陸路、水路與空運)。

「補給線」與「作戰正面」相伴而生，兩者之關係，以呈「垂直」為有利，以呈「平行」為不利。

◎預備隊：

大軍作戰時，為保持「彈性」作為，在第一線後方、或其他有利位置，所控制之「預備兵力」；通常可作為「反擊」(戰術上用「逆襲」)、追擊、擴張戰果、接替第一線部隊戰鬥或掩護退卻之用。

◎會戰：

為「戰役」過程中，「大軍」在某一期程或方面作戰之總稱；概區分「戰略集中」、「機動」、「展開」、「攻勢(或守勢)決戰」、「反擊」、「追擊」、「鞏固」或「退卻」等階段之行動。一次「會戰」，通常可包括一至數次(地)之相關「決戰」或「作戰」；大軍「會戰」之地區，稱為「會戰地」。

◎ 數地持久：

利用廣大之「戰略縱深」，設定兩個或兩個以上之「抵抗陣地」，以「空間」換取所望「時間」與「戰果」之「持久作戰」。

◎ 徵候：

「情報」用語，指敵軍採取某種「可能行動」之「徵兆」，是「情報判斷」之重要依據。

◎ 遭遇（戰）：

為兩軍對進，或一方運動、一方靜止時，所產生之「預期」與「不預期」戰鬥；其特色為「敵情不明」，其戰鬥要領為「先敵展開」、「先敵佔領要點」與「先敵發起攻擊」。

◎ 戰役：

「大軍」某一時期或階段作戰，全過程之總稱；通常包括一次以上或數方面之相關「會戰」。如國軍的「八年全面抗戰」，區分 3 期「戰役」，每期「戰役」，包括若干次「會戰」；「會戰」之下，是許多大小規劃的「作戰」。

◎ 戰法：

泛指軍隊在爭取戰略、戰術、戰鬥目標時，所使用以發揮戰力之方法。

◎ 戰具：

即「作戰工具」，包括一切能發揮「有形戰力」之器械，甚至馬匹、獸力。

◎ 戰爭：

「國家」或「集團國家」間、「大軍」與「大軍」間之武裝衝突行為。

◎戰爭面：

對預想戰爭之人、地、物等資源，根據國家或軍事戰略所望目標，予以編組掌握，使構成有利之戰略或作戰環境。

◎戰爭指導：

為爭取所望「戰略目標」，決策者或大軍指揮官，對戰爭準備與遂行，所策頒之計畫概念與行動指示。

◎戰鬥：

軍隊在「戰場」上，受「戰術」指導，運用「戰具」與「戰技」，與敵直接搏鬥的行為。

◎戰鬥情報：

指由第一線部隊在與敵接觸或戰鬥過程中，所發現或蒐集之「情報」，通常可視為最有價值之第一手「情報資料」。

◎戰略：

為建立「力量」，藉以創造與運用有利狀況之藝術，俾得在爭取所望目標時，能獲得最大之「成功公算」與「有利效果」。「戰略」依階層由上而下分有：一、建立與運用「同盟國力量」以爭取「同盟目標」之「大戰略」；但「大戰略」通常基於某大國「國家戰略」之需求而產生。二、建立與運用「國力」以爭取「國家目標」之「國家戰略」；「國家戰略」之下，又區分政治、經濟、心理、軍事四大戰略。三、建立與運用「武力」以爭取「軍事目標」之「軍事戰略」。四、運用「野戰兵力」以從事決戰而爭取「戰役目標」之「野戰戰略」。所有戰略之關係，概為「對

上支持、對下指導」。

◎ **戰略要域 (點)：**

「戰略階層」用語，指在爭取「戰略目標」之全過程中，對「戰略行動」具有重大影響，而為「攻者所必取 (經)，守者所必固」之重要地域而言。

◎ **戰術：**

乃在戰場 (或預想戰場) 及其附近，運用「戰力」，創造與運用有利狀況之藝術，俾得在爭取作戰目標或從事決戰時，能獲得最大成功公算與有利效果。「戰略」與「戰術」之關係為：「戰略」成功，「戰術」亦成功，其戰必勝；「戰略」成功，「戰術」失敗，有利態勢落空；「戰略」失敗，「戰術」成功，或可彌補不利態勢於一時，但無補於全局；「戰略」失敗，「戰術」亦失敗，其戰必敗。

◎ **戰略 (性) 地障：**

具有相當寬度與縱深之地理、天然地形與人為地物，足以影響大軍「戰略行動」，而使其產生不同「行動方案」者。

◎ **戰略判斷：**

乃「大軍」指揮官針對「全般戰略態勢」，所作之狀況分析與推斷，並據以策訂「至當戰略行動方案」。

◎ **戰略要域 (點)：**

指在爭取「戰略目標」之全過程中，對「戰略行動」具有重大影響，而為「攻者所必取 (經)，守者所必固」之重要地域而言。

◎戰場：

軍隊一次「會戰」或「決戰」,「兵力」與「火力」(戰術性)所及的區域。

◎戰略構想：

為完成「戰略任務」,而策定之「大軍」行動「指導綱要」,是「戰略計畫」之基礎,應包括「目的」、「兵力」、「時間」、「空間」、「手段」等內容。在「戰術」階層,則稱「作戰構想」。

◎戰略態勢：

指對抗「大軍」於某一時空下,其相對部署與行動,在「戰略上」所產生之利弊形勢而言;其「要素」,概有:「雙方兵力」、「兵力位置」、「補給線」、「作戰正面」、「持續戰力」、「統合戰力」、「作戰地區地形特性」等,是評斷戰爭與野戰用兵得失之主要依據。吾人評交戰兩軍「戰略態勢」,通常以「雙方概等」、「某方有利」或「某方不利」、「某方極有利」或「某方極不利」等語,概述之。

◎擊敗、擊潰、殲(擊)滅：

指兩軍交戰,戰勝一方所獲戰果之程度而言。若戰敗一方之戰力並未殘破,其指揮系統猶在,可經由整頓與補充,恢復再戰能力時,謂之「擊敗」;若戰敗一方戰力已殘破,其指揮體系亦瓦解或喪失功能,若干時間內無法恢復再戰能力時,謂之「擊潰」;但若戰敗一方有生戰力被擊滅,或因戰敗而完全喪失行動能力,而由戰勝一方任意處置時,謂之「殲滅」。

◎戰略持久：

「大軍」為保存戰力或規避決戰，所採取的一種以「空間換時間」之「退卻」或「遲滯作戰」行動，以求逐次消耗敵軍戰力，或導向有利之戰略態勢後，再與敵決戰。通常為「支作戰」、或擁有廣大空間之「劣勢兵團」所採用。

◎戰略包圍：

「大軍」已「拘束」敵於某一地區，能從兩個或兩個以上方向，向敵取攻勢之態勢與行動。而這種狀態之形成，若在「戰場外」，稱為「戰略會師」；若在「戰場內」，因無「戰術會師」之名，慣稱「戰場會師」(見後文釋義)。

◎戰術包圍：

軍隊已「拘束」敵於「戰場」之內，而能從兩個或兩個以上方向，向敵發起攻擊之狀況與行動。

◎戰略展開：

「大軍」於完成「戰略集中」或「戰略機動」後，為實施預想之決戰，在「全程戰略構想」指導下，各部隊進入最有利作戰位置準備戰鬥之部署行動。

◎戰略追擊：

「大軍」對退卻敵軍所實施之「遠程追擊」，通常須「逸出戰場」；因常以「縱隊」方式行之，又稱「縱隊追擊」。

◎戰術追擊：

「大軍」對退卻敵軍所實施「不逸出戰場」之「追擊」；又稱「戰術追擊」或「戰場追擊」，亦可依狀況轉換成「戰略追擊」。

◎戰略翼側：

指「大軍」靠近「補給線」之「翼側」而言；應使之安全，決戰時尤然。通常「戰略翼側」受威脅，「補給線」即受威脅；對方可「迫使」其在「作戰正面」與「補給線」平行，或壓迫其脫離「補給線」之不利狀況下「決戰」。亦可截斷其「補給線」，迫使其在無「補給線」之狀況下，「顛倒正面」作戰而殲滅之。

◎戰略縱深：

是一種能確保作戰時「行動自由」與「應變彈性」的「空間」觀念。在一場「會(作)戰」中，「大軍」為發揮「有形戰力」於極致，必須講求「力」、「空」、「時」三者之緊密結合，故無論攻守，均須適當具備之。「攻勢作戰」時，主要在維持基地至第一線之「安全距離」及大軍「戰略機動」、「戰略集中」與「戰略展開」時之足夠空間，以充分發揮「統合戰力」。「守勢作戰」時，除須維持基地至第一線之安全距離外，尚應考量前進警戒部隊、主抵抗陣地、預備隊配置與持久、脫離或轉取攻勢所需之必要「空間」，以爭取主動與確保部隊安全。

◎整備：

依據「戰略構想」及「作戰需求」，「大軍」整建或儲備「所望戰力」之行動過程。

◎戰場會師：

指「大軍」實施「外線作戰」時，從「戰略包圍」到「戰術包圍」的全過程與結果。

◎攔截點：

大軍欲截斷敵軍「退路」或其「補給線」時，所選擇的「截而擊之」處。

附錄二

作戰地區地名中、英文對照表

◎區分國家或地區，按第一次出現順序排列

◎中文地名後（ ）內，列其他「中譯」及「英譯」地名

◎未列查無英譯之次要地名

緬甸

仁安羌（葉南陽、燕南羌，Yenangyung）

同古（東吁、東瓜，Taungoo）

伊洛瓦底江（Irrawaddy River）

賓河（拼墻河、平河，Pin River、Pinchong）

曼德勒（瓦城，Mandalay）

摩爾門（毛淡棉，Moulmein）

仰光（Yagon）

臘戍（Lashio）

密支那（Myitkyina）

野人山（克欽山，Kachin Mt）

芒友（木姐，Muse）

馬立溫（Maliwan）

維多利亞角（今高當，Kampong Ulu）

波比安（博賓，Bokpyin）

坦沙里（德林達依省，Tenasserin）

土瓦（Dawei）

丹老（墨吉，Mergui）

波特溫（Bawtwin）

薩爾溫江（Salween River）

孟邦（Mon State）

考克萊克（高加力，Kawkareik）

景東（Kyaing Tong）

馬瓦得（Myawaddy）

梅河（Moei River，泰國與緬甸界河）

登勞（Bilauktang）

孟平（Mong Pawk）

孟畔（孟邦、孟榜，Mong Pang）

比林河（Bilin River）

馬達班（Martaban）

帕安（Hpa An）

帕奔（Hpu Pun）

格亞因河（Gyaing River）

卡多（Gadoe）

西唐河（錫當河，Sittang River）

莫比（Hmawbi）

打瑞（Theinzeik）

莫巴林（Moke Pa Lin）

毛比（茂比、馬烏賓，Hmawbi）

禮固（萊古，Hlegu）

庇古（勃固，Pegu）

代庫（岱烏，Daik-U）

西利安（沙廉，Thanlyin）

沙拉瓦（沙耶瓦島，Tharrawaddy）

馬魏（馬奎、馬格威、麥櫃，Magway）

阿恰布（Akyab，今名實兑，Sittwe）

孟勇（孟洋、貫洋，Mong-yawng）

孟海（Mong-hai）

南桑（Namsang）

棠吉（東枝，Taunggyi）

雷列姆（Loilem）

塔高（達高，Takaw）

可烏特（Hkout）

外汪（Hwewawn）

他希（打吉、達西，Thazi）

庇尤河（Kha Paung River）

皎棲（皎克西，Kyaukse）

瓢貝（標貝、瓢背，Pyawbye）

眉苗（美苗，眉繆，Maymyo）

附錄二　作戰地區地名中、英文對照表

茗廓（朗科，Langkho）

羊米典（央米丁，Yamethin）

木邁（孟乃，Mong Nai）

敏登（Yindaw）

東枝（棠吉，Taunggyi）

密特拉（密鐵拉，Meiktila）

瀧秋（Nawnghkio）

敏登（Yindaw）

敏建（Mying Yan）

八莫（Bhamo）

卡薩（Katha）

稅布（Shwebo）

耶達社（耶達謝、葉達西，Yedashe）

淡溫夷（東敦枝，Taungdwingyi）

卑謬（勃郎，普羅美，Prome 或 Pyay）

阿藍廟（亞藍謬，Allanmyo）

奧克坡（奧波，Okpho）

那塔林（納德林，Nattalin）

禮勃坦（Letpadan）

興實達（顯雞打，Hinthada）

賽工（只光，Zigon）

瑞同（Shwedaung）

帕底工（勃迪貢，Padigon）

達敏翁（緬昂，Myanaung）

塔羅克摩（Tayothmaw）

榜地（Paungde）

德貢（Thegon）

新地（Sinde）

八莫（Bhamo）

雷提特（Lettet）

伊卡特（Egayit）

克克瓦（Kokkogwa）

沙特丹（Thadodan）

敏剛衛（Migyaungye）

新榜衛（Sinbaugwe）

因河（Yin Stream，Yan Pel Creek）

克敏村（Kyemyin）

歸約（Gwa Cho、Gwegyo）

敦貢（推崗，Twingon）

蒲甘（Pugam）

緬布（敏巫，Minbu）

巧克柏當（喬克巴唐，Kyaupadaung）

納特卯克（納茂，Natmauk）

普巴山（Mount Popa）

敏揚（Min Gan）

溫早（Wuntho）

卡薩（Katha）

色格（實皆，Sagaing）

旁濱（Paungbyin）

羅依考（羅衣考、壘固，Loikaw）

平滿納（彬馬那、平蠻那，Pyinmana）

南先慶（Nawnsankyin）

更的宛江（親敦江、清得溫江，Chindwin River）

英屬馬來亞

哥打峇魯（Kotabahru）

太平（Taiping）2

吉打（Kedah）

丁加奴（Terenggaun）

檳城（Pulau Pinang）

霹靂（Perak）

怡保（Ipohi）

雪蘭峨（Sflangor）

淡邊（Tampin）

麻六甲（Melaka）

吉隆坡（Kuala Lumpur）

關丹（Kuantan）

恩都（Ndu）

新山（Johor Bahru）

柔佛（Johor）

柔佛海峽（Johor Strait）2-22

泰國

清邁（Chiang Mai）

來興（Rahaeng）

北碧（Kanburi）

拉廊（Ranaung）

克拉地岬（Kra Isthmus）

宋卡（Songkhia）

北大年（Pattain）

巴蜀（班武里，Prachuap）

附錄二 作戰地區地名中、英文對照表

尖噴（春蓬，Chumphon）
克拉河（Kra River，泰國與緬甸界河）
克拉武里（Kra Buri）
拉罕（來興、達省，Rahaeng）
彭世洛（Phisanulok）
班提（Bongti）
班波（Bang Bo）
堪布里（Kanchanaburi）
洛坤（Nakhon）
清萊（Chiang Rai）
素可泰（蘇克荷塞，Chanqwat）
夜速（Mau Sot）
來興（Rahaeng）

印度

吉達港（吉大港，Chittagong，今屬孟加拉共和國）
伊姆法爾（英帕爾、英拍兒，Imphal）
雷姆伽（Ramgarh）
康漢拔（Kanglatohgbi）

菲律賓

呂宋（Luzon）
碧瑤（Baguia）
巴坦（Batan）
加米琴（Camiguin）
維干（Vigan）
塔拉克（Tarlac）
加巴那統（Cabannatuan）
阿巴利（Aparin）
勒加斯比（Legaspi）
仁牙因灣（Lingayen Bay）
拉摩灣（Lamon Bay）
納卯（達沃，Davao）
巴丹（Bataan）
柯里幾多島（Corregidor）

391

徵引資料

傳世古籍（按作者年代排列）

（春秋）孫武撰‧（明）王陽明手批，《孫子兵法》；收入：《武經七書》，台北：中華戰略學會景印，1988 年 10 月 20 日，3 版。

（西漢）司馬遷，《史記》，台北：鼎文書局，1997 年 10 月。

（北宋）歐陽脩‧宋祁撰，楊家駱編，《新唐書》，台北：鼎文書局，1994 年 10 月，8 版。

（南朝‧宋）范曄，《後漢書》，台北：鼎文書局，1996 年 11 月。

中文專書（按作者姓氏筆劃排列）

中國國民黨黨史會，《中華民國重要史料初編—對日抗戰時期，第三篇:戰時外交》(3)，台北：中國國民黨中央黨部，1981~1988 年。

中國第二歷史檔案館編，《滇緬抗戰檔案‧上》（全三冊），北京：中國文史出版社，2018 年 7 月。

中國第二歷史檔案館編，《抗日戰爭正面戰場》，南京：江蘇古籍出版社，1987 年。

王曾才，《世界通史》，台北：三民書局，1993 年 2 月，初版。

方寧，《孫立人將軍與緬戰》，香港：鏡報文話，1987 年。

田玄，《鐵血遠征》，桂林：廣西師範大學出版社，1994 年 12 月。

| 徵引資料 |

抗戰歷史文獻研究會編輯,《蔣中正日記—民國三十一年(1942年)》,台北:抗戰歷史文獻研究會,未出版。

何世同,《堅苦卓絕—國民革命軍抗日戰史(一九三七~一九四五)》,台北:黎明文化,2021年5月。

李偉,《折戟沉沙—英雄無淚》,台北:紅螞蟻圖書,2010年6月,BOD一版。

沈克勤,《孫立人傳》,台北:台灣學生書局,2005年6月1日,增訂1版。

吳圳義,《邱吉爾與戰時英國(1939~1945)》,台北:台灣商務印書館,1993年1月。

邱中岳,《遠征》,台北:邦信文化,1990年12月。

周琇環、吳淑鳳、蕭李居編輯,《中華民國抗日戰爭史料彙編—中國遠征軍》(台北:國史館據原件影印,2015年7月)。

《革命文獻拓影》(新北市新店國史館館藏),冊15、16。

孫立人,《統馭學初稿》,收入:沈敬庸編輯《中國軍魂—孫立人將軍鳳山練軍實錄》,台北:台灣學生書局,1993年。

孫克剛,《中國軍魂—孫立人將軍緬甸作戰實錄》(原名《緬甸蕩寇志》),台北:臺灣學生書局,1993年1月,3版。

郝柏村,《教戰記》,台北:軍事迷文化公司,1998年3月。

郝柏村口述・傅應川、何世同、胡筑生、黃炳麟筆記・何世同繪圖綜合,《郝柏村重返抗日戰場》,台北:天下文化,2015年6月29日1版。

郝柏村口述・何世同編校,《血淚與榮耀—郝柏村還原全面抗戰真相》,台北:天下文化事業,2019年11月28日。

郭汝瑰・黃玉章主編,《中國抗日戰爭正面戰場作戰記・下冊》,南京:江蘇人民出版社,2001年。

郭榮趙,《蔣委員長與羅斯福總統戰時通訊》,台北:中國研究中心,1978年4月。

國防部史政編譯局編纂,《抗戰時期滇印緬作戰(一)—參戰官兵訪問紀錄(上)》,台北:國防部史政編譯局,1999年6月30日。

國防部史政編譯局編纂，《抗戰時期滇印緬作戰（一）—參戰官兵訪問紀錄（下）》，台北：國防部史政編譯局，1999 年 6 月 30 日。

梁敬錞，《開羅會議與中國》。香港：亞洲出版社，1962 年。

梁敬錞，《史迪威事件》，台北：台灣商務印書館，1971 年 7 月。

晏偉權‧晏歡，《魂斷佛國》，上海：上海書店出版社，2015 年 8 月。

蔣梅‧廖利明選輯，《中國遠征軍第一次入緬作戰經過史料選》，收入：中國第二歷史檔案館主辦，《民國檔案》，南京：中國第二歷史檔案館，2018 年 2 月。

蔣緯國，《蔣委員長如何戰勝日本》，台北：黎明文化事業公司，1978 年 7 月 7 日增訂再版。

鄭錦玉，《一代戰神—孫立人》，台北：水牛出版社，2004 年 7 月）。

盧潔峰，《仁安羌解圍戰考》。北京：解放軍文藝出版社，2015 年 4 月。

齊錫生，《劍拔弩張的盟友—太平洋戰爭期間的中美軍事合作關係 (1941~1945)》，台北：聯經出版公司，2012 年 3 月。

錢棟祥，《中國歷史地圖集》，台北：天衡文化圖書公司，1995 年 10 月。

刊物文論（按作者姓氏筆劃排列）

丁滌勛，〈悲壯激烈的湖康河谷反攻戰〉；收入：杜聿明、宋希濂等著《遠征印緬抗戰（原國民黨將領抗日戰爭親歷記）》，北京：中國文史出版社，2019 年 9 月。

王楚英，〈中國遠征軍印緬抗戰概述〉，收入：杜聿明‧宋希濂等著，《遠征印緬抗戰》，北京：中國文史出版社，2010 年 9 月。

杜聿明，〈中國遠征軍入緬對日作戰述略〉，收入：杜聿明‧宋希濂等著，《遠征印緬抗戰》（原《國民黨將領抗日戰爭親歷記》），北京：中國文史出版社，2010 年 9 月。

何鈞衡，〈轉戰中印緬戰區的新編第三十八師〉，收入：杜聿明‧宋希濂等著，《遠

征印緬抗戰》(原《國民黨將領抗日戰爭親歷記》),北京:中國文史出版社,2010年9月。

何世同,〈1942年「仁安羌之戰」始末〉,收入:國防大學,《國防雜誌》,第32卷,第2期,桃園:國防大學,2017年6月。

胡聲平,〈第二次大戰期間美軍對中印緬戰區的空中運補〉,收入《空中運補:美軍空運組織的發展與分析》,台北:韋伯文化,2002年9月。

馬英九,〈紀念仁安羌戰役還原中國遠征軍的光輝歷史〉,收入:馬英九基金會,《中國遠征軍第一次入緬作戰80週年座談會論文集》,台北:馬英九基金會、政大人文中心,2022年7月。

高宗魯,〈孫立人在美國求學的經過〉,收入:《傳記文學》,台北:傳記文學雜誌社,2001年4月11日,第78卷,第4期。

張鑄勳,〈仁安羌大捷戰鬥巡禮—國軍第一一三團揚譽國際的作戰〉,收入:張鑄勳主編,《抗日戰爭是怎麼打贏的》,桃園:國防大學,紀念黃埔建軍90週年論文集,2015年5月。

雲鎮,〈懷念孫將軍〉,收入:《中國軍魂—孫立人將軍永思錄》,新北市:孫立人將軍紀念館籌備處,1992年12月。

劉偉民,〈八十年前今天〉,收入:財團法人馬英九文教基金會編,《中國遠征軍第一次入緬作戰80週年座談會論文集》,台北:財團法人馬英九文教基金會,2002年7月。

軍事書目(按編者或作者姓氏筆劃排列)

三軍大學陸軍指參學院研發室《陸軍軍隊指揮—指揮組織與參謀作業附錄三—作戰》,台北:陸軍台北印刷廠,1972年3月20日。

三軍大學戰爭學院野戰戰略教官組編,《大軍指揮要則》,台北:大直,三軍大學戰爭學院,1973年3月22日。

史政編譯局編印，《抗日戰史》，冊 68，《滇緬路之作戰》，台北：國防部史政編譯局，1966 年 5 月。

拿破崙戰史編撰小組，《拿破崙戰史》，台北石牌：實踐學社，1961 年 8 月。

高興恩‧邱中岳‧苗中英‧崔介民‧李敬業編纂，《國民革命軍陸軍第五軍軍史》，台北：國防部史政編譯室印，2002 年 12 月 31 日。

國防部史政編譯局編撰，《國民革命軍戰役史第四部‧抗日》，冊 3、4，台北：國防部史政編譯局，1995 年 1 月 30 日。

陸軍準則編審指導委員會，《陸軍聯合兵種指揮》，龍潭：陸軍總部，1983 年 5 月。

鈕先鍾，《第一次世界大戰戰史》，台北：燕京文化事業，1977 年 3 月。

蔣緯國著，《蔣委員長如何戰勝日本》，台北：黎明文化事業公司，1978 年 7 月 7 日增訂再版。

蔣緯國編著，《抗日禦侮‧滇緬路作戰》，1978 年 10 月 31 日。

聯合報新聞部記者群編輯，《被遺忘的戰士》，台北：聯合報社，2017 年 7 月 7 日。

戴廣德著，《緬甸之戰—隨孫立人、劉放吾將軍遠征紀實》，安徽合肥：黃山書社，1995 年。

翻譯文獻（按編者或作者姓氏筆劃排列）

日本防衛廳防衛研修所戰史室編撰‧廖運潘譯，日軍對華作戰紀要叢書—3，《歐戰爆發前後對華和戰—初期陸軍作戰（三）》，台北：史編局，1986 年 7 月。

日本防衛廳防衛研修所戰史室編撰‧曾清貴譯，日軍對華作戰紀要叢書—19，《從日俄戰爭到盧溝橋事變》，台北：史編局，1989 年 6 月。

日本防衛廳防衛研修所戰史室編撰‧賴德修譯，日軍對華作戰紀要叢書—20，《大本營陸軍部（二）：南進或北進之抉擇》，台北：史編局，1989 年 6 月。

日本防衛廳防衛研修所戰史室編撰‧曾清貴譯，日軍對華作戰紀要叢書—21，《開戰前期陸戰指導》，台北：史編局，1989 年 6 月。

日本防衛廳防衛研修所戰史室編撰・曾清貴譯，日軍對華作戰紀要叢書─ 44，《緬甸攻略作戰》，台北：史編局，1987 年 6 月。

日本防衛廳防衛研修所戰史室編撰・黃朝茂譯，日軍對華作戰紀要叢書─ 45，《伊洛瓦底會戰─緬甸防衛的失敗》，台北：史編局，1997 年 6 月。

日本防衛廳防衛研修所戰史室編撰・曾清貴譯，日軍對華作戰紀要叢書─ 46，《西唐作戰與明號作戰》，台北：國防部軍務局，1998 年 6 月。

吉拉德・霍恩 (Gerald Horme) 著・梁東屏譯，《種族戰爭：白人至上主義與日本對大英帝國的攻擊》(Race War！：White Supremacy and Japanese Attack on the British Empire)，新北市：遠足文化，2017 年 8 月 30 日。

李斯特 (Lester Tenney) 著・范國平譯，《活著回家：巴丹死亡行軍親歷記》，北京：世界知識出版社，2009 年 4 月，1 版。

李德哈特 (Liddell Hart) 原著・鈕先鍾譯，《第二次世界大戰戰史》，冊 1(全 3 冊)，台北：軍事譯粹社，1992 年 4 月。

芭芭拉 (Barbara W. Tuchman) 著・萬里斯譯，《史迪威與美國在中國的經驗》，北京：新星出版社，2007 年 9 月。

鈕先鍾，《第一次世界大戰戰史》，台北：燕京文化事業，1977 年 3 月。

陶涵 (Jay Taylor) 著・林添貴譯，《蔣介石與現代中國的奮鬥》，台北：時報文化出版，2010 年 3 月。

麥克阿瑟著・王惠月發行，《麥帥回憶錄》，台南：王家出版社，1974 年 5 月。

瑞納米德 (Rana Mitter) 著・林添貴譯，《被遺忘的盟友》(Forgotten Ally)，台北：天下文化，2014 年 7 月。

外文著作（按英文字母順序排列）

A.J.P. Taylor，"English History 1914~1945"，Penguin Books, Harmondsworth,Middlesex,1981.

Alan K. Lathrop, "The Employment of Chinese Nationalist Troops in the First Burma Campaign", *Journal of Southeast Studies* 12, no. 2,September S 1981.

Ballantine's "*Memorandum for the files*" in the State Department, January 21, 1942, in Currie Personal Papers, Box 1.

Bisheshhar Prasad, "*Indian Armed Forces in World WarII—The Retreat From Burma, 1941-1942*" (Stee Sarasmaty Press LTD, Calcutta, 1954.

Clayton R. Newell , "*Burma 1942* ",Washington: Office of the Chief of Military History, 1994.

Count Yorck von Wartenburg ,*Atlas to Accompany Napoleon As A General*", West Point: N.Y. August.

Currie memo to Franklin D. Roosevelt (hereafter referred to as FDR), January 30, 1942, in Currie Personal Papers.

:Gerald Fitzpatrick, "Chinese Save Brits-in Burma (Battle of Yenangyaung)",York: York Publishing Services Ltd. 2013.

Hans J. van de Ven, "*War and Nationalism in China, 1925~1945*",London: 2003.

Harold Alexander, "*The Alexander Memoirs*",N.Y.: Hill Books Company Inc. 1962.

John Ray, "*The Illustrated History of WWII*".Printed and bound in Italy by L.e.g.o. Vicenza, 2003.

Jay Taylor, "*The Generalissimo: Chiang Kai-shek and The Making of Modern China*",Cambridge: MA. 2009.

Joseph W. Stilwell's type-written Diaries (Hoover Institution), April 19, 1942.

Lewis H. Brereton, "*The Brereton Diaries, The War in the air, in the Pacific, Middle East & Europe, 3 October 1941~8 May 1945*", William Morrow & Co., N. Y. 1946.

Louis Allen, "*BURMA-The Longest War 1941-1945*" (London: Phoenix Press, 2000.

Robert J.C.Butow, "*Tojo and the coming of the war*",Standford ,CA ,1969.

Robert Woollcombe,"The Campaigns of Wavell, 1939-1943",London: Cassell & Company, Ltd., 1959.

Romanus, Charles F. & Riley Sunderland, "Stilwell's Mission to China",Washington, D.C.: Government Printing Office,1953.

William（史林姆）Slim,"Defeat into victory-Battling Japan in Burma and India"（中譯《反敗為勝》),N.Y.: Cooper Square Press, 2000.

Winston S. Churchill, "The Second World War, The Hinge of Fate",London: Cassell & Co.,1951.

其他資料

燕南羌戰鬥詳報〉，南京第二歷史檔案館典藏：卷宗號 11655，案微縮號 16j-0501，卷宗標題「新 38 師緬戰詳報」。

《世界日報》，洛杉磯：1992 年 4 月 11 日，記者沈正柔專訪。

《青年日報》，台北：2013 年 4 月 28 日，頭版，記者謝宗憲報導。

《世界日報》，紐約：2015 年 11 月 29 日，A8 板，台灣（二），記者林上祚、賴錦宏台北報導。

屏東市「孫立人將軍行館」簡介手冊。

劉偉民，〈歷史的真相會消失嗎？〉演講記錄，紀念全民抗日戰爭爆發八十周年學術研討會（台北：政大社資中心數位展演廳，2017 年 7 月 7 日）；收入：劉放吾將軍紀念網。

劉放吾將軍紀念網 (www.liufangwu.com)。

中國遠征軍網 (https://www.yuanzhenglan.cn)。

網路 http://www.fengtipoetcclub.com>trueman-e80。

國家圖書館出版品預行編目 (CIP) 資料

撥雲見日 仁安羌故事考／何世同 著
-- 初版 -- 臺北市：黎明文化事業股份有限公司
2025.05.01　400 面　17×23 公分
ISBN 978-957-16-1047-4　（平裝）　NT$: 480）
1.CST: 第二次世界大戰 2.CST: 中日戰爭 3.CST: 戰史
628.58　　　　　　　　　　　　　　　　　　114003869

圖書目錄：598028

撥雲見日 仁安羌故事考

作　　　　者	何世同
董 事 長 發 行 人	黃國明
總 經 理	詹國義
總 編 輯	楊中興
執 行 編 輯	吳昭平
美 編 設 計	李京蓉
核 校 老 師	歐紹源、于鳳嬌、奚國華
出 版 者	黎明文化事業股份有限公司 臺北市重慶南路一段 49 號 3 樓 電話：（02）2382-0613
發 行 組	新北市中和區中山路二段 482 巷 19 號 電話：（02）2225-2240
臺 北 門 市	臺北市重慶南路一段 49 號 電話：（02）2382-1152 郵政劃撥帳戶：0018061-5 號
公 司 網 址	http://www.limingco.com.tw
總 經 銷	聯合發行股份有限公司 新北市新店區寶橋路 235 巷 6 弄 6 號 2 樓 電話：（02）2917-8022
法 律 顧 問	永然聯合法律事務所
印 刷 者	先施印刷股份有限公司
出 版 日 期	2025 年 05 月 01 日 初版
定　　　　價	新台幣 500 元

版權所有　•　翻印必究◎如有缺頁、倒裝、破損，請寄回換書
ISBN：978-957-16-1047-4